ما ينبغي معرفتُه عن
مكافحة الفساد

ما ينبغي معرفتُه عن

مكافحة الفساد

د. ريم الأنصاريّ

ترجمة: عبدالفتاح خطاب

دار جامعة حمد بن خليفة للنشر
HAMAD BIN KHALIFA UNIVERSITY PRESS

دار جامعة حمد بن خليفة للنشر
صندوق بريد 5825
الدوحة، دولة قطر

www.hbkupress.com

جميع الحقوق محفوظة.

لا يجوز استخدام أو إعادة طباعة أي جزء من هذا الكتاب بأي طريقة دون الحصول على الموافقة الخطية من الناشر باستثناء حالة الاقتباسات المختصرة التي تتجسد في الدراسات النقدية أو المراجعات.

إن الآراء الواردة في هذا الكتاب لا تعبر بالضرورة عن رأي الناشر.

الطبعة العربية الأولى عام 2023

الترقيم الدولي: 9789927164545

تمت الطباعة في الدوحة-قطر.

مكتبة قطر الوطنية بيانات الفهرسة – أثناء – النشر (فان)

الأنصاري، ريم، مؤلف.

[What you should know about anti-corruption]. Arabic

ما ينبغي معرفته عن الفساد / د. ريم الأنصاري ؛ ترجمة عبد الفتاح خطاب. الطبعة العربية الأولى. – الدوحة، دولة قطر : دار جامعة حمد بن خليفة للنشر، 2023.

167 صفحة ؛ 24 سم.

تدمك: 978-992-716-454-5

يتضمن مراجع ببليوجرافية (صفحات 160-167).

ترجمة لكتاب: What you should know about anti-corruption.

1. الفساد -- القوانين والتشريعات. 2. الفساد -- تاريخ. 3. الفساد -- المكافحة. أ. خطاب، عبد الفتاح، مترجم. ب. العنوان.

K526. A957125 2023

345.02323 – dc23

202328663123

المحتويات

الفصل الأول: ما الفساد؟ 9

1.1 أُصول الفساد 9

1.2 المشتقَّات العلمانيَّة 11

1.2.1 الإمبراطوريَّة البابليَّة 12

1.2.2 السُلالات المصريَّة 17

1.2.3 الصين القديمة 18

1.2.4 اليونان القديمة 20

1.2.5 روما القديمة 22

1.3 المشتقَّات غير العلمانيَّة 23

1.3.1 اليهوديَّة 24

1.3.2 المسيحيَّة 25

1.3.3 الإسلام 25

1.4 تعريف الفساد 27

1.5 أشكال الفساد 31

1.5.1 الفساد الصغير 32

1.5.2 الفساد الكبير 33

1.5.3 الفساد الممنهَج 33

1.5.4 الفساد النشِط والفساد السلبي 34

1.5.5 فساد الاستحواذ على الدولة 35

1.5.6 تصنيف أرنولد هايدنهايمر 37

1.5.7 تصنيف مايكل جونستون 37

الفصل الثاني: كيفية منع الفساد 41

2.1 كيفية التعامل مع الفساد 41

2.1.1 التدابير الوقائيَّة 41

2.1.2 التدابير اللاحقة 54

الفصل الثالث: اتفاقيَّة الأمم المتحدة لمكافحة الفساد (UNCAC) 99
  3.1 الفصل 1 من اتفاقيَّة الأمم المتحدة لمكافحة الفساد 101
  3.2 الفصل 2 من اتفاقيَّة الأمم المتحدة لمكافحة الفساد 105
  3.3 الفصل 3 من اتفاقيَّة الأمم المتحدة لمكافحة الفساد 109
  3.4 الفصل 4 من اتفاقيَّة الأمم المتحدة لمكافحة الفساد 114
  3.5 الفصل 5 من اتفاقيَّة الأمم المتحدة لمكافحة الفساد 117
  3.6 الفصل 6 من اتفاقيَّة الأمم المتحدة لمكافحة الفساد 121
  3.7 الفصل 7 من اتفاقيَّة الأمم المتحدة لمكافحة الفساد 122
  3.8 الفصل 8 من اتفاقيَّة الأمم المتحدة لمكافحة الفساد 123

الفصل الرابع: الفساد في التعليم 125
  4.1 مقدِّمو خدمات التعليم 127
    4.1.1 التلاعب في قبول طلب التسجيل 127
    4.1.2 التلاعب بأموال التعليم 129
    4.1.3 الاختلاس من صندوق البحوث 129
  4.2 العاملون في مجال التعليم 131
    4.2.1 الدرجات العلميَّة المزوَّرة 131
    4.2.2 التوظيف غير المنصف والتعيينات غير العادلة 133
    4.2.3 السرقة الأدبيَّة 136
  4.3 مُتلقو خدمات التعليم 137
    4.3.1 الغش وشراء الدرجات العلميَّة 137

الفصل الخامس: فساد في الرعاية الصِّحيَّة 141
  5.1 مقدمو الرعاية الصِّحيَّة 143
    5.1.1 تحويل الموارد إلى غير وجهتها لتحقيق مكاسب خاصَّة 143
    5.1.2 استغلال الناس في التَّجارِب السريريَّة لتحقيق مكاسب ماليَّة 145
  5.2 مؤدو الرعاية الصِّحيَّة 147
    5.2.1 المدفوعات غير الرسميَّة والمخططات المشبوهة 147
  5.3 متلقو الرعاية الصِّحيَّة 148
    5.3.1 مرضى يعرضون الرشاوى أو يزوِّرون الحقائق عمدًا 148
  6.1 المساعدات الإنسانيَّة والخيريَّة 152
  6.2 الاتِّجار بالبشر 155

المراجع الأجنبيَّة 161

المقدمة

تدريس مكافحة الفساد في المؤسسات التعليميَّة هو أمر مستحدث وجديد. ومن غير المألوف (ويكاد يكون من المحرَّمات) العثور على أشخاص يتحدثون عن الفساد مباشرةً وبمنتهى الصراحة، على الرغم من أنهم قد يشيرون إلى أمثلة عليه، ضمن جهودهم لزيادة نشر الوعي عن الفساد، في مختلف قطاعات المجتمع.

هذا الكتاب هو خلاصة تجَارِب الحياة الواقعيَّة في قاعات الدراسة، وفي المحاضرات، والجمعيَّات، والمؤتمرات، التي شارك فيها الطلاب والخبراء في هذا المجال، إضافةً إلى غير الخبراء من: المهنيِّين، والزملاء، وأفراد الأسرة أيضًا.

ويقدم الكتاب إطارًا واضحًا يمكن لأي شخص أن يُعده مرجعًا يبسِّط المصطلحات القانونيَّة المعقَّدة؛ إذ إنه يهدف إلى وصف مجالات الفساد وسبل مكافحته. والقرار متروك للقراء في كيفية تصورهم لما يتعلمونه ويستخلصونه من قراءتهم، وماذا يفعلون به وكيف يستخدمونه، وإلى أي منحى يأخذهم. ونأمل أن يتعلموا طرق التفكير التحليلي المنطقي بعيدًا عن التأثيرات؛ كي يصلوا إلى استنتاجاتهم الخاصَّة.

فصول الكتاب مرتبة على النحو التالي:

يقدم الفصل الأول الإطار النظري، ويناقش أُصول مكافحة الفساد. ويركز الفصل الثاني على طرق منع الفساد والتعامل معه، ووصف الإطار القانوني، والأدوات القانونيَّة، ويستعرض أمثلةً عن بعض القضايا، وعن سُلطات التحقيق والسُّلطات المختصَّة. ويلخص الفصل الثالث اتفاقيَّة الأمم المتحدة لمكافحة الفساد (UNCAC)، ويبيِّن أهميتها.

وتطرح الفصول: الرابع، والخامس، والسادس، نظرة متعمِّقة عن مكافحة الفساد، مدعومة بأمثلة من الحياة الواقعيَّة، في مجالات التعليم والرعاية الصِّحيَّة والقطاع الإنساني. ويعرض الفصل الأخير الاستنتاجات، ويقترح سبلًا للانطلاق إلى الأمام في مكافحة الفساد.

الفصل الأول
ما الفساد؟

1.1 أُصول الفساد

إليك تلك المقولة المشهورة: «إذا كانت ستلسَعك، فهي حتمًا ستضايقك!» لا يتعرض الجميع للنوع ذاته من الفساد أو لمستوى معين منه، ولكن على المرء، حتى لو لم يطاله الفساد مباشرةً، أن يكون مستعدًا لمواجهته قبل أن يُلدغ منه. وحتى إذا كان المرء محميًّا من وخز الفساد، يجب عليه اكتساب المهارات اللازمة لمساعدة الآخرين على فهم الفساد والتعامل معه والتغلُّب عليه.

ولكي تدرك أمرًا ما، يتوجب عليك أن تعرف مصدره، فما هو أصل مصطلح «الفساد»؟ وكيف يبدو؟

للإجابة عن هذين السؤالين، من نافلة القول: إن الفساد كان دائمًا متجذِّرًا بعمق في البنية الاجتماعيَّة والتاريخيَّة والسياسيَّة للدول[1]، وأنه قديم قِدَم التاريخ، ويتغير ويتشكل باستمرار.

إن أي محاولة لتحليل مفهوم الفساد، يجب الأخذ فيها بعين الاعتبار حقيقة مفادها أنه حتى في اللغات الدوليَّة مثل: الإنجليزيَّة، والعربيَّة، تختلف معاني ودلالات كلمة «الفساد» تاريخيًّا إلى حدٍّ كبير[2]، ولا تسمح التباينات والفروق بالوصول إلى استنتاجٍ تاريخي واحد.

ويستمر معنى الفساد في التغير والتطوُّر حتى في أثناء كتابة هذه الكلمات. ومع ذلك، إن مناقشة المنظورات النظريَّة والتاريخيَّة للفساد، كما يظهر في أشكاله المختلفة بمرور الوقت، تُلقي بعض الضوء على ما يعنيه الفساد في الواقع.

---

(1) Daron Acemoglu & James A. Robinson, Why Nations Fail: The Origins of Power, Prosperity and Poverty, 29 Asian Econ. Bul. 168 (2012).

(2) Arnold Joseph Heidenheimer & Michael Johnston, Political Corruption, Concepts and Contexts (2009).

و«مثلما لا يمكن معرفة ما إذا كانت الأسماك تشرب من الماء الذي تسبح فيه أو لا تشرب، كذلك لا يمكن اكتشاف الموظَّفين العاملين في الحقل الحكومي عند استحواذهم على الأموال لأنفسهم»[1].

لقد صاغ هذه الفكرة الفيلسوف الهندي كوتيليا Kautilya، (المعروف باسم تشانكايا Chanakya أو فشنوكوبتا Vishnugupta أيضًا)، في كتابه بعنوان: «أرتاشاسترا» (Arthashastra)، والذي خطَّه في الهند، ويعود تاريخه إلى القرن الرابع قبل الميلاد. ويذكر كوتيليا في مقطع دقيق ومميز من كتابه، أن هناك «أربعين طريقة للابتزاز»، وعمل على تعدادها. ومن الواضح أن الفساد مشكلة معقَّدة، بالإضافة إلى كونها مشكلة قديمة[2].

وكما أوضح كوتيليا، فإن الفساد، بشكل أو بآخر، موجود دائمًا معنا وبيننا. إنه ظاهرة تتخلل كل بنية اجتماعيَّة، مع ما يرافقها من عواقب يصعب قياسها من الناحية الاقتصاديَّة. ومع ذلك، تبقى ظاهرة بعيدة كل البعد عن اتخاذ شكل موحَّد، ولها مظاهر متنوعة في الأوقات المختلفة وفي الأماكن المتباينة.

ووفقًا لما ذكرناه سابقًا، إن الفساد يتحوَّر، ويسبب درجات متفاوتة من العواقب والأضرار. ومع أن العوائق والصعوبات في بعض الحالات قد تؤدي إلى يأس مكافحي الفساد وانسحابهم، إلا أن مجموعة كاملة من التدابير والسياسات يمكن أن تساعد في التخفيف من آثار الفساد ولجمه.

ونتوسع في سبر مفهوم الفساد بمشتقَّاته العلمانيَّة عبر العصور البشريَّة القديمة، لا سيما في الثقافات البابليَّة والمصريَّة والصينيَّة واليونانيَّة والرومانيَّة، وبمشتقَّاته الدينيَّة (غير العلمانيَّة) أيضًا، عن طريق البحث في النصوص الدينيَّة التي تُسهم في تعريف المفهوم؛ وذلك لأن تأثير الدين كبير على كثير من البشر؛ ولأن المعتقدات المتعددة تتحدث عن أصل الفساد بمصطلحات مختلفة؛ لذا سنتفحص النصوص الدينيَّة لليهوديَّة والمسيحيَّة والإسلام؛ بهدف الوصول إلى فَهْم أعمق للفساد وتأثيره على المجتمع، ومعرفة إلى أين يمكن أن يتجه هذا المفهوم القديم؟

(1) The Kautilya Arthasastra, Part II (R.P. Kangle ed., 1972).

(2) Pranab Bardhan, Corruption and Development: A Review of Issues 35 J. Econ. Lit.1320 (1977).

الشكل رقم 1

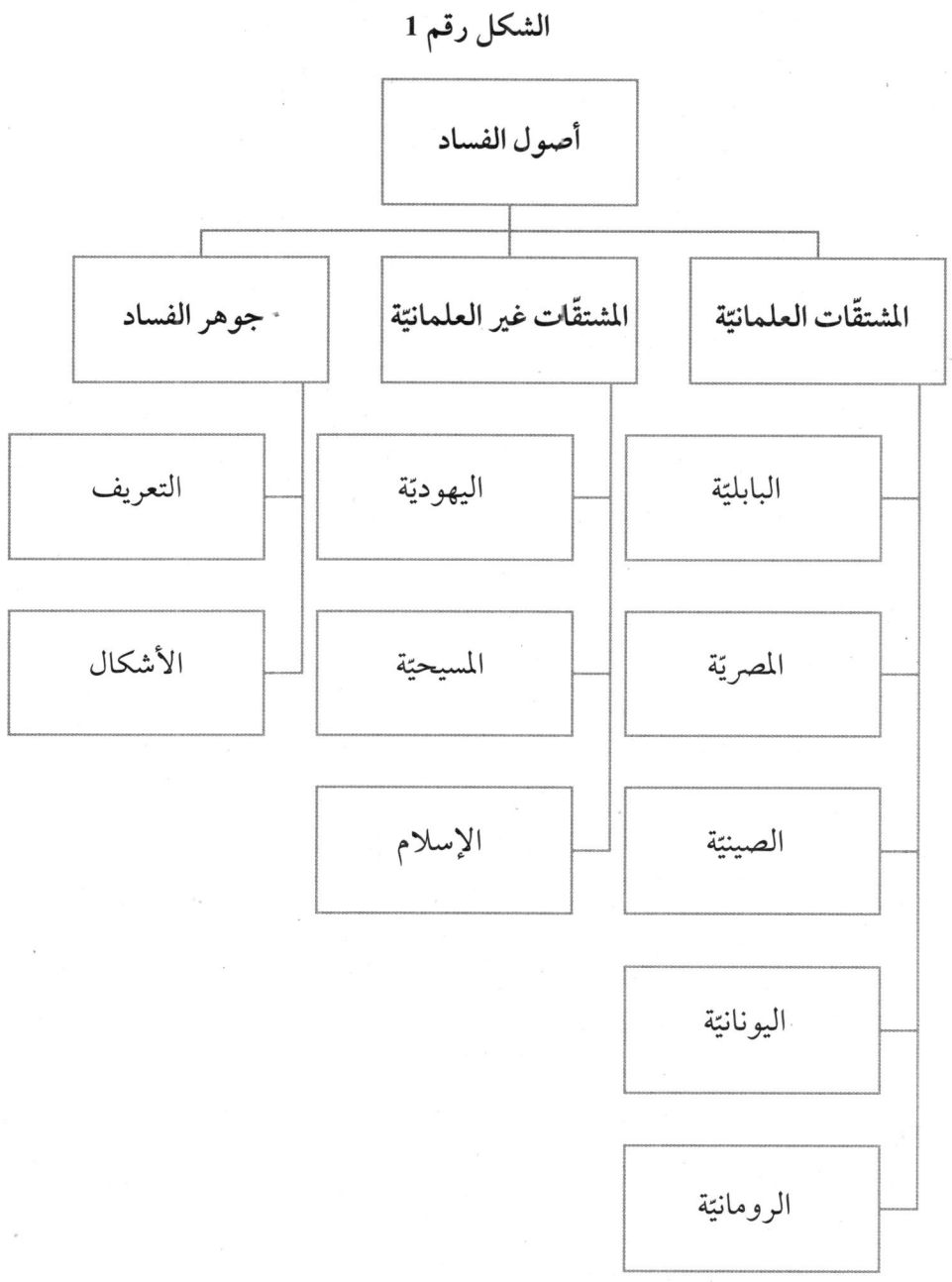

1.2 المشتقَّات العلمانيَّة

إن اهتمام الحضارة بالعدالة، والوعي بالآثار السَّلبيَّة للأخطاء الإداريَّة والسياسيَّة والاجتماعيَّة، واضح ومؤكد منذ بدايات الحضارة نفسها.

وما إن بدأت قبائل البدو الرحَّالة في الاستقرار بصورة دائمة في مجتمعات منظَّمة، حتى بدأت في وضع قواعد للتنظيم والتحكم في سلوك أفرادها، بما يمكِّنهم من تجنب الفوضى الكاملة، وإساءة استخدام السُّلطة والتعسُّف في الأحكام(1).

وسمح تطوُّر وسائل الكتابة بتدوين تلك القواعد على شكل قوانين(2)، وقد اكتشف علماء الآثار أجزاءً من أقدم الوثائق ومجموعات القوانين من مصر القديمة، وبلاد ما بين النهرين(3). وتشمل: القوانين السومريَّة التي وضعها أور نامو (Ur–Nammu) بين 2100 و2050 قبل الميلاد، ومخطوطة ليبيت عشتار (Lipit Ishtar) نحو 1930 قبل الميلاد، والقوانين الأكاديَّة لمملكة إشنونا (Eshnunna) نحو 1770 قبل الميلاد(4). وتسلط تلك الوثائق التاريخيَّة الضوء على بعض أقدم حالات الفساد المسجَّلة لدى الحكومات القديمة.

سيقدم هذا القسم أمثلةً على الفساد من عدة عصور، بدءًا من مهد الحضارة، الإمبراطوريَّة البابليَّة، ثم السُّلالات الحاكمة اللاحقة: المصريَّة، والصينيَّة، واليونانيَّة، والرومانيَّة.

1.2.1 الإمبراطوريَّة البابليَّة

هناك خيط رفيع بين الفساد وتقديم القرابين، يستحق الدراسة والتحقُّق منه. مع أن الخيط الممتد بين الاثنين قد لا يتعدى كونه فارقًا بسيطًا(5). ومع ذلك يجب علينا أن نميز بين العادات والأعراف. بهذا المعنى تمثِّل الإمبراطوريَّة البابليَّة القديمة المرجع الرئيسي لفَهْم مفهوم الفساد من ناحية صلته بالعادات. إن أنواع الطقوس الرمزيَّة التي هيمنت على القرارات السياسيَّة والاقتصاديَّة في ذلك الوقت، وطرق التبادل التي استخدمها بعض الأطراف المعنيَّة، تُظهر هذا الارتباط(6).

في عصر السومريِّين والساميِّين، أعاد الملك أوروكاجينا (Urukagina أَو أورونمجينا Uruinimghina) من مدينة لغش Lagash في سومر القديمة، تنظيم إدارة الدولة؛ من أجل

(1) المرجع السابق.

(2) المرجع السابق.

(3) المرجع السابق.

(4) A History of Ancient Near Eastern Law (Raymond Westbrook ed., 2003), Dinah Shelton, Oxford Handbook of International Human Rights Law (2013).

(5) Carlo Alberto Brioschi, Corruption a Short Story: The Gift in Antiquity: Exchange Favor and Sacrifice from Hammurabi to the Bible 21-28 (2017).

(6) المرجع السابق.

وضع حدٍّ لإساءة مسؤوليها وقُضاتها، فنظم المدفوعات إلى المؤسسات، ووقف ضد فساد الكهنة وجشعهم، واتهمهم بتلقي الرشاوى عند تطبيق القانون، واضطهاد المزارعين والصيادين.

تلك الإجراءات خلَّصتِ الإدارة من المسؤولين الفاسدين، ووضعت قوانينَ تُنظِّم الضرائب المدفوعة للمعابد، وحمت شعب الملك أوروكاجينا من الابتزاز[1].

في مرحلة ما بعد ملوك سومر وأكاديا، (كانت سومر في جنوب منطقة ما بين النهرين وأكاديا شمالها، وهما قوميتان عظيمتان كانتا تشكلان بابل في تلك الفترة)، كافح الحُكَّام للحفاظ على النظام في بلاد ما بين النهرين؛ ومن هناك نشأت الإمبراطوريَّة البابليَّة القديمة[2].

وحافظت أشكال الفساد على وجودها، ضمن الأنظمة الموجودة داخل الطبقات الاجتماعيَّة. وبدورها، دعمت النظم المكتوبة الفساد، مثل: **«شيءٌ ما مقابل شيءٍ ما» (Quid Pro quo)**[3].

في جوهرها، تعدُّ الممارسة الدينيَّة مثل القرابين، مع جميع الفروق والتحفظات التي قد نطبقها على طقسٍ ما وما يُصاحبه من رموز، شكلًا من أشكال المقايضة **Quid Pro quo**[4]، وهي عبارة لاتينيَّة تَعْني «شيئًا ما مقابل شيءٍ ما»، بمعنى تبادل أفعال، أو أشياء متساوية في القيمة تقريبًا[5].

ويُعرَّف المفهوم على أنه مقايضة باسم «قانون المعاملة بالمثل» أيضًا، وله إيضاحات أخرى في قانون حمورابي[6]. ووفقًا لذلك القانون؛ يظهر الفساد عبر «انتهاك رباط المعاملة بالمثل»، كما صاغه القاضي الأمريكي جون توماس نونان في كتابه بعنوان: «الرشاوى»[7].

---

(1) W. Durant, The Story of Civilization: Part I - Our Oriental Heritage (1935).

(2) Leonard W. King, A History of Sumer and Akkad (1994)

(3) Jack Newton Lawson, The Concept of Fate in Ancient Mesopotamia of the First Millennium: Towards an Understanding of Šīmtu: Šīmtu and Humanity 76 (1994).

(4) Carlo Alberto Brioschi, Corruption a Short Story: The Gift in Antiquity: Exchange Favor and Sacrifice from Hammurabi to the Bible 21-28 (2017).

(5) *Quid Pro Quo,* Legal Info. Inst., https://www.law.cornell.edu/wex/quid_pro_quo (last visited June 1, 2019).

(6) Erwiin J. Urch, The Law Code of Hammurabi, 15 A.B.A. J. 437 (1929).

(7) John Thomas Noonan, Bribes: The Intellectual History of an Idea Moral 2-7 (1987).

ويحدث ذلك عند الفشل في تقديم قيمة مُساوية مقابل القيمة المُستلمة، وهذا يتحدى منطق التبادل، ويشكل انتهاكًا للمفهوم السائد[1]. ويختار معظم الكُتَّاب الإنجليز لكتاباتهم عن شريعة حمورابي، عنوان: «القاضي الفاسد»[2] للقسم المتعلق بقوانين بابل.

وتتناول تشريعات حمورابي أمثلة عن عدد من حالات الفساد[3]، ومنها حالة القاضي كوشيهاربي Kushshiharbe عمدة مدينة نوزي Nuzi في شمال العراق (مدينة قديمة كانت تقع قرب كركوك حاليًا)، أخذ رِشْوَة ولم يقدم مقابلها الخدمة المطلوبة. خضع القاضي للمحاكمة بتهمة ارتكاب جرائم مختلفة، ثم أنكرها فيما بعد..

وتتجلى حالات الفساد في مفهوم «تاتو» (tatu)[4]، كأن يُصدر القاضي قراره، ثم يغير رأيه ويتراجع عنه؛ فقد يكون قاضيًا يتلقى رِشْوَة؛ إذ يُصدر الحكم المتوقع ثم ينقضه. وتشير كلمة «تاتو» المستخدمة في نص حمورابي، في ذلك القسم عُمُومًا، إلى عرضٍ قدَّمه أحد المرؤوسين[5].

وفقًا للنصوص التاريخيَّة، تندمج العروض والفساد أحدهما في الآخر؛ مما يخلق منطقة رماديَّة يُعد «الفساد» فيها على الأغلب أمرًا طبيعيًّا تمامًا، بل مُفضلًا أيضًا. وسوف تظهر إدانة العطاء الفاسد عُمُومًا في وقت لاحق في العصر الحديث.

يجب أن تبقى مفاهيم القرابين والمحاباة، ومفهوم الفساد، مُنفصلين تمامًا، لا سيما مع الأخذ في الاعتبار القواعد التاريخيَّة والدينيَّة التي يتبعها ويوقرها أتباع الديانات[6].

من وجهة نظر علمانيَّة وتاريخيَّة، ظهر مثال على الفساد عند ذكر الباحثين في شريعة حمورابي أنه لم تكن هناك حالات رِشْوَة مثبتة ضد قُضاة بابل، لكنها حدثت في الكواليس.

---

(1) المرجع السابق.

(2) Nau Nihal Singh, World of Bribery and Corruption: From the Ancient Times to Modern Age 5-8 (1998).

(3) Judges like Kushshiharbe, the mayor of Nuzi in northern Iraq who took "tatu" which generically indicates the unreciprocated offering of a subordinate; the subordinate did not reciprocate. He went on trial for a variety of crimes and later denied them. Alexander Humez et al., Short Cuts: A Guide to Oaths, Ring Tones, Ransom Notes, Famous Last Words, and Other Forms of Minimalist Communication 209 (2010).

(4) Brioschi, مرجع سابق.

(5) المرجع السابق.

(6) Baruch Ottervanger, The Tale of the Poor Man of Nippur (Penn. State Univ. 2016).

كانت عادة تقديم الهدايا منتشرة على نطاق واسع؛ وبالتالي من الصعب التأكد من أن حمورابي قصد في قانونه منع فساد القُضاة[1].

من الممكن، بدلًا من ذلك، أن تكون العقوبة المذكورة تتعلق بعدم تطبيق القواعد، أو حتى حالات القُضاة الذين لم يؤدوا دورهم في مقابل الهديَّة[2].

ومن منظور مختلف تمامًا عن منظور حمورابي، نعود إلى كوتيليا في القرن الرابع قبل الميلاد، وكتابه الرائع عن فن الحكم بعنوان: «أرتاشاستيرا»، وقد أشرنا إليه في بداية هذا الفصل. فالكتاب يعد مصدرًا مُهِمًّا في هذا الموضوع، ويمكن ترجمة رسالته على أنها «تعليمات حول الازدهار المادي»[3]، لكن الاقتصادي الهندي أمارتيا سين اقترح ترجمة أبسط: «الاقتصاد». وقد بحث النص السنسكريتي المكتشف عام 1905، ظاهرة الفساد الواسعة والمزدهرة على الدوام[4].

ورغم أنه كان وما يزال، من الصعب إثبات عدم الأمانة؛ لأنها لا تظهر بمظهر مادي، وتكمن في قلوب البشر ونواياهم، إلا أن أولئك الذين يحكمون؛ وَفْقًا لأقوال كوتيليا، يستخدمون كل الوسائل لتحقيق أهدافهم. ويبدو أن فرض قواعد الصَّرامة والصِّدق[5] تنطبق في جوهرها على الأقل، على رعاياهم فقط.

حكاية الرجل الفقير من نيبور، كانت متضمَّنة في الأصل في كتاب نونان بعنوان: «الرشاوى» المذكور سابقًا، وقد حدَّثه باروخ أوترفانغر ويحوي سلسلة نصوص مسماريَّة لدولة آشور Assyria[6]، وهي حكاية فولكلوريَّة قديمة نسخها أوليفييه روبرت غورني[7].

وتدور تلك القصة حول فكرة المقايضة Quid Pro Quo، المعروفة بـ «المعاملة بالمثل» أيضًا، ونشأت منذ نحو 1500 سنة قبل الميلاد في بلاد ما بين النهرين[8]،

(1) Brioschi, مرجع سابق.

(2) المرجع السابق.

(3) المرجع السابق.

(4) المرجع السابق.

(5) المرجع السابق.

(6) Ottervanger, مرجع سابق.

(7) Wolfgang Saxon, Oliver R. Gurney, 86, Professor and Expert on Ancient Hittites, N.Y. Times (Jan. 27, 2001), https://www.nytimes.com/2001/01/27/world/oliver-r-gurney-86-professor-and-expert-on-ancient-hittites.html.

(8) Noonan, مرجع سابق.

ونالت الاحترام الصارم؛ لأن الانتهاكات في منطق التبادل كانت تؤدي إلى العقاب[1]؛ لذلك، لم يكن الخطأ آنذاك يكمن في فعل تقديم الهديَّة، بل في عدم تقديم ما يساوي قيمة الهديَّة في المقابل.

يعلِّق نونان في كتابه: «الرشاوى» على أن أخطر إثم، لا يكمن في فعل الإفساد، بل في تأثير الفساد: أي كسر كلمة المرء في مجتمع يكون الحفاظ فيه على كلمته، خاصيَّة مقدَّسة[2].

وتجدر الإشارة إلى أن حكاية الرجل الفقير من نيبور، قصة علمانيَّة بحتة، لا يُسمّى فيها أي إله أو يُشار إليه، وتتوفر فيها البنية الأخلاقيَّة المرتكزة على قاعدة المعاملة بالمثل. وتحكي عن رجل فقير، تعرض لظلم عُمدة مدينة نيبور السومريَّة، فانتقم بمكرٍ ممن أساء إليه وظلمه. فقد أهدى الرجل الفقير جيميل-نينورتا (Gimil Ninurta) العمدة العنزة الوحيدة التي يملكها، آملًا في الحصول على هديَّة تحسِّن وضعه[3]. لكن العمدة أخذ العنزة وأعلن عن جعلها وليمة[4].

أقام العمدة الوليمة، وقدَّم عظمة من العنزة إلى جيميل-نينورتا، ولما سأل عن سبب تلك المعاملة ومعناها، فكان الرد على سؤاله بتعرُّضه للضرب بأمر من العمدة، فغادر الوليمة متعهدًا بالانتقام. وأقدم جيميل-نينورتا على الانتقام عن طريق تفعيل قاعدة المعاملة بالمثل؛ إذ زار ملك نيبور وعرض عليه قطعة من الذهب مقابل أن يستعير عربته ليوم واحد. وقاد جيميل-نينورتا عربة الملك وعاد إلى نيبور، وجرى استقباله في منزل العمدة كأنه مسؤول يحظى باحترام كبير، ولكنه ادَّعى أن كمية من الذهب قد اختفت من العربة. ولم يكن أمام العمدة، الذي يفتقر إلى الجرأة للدفاع عن نفسه، إلا أن يُرضي جيميل-نينورتا بقطعتين ذهبيتين ثمنًا لسكوته[5]. وهكذا عاد جيميل-نينورتا مُنتصرًا على متن عربة ملكيَّة، غير أن العمدة لم يعترف بأنه أساء مُعاملة الرجل!

هنا يمكن ملاحظة أن الخطأ لا يكمن في فعل تقديم هديَّة لمصلحة الفرد، بل في فشل المتلقي في تقديم قيمة مقابل القيمة التي حصل عليها. توقع جيميل-نينورتا شيئًا آخرَ

---

(1) Brioschi, مرجع سابق.

(2) المرجع السابق.

(3) Ottervanger, مرجع سابق.

(4) Noonan, مرجع سابق.

(5) المرجع السابق.

في مقابل هديته، لكن العمدة تحدَّى منطق المعاملة بالمثل، وأصبح الشرير عندما أخذ ما أُعطي له، وفشل في الرد بالمثل بالقدر الكافي. علاوة على ذلك، يظهر شكل ضمني آخر من أشكال الفساد يتمثل في صمت الملك حيال إساءات العمدة إلى جيميل-نينورتا. هذا، في حدِّ ذاته، يمكن أن يُفسَّر على أنه شكل من أشكال السلوك غير العادل والفاسد.

1.2.2 السُّلالات المصريَّة

ارتبط الفساد بالطقوس الفرعونيَّة في زمن الإمبراطوريَّة المصريَّة القديمة، وبسبب الاعتقاد الفرعوني المعروف في الحياة بعد الموت، وبأن الموتى يمكن أن يتفاعلوا مع الأحياء، امتلأتِ المقابر المصريَّة بالأثاث، والملابس، والمجوهرات، والطعام، والشراب، وحدث نهب للقبور.

نشِط اللصوص في أواخر عهد رمسيس في سرقة كل شيء من المقابر، ونهب المعادن الثمينة من التوابيت والمومياوات، وحتى سرقة الجثة الملكيَّة. وسجلت نصوص قديمة أخرى عمليَّات تسريب معدات الدفن الملكيَّة، ونشاطًا تجديفيًّا من قبل الأفراد. ويشير ذلك السلوك إلى أن بعضًا من السكان على الأقل، لم يكن لديه خوف كبير من رد فعل السُّلطات البشريَّة في هذا العالم، أو من العقاب في الآخرة على حدٍّ سواء.

وعدتِ الأخلاق بأنها مجموع الأفعال، الجيِّدة منها والسيئة، التي تستوفي المعايير الاجتماعيَّة، وليس على أنها إيمان أو تقوى. وجرى تقييم أفعال الموتى بعد الوفاة[1]، والحكم على الموتى المصريين على أساس التوازن المرجح بين أفعالهم الصالحة والسيئة[2]، ووصف ذلك بأنه وزن القلب بعد الموت. كان الشرط أن يكون القلب أخفَّ وزنًا أو متساويًا في الوزن مع ريشة ماعت (الإلهة ماعت Maat، ترمز إلى العدالة والحقيقة، ويعلو رأسها ريشة نعام).

ومثلما كانت الحال في العصر البابلي، عثر على مظاهر الفساد في القضاء المصري[3] في اعترافات رجل عام 1110 قبل الميلاد. ولم يكتفِ الرجل بوصف كيفية سرقة المقابر، بل

---

(1) S.G.F. Brandon, A Problem of the Osirian Judgment of the Dead, 5 Numen, fasc. 2, Apr. 1958). at 110-127.

(2) The Literature of Ancient Egypt: An Anthology of Stories, Instructions, Stelae, Autobiographies, and Poetry (W.K. Simpson ed., 3d ed. 2003).

(3) Hassan El-Saady, Studien zur Altägyptischen Kultur (Considerations on Bribery in Ancient Egypt) 295-304 (1998).

أشار إلى مدى سهولة الإفلات من العقاب عند القبض عليه، وعودته إلى رفاقه والتحضير لسرقة جديدة[1] [2].

كانت مصر الفرعونيَّة تتمحور حول السُلطة المطلقة المخوَّلة لشخص واحد هو «فرعون». وكان فرعون الرئيس الأعلى للدولة، ورئيس جميع السُلطات التنفيذيَّة والتشريعيَّة والقضائيَّة والدينيَّة. وأدى عدم الفصل بين السُلطات إلى فساد بيروقراطي على مدى أكثر من ألفي عام من العصر الفرعوني[3].

وفي أواخر العصر الفرعوني والبطلمي (Ptolemaic) على وجه الخصوص، تولى المشرِّع مَهَام القضاء، وشغل فرعون منصب القاضي الأعلى، والكاهن الأعظم؛ وبالتالي، فقد أدى ذلك إلى ترسيخ البيروقراطيَّة وتوحيد النهج، ولكنه لم يمثل كفاءة هيكليَّة حقيقيَّة أو تناسقًا[4].

1.2.3 الصين القديمة

«الديك الكبير لا يأكل أرزًا صغيرًا»، و«يقع المال في أيدي يامين» (yamen)، ويعرف باسم سكرتارية مكتب الدولة أيضًا. يُظهر كلا المَثَلين الصينيَّين كيف ترك الفساد بصماته على اللغة والثقافة الصينيَّتين[5].

ويذكر القانون الجنائي لدى سلالة كوين الصينيَّة (207-221 قبل الميلاد) ظاهرة الفساد، ويسجل عقوبات قاسية للغاية ضد تلك الممارسة. ومع ذلك، كان للسُلطة آثار خاصَّة في الحياة الاجتماعيَّة في الصين القديمة؛ لأنها يمكن أن تُثري الفرد عبر «طرق أسرع بكثير من غيرها»[6].

يكشف زوجان من الأقوال الصينيَّة الشعبيَّة عن الدور الخاص للسُلطة في المجتمع الصيني. الأول «sheng guan fachain»، ومعناه «احصل على ترقية ثم تصبح غنيًا»، والثاني

---

(1) Joshua J. Mark, Tomb Robbing in Ancient Egypt, Ancient Hist. Encyc. (Jul. 17, 2017), https://www.ancient.eu/article/1095/tomb-robbing-in-ancient-egypt/.

(2) J.E. Lewis, The Mammoth Book of Eyewitness Ancient Egypt (2003).

(3) Eyre, مرجع سابق.

(4) المرجع السابق.

(5) Peter Burgess, Corruption, True Value Metrics (Jan. 16, 2012, http://www.truevaluemetrics.org/DBadmin/DBtxt001.php?vv1=txt00009539..

(6) 45 Ciprian Rotaru et al., *A Review of Corruption Based on the Social and Economic Evolution of Ancient Greece and Ancient Rome*, 23 Theoretical & Applied Econ., no. 2(607), 2016, at 239. G.J. Lambsdorff et al., The New Institutional Economics of Corruption. Routledge Publishing (2005).

«sannianqinzhifu, shiwan baihuayinw» ومعناه «ولاية مدتها ثلاث سنوات يمكن أن تُكسبك دخلًا إضافيًا قدره 100.000 قطعة من الفضة، حتى لقاضٍ صالح نظيف الكفّ»[1].

من المثير للدهشة، أن المفهوم الكونفوشيوسي لكلمة **renzhi** أو **«حكومة الشعب»** ساهم إلى حدٍّ كبير في انتشار الفساد على نطاق واسع في جميع أنحاء الصين[2].

ومن وجهة نظر الكونفوشيوسيَّة، يجب أن يسترشد البيروقراطي الحقيقي والصادق، بالمبادئ الأخلاقيَّة[3]؛ وبالتالي، فإن السعي وراء الثروة الماديَّة يُعد غير ملائم وغير لائق. ومع ذلك، لم يكن ذلك مرئيًا في الممارسة العمليَّة.

أراد ثانغ أنشي (Thang Anshi)، الاقتصادي الصيني الشهير التابع لسلالة سونغ، إدخال إصلاحات في المؤسسات النقديَّة من شأنها الحدّ من الفساد والمحسوبيَّة، لكن النُّخبة الكونفوشيوسيَّة رفضت أفكاره[4]. وكانت النتيجة ترسُّخ الفساد على نطاق أوسع، حتى أنه شمل المحكمة نفسها، والنُّخبة المحليَّة. وعمليًا، كان معنى ذلك أنه كلما كانت القضيَّة على قدر أكبر من الأهميَّة، كلما كانت الرِّشْوَة أكبر.

في عهد أسرة مينغ، لم يكن البيروقراطي القوي يشك بأنه سيحكم عليه، حتى عندما كان يسجن؛ وذلك بسبب علاقات المحسوبيَّة التي كان يتمتع بها: «كل كبار المسؤولين في الديوان الملكي هم أصدقائي وأقاربي».

والجدير بالملاحظة أنه وَفْقًا لكونفوشيوس، فإن الوزير الجيِّد هو «الشخص الذي يتبع المفاهيم السائدة، ولا يتبع القواعد والأنظمة»[5].

---

(1) Angel Puente Reyes, Harmony of Confucian Values on Chinese Legal System– A View of the Rule of Law with Chinese Characteristics 2 (2014), *available at* https://www.researchgate.net/publication/279203810_Harmony_of_Confucian_Values_on_Chinese_Legal_System_-_A_view_of_the_Rule_of_Law_with_Chinese_Characteristics.

(2) Ojesbi Jung Shahi, China Fight Against Corruption (2016).

(3) John Thomas Meskill, Wang An Shih: Practical Reformer? 1963. see also: F.W. Mote, Imperial China, 900–1800, 2003.

(4) András Csuka, Long History of Corruption in China, GB Times (May 6, 2016), https://gbtimes.com/long-history-corruption-china.

(5) Simon Leys ed , The Analects of Confucius. New York: W.W. Norton (1997). p193.

1.2.4 اليونان القديمة

في اليونان القديمة، كان الفساد في كثير من الأحيان مساويًا لانتهاك القانون من أجل ضمان المنفعة الشخصيَّة[1]. يقدِّم كل من أفلاطون وثوسيديدس صورًا للمدينة المثاليَّة، لكنهما يشيران بعد ذلك إلى الفساد المطلوب في مثل تلك المدن. وهما يجادلان بأنه من دون الفساد، لا يمكن لتلك المدن أن تحافظ على الكمال؛ لأنها تعاني من التحولات في عالم من التغيير المستمر.

اتهم الأثينيون سقراط بأنه أفسد شباب أثينا، وحثهم على عدم دعم الأجندة السياسيَّة للمدينة الفاضلة، والتخلي عنها. وحاول كل من الأثينيين وسقراط القضاء على سبب الفساد المُحتمل، محاولات سقراط كانت بقوة الكلمة، في حين أن محاولات الأثينيين قضت بإعدام سقراط[2].

وفقًا لرجل الدولة اليوناني ديموسثينيس Demosthenes، وهو خطيب من أثينا القديمة، فإن أولئك الذين قبلوا الرشاوى، أو قدموها، أو أفسدوا الآخرين بوعود على حساب الناس عُمُومًا أو فرديًّا، عاقبهم القانون الأثيني بالحرمان من الحقوق وبمصادرة ممتلكاتهم، وطبقت العقوبة نفسها على أبنائهم[3]. فقد كان الفساد من أخطر الجرائم.

وللحدِّ من آفة الفساد في اليونان القديمة، اقترح أفلاطون عقوبة الإعدام للمسؤولين، أو الشخصيَّات البارزة الذين قبلوا الهدايا للقيام بواجباتهم. وأدى ازدياد الفساد إلى تدمير هيبة الكهنة والمعابد، واحتل الكهنة العرَّافون (Priests of Delphi oracles) مكانة متميِّزة، وأثَّروا على مسار السياسة اليونانيَّة[4].

وقد مرَّر المشرِّع ليكورغوس (Lycurgus) أحد أبرز التدابير لمكافحة الفساد وتراكم الثروة في إسبرطة، وكان مشرِّعًا أسطوريًّا، واتخذ خطواتٍ للقضاء على عدم المساواة،

---

(1) Rotaru et al, 239-248 ، ص مرجع سابق.

(2) المرجع السابق، ص 45.
W.A. Saxonhouse, *To Corrupt: The Ambiguity of the Language of Corruption in Ancient Athens*, in Corruption: Expanding the Focus (B. Hindess et al. eds., 2013).

(3) L. Hill, Conceptions of Political Corruption in Ancient Athens and Rome, 34 Hist. Pol. Thought 565 (2013).

(4) M. Costas, Grecia Partenonului (2001).

والتفاوت في ثروات الإسبرطيِّين. وعندما قاوم الأرستقراطيون تدابيره، أقدم على سحب جميع العملات الذهبيَّة والفضيَّة من التداول، وأمر بالاستخدام الحَصْري للنقود الحديديَّة. ثم حدد قيمة ضئيلة للحديد ولكميات كبيرة منه؛ لذا صارت أي كمية من العملة الجديدة المقبولة، تتطلب مساحة كبيرة للتخزين في المنزل، وعربة يجرها ثور لنقلها؛ لذا كان من المستحيل على أولئك الذين قد يرغبون في جمع تلك العملة على شكل قضبان حديديَّة، أو سرقتها، أو تلقي الرشاوى، أو النهب، أن يخفوها.

بالإضافة إلى ذلك، ونظرًا إلى عدم إمكانية استخدام تلك العملة المعدنية خارج إسبرطة، كانت قيمتها لاغية وباطلة في بقية أرجاء اليونان. لذا؛ عندما أصبحت القضبان الحديديَّة هي العملة المعتمدة، اختفت مشكلة عدم العدالة في الأجور في إسبرطة[1].

من جهته، أقدم الحاكم اليوناني آرشون على خطوة قويَّة للقضاء على الفساد والرِّشْوَة في الدولة؛ إذ إنه أقسم اليمين عند توليه المنصب بأن يلتزم بعدم قبول الرشاوى. علاوة على ذلك، فإن أي قاضٍ أُلقي القبض عليه وأُدين بالرِّشْوَة كان يُحكم عليه بأن يدفع ذهبًا ما يُعادل أموال الرِّشْوَة التي تسلمها بالفضة. مع الإشارة إلى أن نسبة الذهب إلى الفضة كانت 10:1؛ لذلك دفع هؤلاء الأشخاص المُدانين، وَفْقَ الصيغة القديمة، غرامة مقدارها عشرة أضعاف الرِّشْوَة التي تلقوها[2].

يظهر جانب آخرُ من جوانب مكافحة الفساد في سلوك السفير اليوناني بيلوبيداس (Pelopidas)، من مدينة طيبة (Thebes).

من أجل الحفاظ على العلاقات مع الملك الفارسي أرتحشَشتا (Artaxerxes)، أرسل الطيبيون والأثينيون سفراءهم إلى بلاطه. كان وفد طيبة برئاسة بيلوبيداس الذي ساهم في تحقيق الفوز على إسبرطة، وكان مُفضَّلًا في البلاط الفارسي. ولقد اهتم به أرتحشَشتا وكرَّمه بالهدايا، لكن بيلوبيداس حقق ببساطة أهدافه الدبلوماسيَّة، وعاد إلى طيبة دون قبول أية هديَّة[3].

---

(1) Plutarch, Lives. Vol. I: Theseus and Romulus, Lycurgus and Numai, Solon and Publicola (Macmillan 1914).

(2) Hill, at XX.

(3) Plutarch, Lives. Vol. VII: Demosthenes and Cicero, Alexander and Caesar (Harvard Univ. Press 1967).

بعد ذلك، دان الأثينيون سفيرهم تيماغوراس (Timagoras)، وأعدموه لأنه قَبِل هدايا من أرتحششتا؛ نظرًا لأن الهدايا كانت تُعد رشاوى؛ ولأن الاستفادة من العدو كانت أمرًا غير أخلاقي، فقد أساء السفير استخدام منصبه الرسمي لتحقيق مكاسب شخصيَّة[1].

1.2.5 روما القديمة

في ظل نظام الحكم الروماني القديم، استخدمت موارد الإمبراطوريَّة الرومانيَّة الشاسعة، بما في ذلك القانون والدين، لصالح أعضاء مجلس الشيوخ[2].

كان مجلس الشيوخ يسيطر على المحكمة العليا واللجان القضائيَّة، التي أُنشِئت للحكم على أعمال الفساد التي يرتكبها أعضاء مجلس الشيوخ أنفسهم. لكن أعضاء مجلس الشيوخ الذين رأوا في سلوك أقرانهم أمرًا طبيعيًّا، لم يجدوا في الأمر مشكلة.

كانت رِشْوَة الناخبين ممارسة شائعة آنذاك، ولكن بدأ ينتشر نوع من الفساد أكثر غدرًا، وكان على شكل قتال دموي بين المتصارعين في عروض السَّاحة، وكان يمثِّل الثمن الذي دفعه أولئك الذين يمتلكون سُلطة الدولة، مقابل الشعبويَّة ورضا الجمهور[3].

في عام 204 قبل الميلاد، تم تمرير قانون الهدايا والعطايا (Cincia de Donis et Muneribus)، ويُمنع بموجبه المحامون والقُضاة من تلقي أي نوعٍ من المدفوعات أو الهدايا، مقابل الخدمات. وكان القانون المذكور ينظم استرداد المسروقات، والتعويض عن الأضرار والخسائر.

وأجري تحديث للقانون مع توسيع نطاقه في العصر الإمبراطوري في عهود كل من: أوغسطس (Augustus)، وكلاوديوس (Claudius)، ونيرون (Nero)[4]. لكن على الرغم من هذا القانون وتعديلاته، فقد أجبر الفساد المستشري جمهوريَّة روما على تبنِّي سلسلة من القوانين لمكافحة تلك الآفة.

تلك القوانين كانت: كالبورنيا (Calpurnia) عام 149 قبل الميلاد. آسيليا (Acilia) عام 123 قبل الميلاد. سيرفيليا (Servilia) عام 110 قبل الميلاد. كورنيليا (Cornelia)

---

(1) Hill, at XX.

(2) المرجع السابق.

(3) المرجع السابق.

(4) A. Lintott, Electoral Bribery in the Roman Republic, 80 J. Roman Stud. 1-16 (1990).

عام 81 قبل الميلاد. يوليا ريبيتونداروم (Yulia Repetundarum) عام 59 قبل الميلاد[1]. لكن حدث عصيان للقوانين بوتيرة متكررة أكثر مما جرى تطبيقها. وأدى فساد ذوي النفوذ إلى زعزعة استقرار النظام الإداري، وكان له تأثير سلبي على نمو ورفاهية جمهوريَّة روما[2].

كانت أولى الحالات المعروفة لمسؤول روماني تلقى رشاوى عام 171 قبل الميلاد، فقد أخذ عضو في مجلس الشيوخ مساعدات من دبلوماسي أجنبي مقابل خدمات سياسيَّة. ولم يكن لدى أيٍّ منهما ما يكفي من المال لشراء ذمم كل من عرف بالأمر، فذاع الخبر وانتشر على الملأ. لسوء الحظ، بعد ذلك الحدث، أصبحت الرِّشْوَة القاعدة التي تحكم العلاقات الخارجيَّة لجمهوريَّة روما.

أما ما يتعلق بالانتخابات، فقد سُنَّ قانون في عام 181 قبل الميلاد، جاء فيه أن أي مرشح يُقبض عليه وهو يخوض حملته الانتخابيَّة بسبل غير قانونيَّة، لن يُسمح له بالترشح لأي منصب سياسي لمدة عشر سنوات.

باختصار، كان الفساد موجودًا في جميع الحضارات القديمة، وهناك إجماع تام على أن الفساد يتمثل بأفعال تُعد غير مقبولة، وتتعارض مع الفطرة السليمة. وأي فعل يمنع الآخرين من التمتع بما يُفترض أنه من حقوقهم، يُعد فسادًا.

وتختلف النظرة إلى الفساد وَفْقًا للمعايير الجماعيَّة والاجتماعيَّة، ومع مرور الوقت، يتجلَّى الفساد في مواقف الحياة الواقعيَّة، أو في قصص عن أشخاص أو أفكار، مثلما ذكر في الفقرات عن الحضارات؛ فالفساد مشكلة جديَّة وخطيرة.

1.3 المشتقَّات غير العلمانيَّة

مثلما يمكن للمياه أن تفسد.. فالروح تفسد أيضًا!

من الناحية الدينيَّة يُنظر إلى الفساد على أنه تلوث ونقص في الفضيلة من منظور أخلاقي، وبأنه انحلال للروح يُعبَّر عنه بعصيان الله. وهناك أدبيَّات كثيرة في كل دين رئيسي: (اليهوديَّة،

---

(1) H.J. Swithinbank, The Corruption of the Constitution: The Lex Gabinia and Lex Manilia and the Changing Res Publica, in Corruption and Integrity in Ancient Greece and Rome (P. Bosman ed., 2012).

(2) W.L. Collins, Cicero (1873).

والمسيحيَّة، والإسلام)، بشأن القيم، ومدونات السلوك القانونيَّة، وإدارة الأعمال، ومكان العمل، وتكديس الثروة واستخدامها.

تُظهر الإحصائيات أن أكثر من 50٪ من الناس لديهم معتقد أو دين يتبعونه[1]، واثنتان من الديانات السماويَّة سجلتا أعلى النسب المئوية في عدد الأتباع؛ لذلك من المُهِمّ مناقشة الفساد في السياق الديني؛ كي يتاح للعديد من الناس التعرف على توجيهات مكافحة الفساد الموجودة في الديانات الرئيسيَّة الثلاث.

مصادر اليهوديَّة هي: التوراة، والتلمود، والمدراش، والمصادر في المسيحيَّة هما: العهد القديم، والعهد الجديد [2]. وفي الإسلام، يعد القرآن الكريم أساس قواعد السلوك وقوانينه، وتجسد تعاليمه في أقوال النبي محمد ﷺ وحياته عبر الحديث النبوي.

وبغض النظر عن الفساد الذي يتجلى في المجتمع، فإن الديانات السماويَّة الثلاث تنبذ الفساد والممارسات الفاسدة، وتعاقب المتورِّطين فيها. ومن المنظور الديني، إن الرِّشْوَة خطيئة تُفسد الضمير، وتُفسد العدل. وهناك أشكال أخرى من الفساد غير الرِّشْوَة، تُعد غير أخلاقيَّة في الكتب الدينيَّة.

من أجل فَهْم فكرة الفساد من منظور غير علماني، يناقش الكتاب مجموعة غير شاملة من التوضيحات من قطاع الأعمال، مع التركيز على الرِّشْوَة، والاحتيال، والغش، والتمييز، وأشكال أخرى من الفساد. ويناقش النصوص الدينيَّة التي توضِّح كيفية التعرُّف على الفساد ورفضه، مع عرض حالات من الفساد، بالترتيب من اليهوديَّة إلى المسيحيَّة، ثم الإسلام.

1.3.1 اليهوديَّة

يرد في مزامير داوود 10:26: «الَّذِينَ فِي أَيْدِيهِمْ رَذِيلَةٌ، وَيَمِينُهُمْ مَلآنَةٌ رِشْوَةً». وفي سفر الخروج 8:23: «وَلَا تَأْخُذْ رِشْوَةً؛ لأن الرِّشْوَةَ تُعْمِي الْمُبْصِرِينَ، وَتُعَوِّجُ كَلَامَ الأَبْرَارِ»[3]. وفي

---

(1) *These Are All the World's Major Religions in One Map*, World Econ. Forum (Mar. 26, 2019), https://www.weforum.org/agenda/2019/03/this-is-the-best-and-simplest- world-map-of-religions.

(2) John Drane, The Bible as Library (BBC UK 2011).

(3) Munir Quddus et al., Business Ethics – Perspectives from Judaism, Christianity and Islam, Proceedings of the Midwest Business Economics Association (2005).

سفر إشعياء 23-1: «رُؤَسَاؤُكِ مُتَمَرِّدُونَ وَلُغَفَاءُ اللُّصُوصِ. كُلُّ وَاحِدٍ مِنْهُمْ يُحِبُّ الرِّشْوَةَ وَيَتْبَعُ الْعَطَايَا. لاَ يَقْضُونَ لِلْيَتِيمِ، وَدَعْوَى الأَرْمَلَةِ لاَ تَصِلُ إِلَيْهِمْ».

توضح تلك الأمثلة كيف تم النظر إلى الرِّشْوَة في النصوص الدينيَّة اليهوديَّة. ويتضح من سفر اللاويين 11:19 أن الغش عمل مرفوض: «لاَ تَسْرِقُوا، وَلاَ تَكْذِبُوا، وَلاَ تَغْدُرُوا أَحَدُكُمْ بِصَاحِبِهِ». علاوة على ذلك، فقد أُدين الغش (الاحتيال بوسائل الخداع) في سِفْر عاموس 8:4: «اِسْمَعُوا هذَا أَيُّهَا الْمُتَهَمِّمُونَ الْمَسَاكِينُ لِكَيْ تُبِيدُوا بَائِسِي الأَرْضِ».

ويرد التحذير من أشكال أخرى من المعاملة غير العادلة في سِفْر التثنيَّة 14:24: «لاَ تَظْلِمْ أَجِيرًا مِسْكِينًا وَفَقِيرًا مِنْ إِخْوَتِكَ أَوْ مِنَ الْغُرَبَاءِ الَّذِينَ فِي أَرْضِكَ، فِي أَبْوَابِكَ». هذا النص يعزِّز عدم التمييز.

كما ذكرنا سابقًا، يُعد الفساد انحلالًا أخلاقيًّا، وهو ما يشار إليه صراحةً في سِفْر التكوين 11:6: «وَفَسَدَتِ الأَرْضُ أَمَامَ اللهِ وَامْتَلأَتِ الأَرْضُ ظُلْمًا».

1.3.2 المسيحيَّة

في «العهد الجديد» المسيحي، حاول سمعان المجوسي (أو سمعان الساحر)؛ لكونه رجلًا ثريًّا، أن يقدم للرُسل عرضًا سخيًّا بأن يمنحوه القوة على الروح القدس مقابل عربتين من الفضة، فوبخه سمعان بطرس في أعمال الرسل 20:8: «لِتَكُنْ فِضَّتُكَ مَعَكَ لِلْهَلاَكِ؛ لأَنكَ ظَنَنْتَ أَنْ تَقْتَنِيَ مَوْهِبَةَ اللهِ بِدَرَاهِمَ!» تناول بطرس جوهر الإساءة في الكلمات التالية: «لأَنَّكَ ظَنَنْتَ أَنْ تَقْتَنِيَ مَوْهِبَةَ اللهِ بِدَرَاهِمَ»

ويُعد العهد الجديد كلَّ الناس مهمين، ويجب معاملتهم بإنصاف، ويحذِّر من التمييز بين الناس على أساس الثروة، سواء كانت حقيقيَّة أو وهم وتخيُّل.

وفي العهد القديم، ورد في سِفْر الأمثال 2 :29: «إِذَا سَادَ الصِّدِّيقُونَ فَرِحَ الشَّعْبُ، وَإِذَا تَسَلَّطَ الشِّرِّيرُ يَئِنُّ الشَّعْبُ»، وفي السِّفْر 15:28: «أَسَدٌ زَائِرٌ وَدُبٌّ ثَائِرٌ، الْمُتَسَلِّطُ الشِّرِّيرُ عَلَى شَعْبٍ فَقِيرٍ».

1.3.3 الإسلام

يقول القرآن الكريم: ﴿وَلَا تَأْكُلُوٓاْ أَمْوَٰلَكُم بَيْنَكُم بِٱلْبَٰطِلِ وَتُدْلُواْ بِهَآ إِلَى ٱلْحُكَّامِ لِتَأْكُلُواْ فَرِيقًا مِّنْ أَمْوَٰلِ ٱلنَّاسِ بِٱلْإِثْمِ وَأَنتُمْ تَعْلَمُونَ﴾. [سورة البقرة، الآية: 188]. علاوة على ذلك، يرد في أحاديث الرسول محمد ﷺ، إشارة محددة إلى الرِّشْوَة: «الرَّاشي والمُرتَشي في النَّارِ».

ونجد في الأدبيَّات الإسلاميَّة تركيز كبير على التعامل الصادق. والحكومة أو السُّلطة مكلَّفة بضمان ردع التُّجار عن الاحتيال على عملائهم في الأوزان، وما إلى ذلك.

والقرآن الكريم دقيق في توضيح مسألة مفادها أن التُّجار والشركات الذين ينغمسون في الاحتيال يرتكبون خطيئة في عيني الله: ﴿وَأَحَلَّ ٱللَّهُ ٱلْبَيْعَ وَحَرَّمَ ٱلرِّبَوٰاْ﴾ [سورة البقرة، الآية: 275]، ﴿وَيَٰقَوْمِ أَوْفُواْ ٱلْمِكْيَالَ وَٱلْمِيزَانَ بِٱلْقِسْطِ ۖ وَلَا تَبْخَسُواْ ٱلنَّاسَ أَشْيَآءَهُمْ وَلَا تَعْثَوْاْ فِى ٱلْأَرْضِ مُفْسِدِينَ﴾ [سورة هود، الآية: 85]. ومن أحاديث الرسول محمد ﷺ: «من غشَّنا فليْسَ منَّا».

يُعد التمييز في المعاملة على أساس العِرْق والسُّلالة وما إلى ذلك، أمرًا مَقِيتًا بوجه عام في تعاليم جميع الأديان، والنصوص الإسلاميَّة عن التمييز في المعاملة واضحة، وتبيِّن أن جميع أشكاله ظالمة ومذمومة سواء في الأعمال الخاصَّة، أو في الشأن العام.

وقد نص القرآن الكريم صراحةً على ذلك: ﴿يَٰٓأَيُّهَا ٱلنَّاسُ إِنَّا خَلَقْنَٰكُم مِّن ذَكَرٍ وَأُنثَىٰ وَجَعَلْنَٰكُمْ شُعُوبًا وَقَبَآئِلَ لِتَعَارَفُوٓاْ﴾ [سورة الحجرات، الآية: 13]. وكذلك في الحديث الشريف: «لَا فَضْلَ لِعَرَبِيٍّ عَلَى أَعْجَمِيٍّ وَلَا لِعَجَمِيٍّ عَلَى عَرَبِيٍّ وَلَا لِأَحْمَرَ عَلَى أَسْوَدَ وَلَا أَسْوَدَ عَلَى أَحْمَرَ إِلَّا بِالتَّقْوَى».

وهناك ذكر صريح للفساد في القرآن الكريم: ﴿وَإِذَا تَوَلَّىٰ سَعَىٰ فِى ٱلْأَرْضِ لِيُفْسِدَ فِيهَا وَيُهْلِكَ ٱلْحَرْثَ وَٱلنَّسْلَ ۗ وَٱللَّهُ لَا يُحِبُّ ٱلْفَسَادَ﴾ [سورة البقرة، الآية: 205].

«وكما أنه من المستحيل عدم تذوق العسل (أو السُّم) الموجود على طرف اللسان، كذلك من المستحيل على مُوظف حكومي ألا يأكل، على الأقل، القليل من دخل الملك».

كتب كوتيليا (Kautilya) أحد فلاسفة الهند، هذه الكلمات منذ آلاف السنين، لكن معانيها ما تزال صحيحة. تاريخيًّا، وعلى الرغم من أن السياسيِّين في مختلف البلدان لم يرفضوا الفساد دائمًا، إلا أن معظم الحكومات الحديثة تفعل ذلك في الوقت الحاضر.

أخيرًا، أصبح الدين والسياسة أقرب إلى التوافق بشأن الفساد، حتى مع استمرارهما في التطوُّر؛ فجميع الأديان، بغض النظر عن أصلها، تُدين ما هو شر وتمجِّد الخير، والقانون في كل أمة يفعل ذلك أيضًا.

وقد تم الإعلان عن الفساد بوصفه أحد أسوأ الأمراض التي تصيب البشريَّة، وقد ورد في خطاب رئيس البنك الدولي جيمس ولفنسون: «نحتاج إلى التعامل مع سرطان الفساد

لكي تحقق البلدان النامية النمو، وتُقلل الفقر».[1] ويُنظر إلى الفساد على أنه مشكلة تشوِّه سمعة الحكومات[2].

1.4 تعريف الفساد

لقد بيَّن القسم السابق أن ظاهرة الفساد موجودة منذ زمن بعيد؛ وبالتالي تم التعامل مع مفهوم الفساد وتنظيره بطُرق مختلفة.

وعندما يتعلق الأمر بتعريف الفساد، نجد ثلاثة مناهج (أو مقاربات) مشتركة، لا سيما في الأدبيَّات الأكاديميَّة عن مكافحة الفساد.

النهج الأول، هو الإشارة إلى التعاريف التي تحددها المعاجم، والسُّلطات المختصَّة، والمنظَّمات العالميَّة. إنها موارد موثوقة في تعريف الفساد بعد التعرُّض الواسع لقضايا الفساد المختلفة في جميع أنحاء العالم. علاوة على ذلك، هناك عدد من العلماء والباحثين الذين وضعوا تعريفًا للفساد بناءً على الصيغ المختلفة.

تسرد معظم المعاجم أن أصل المعنى الأساسي للفساد، الوارد في الإنجليزيَّة الوسطى والفرنسيَّة القديمة، يعود إلى الكلمة اللاتينية **Corruptio**. والكلمة هي الفعل الماضي من **Corrumpere** وتعني: «أضرَّ، أفسد، شوّه»، وهي منحوتة من **cor** (كليًّا) و **rumpere** (للكسر).

يُعرِّف قاموس أكسفورد الفساد بأنه:

أ. «السلوك غير النزيه أو الاحتيالي من قِبَل مَنْ هُم في السُّلطة، والذي يتضمن عادةً الرِّشْوَة.

ب. الفعل أو التأثير الذي يجعل شخصًا ما، أو شيئًا ما، منحرفًا أخلاقيًّا.

ج. العمليَّة التي ينتج عنها تغيير كلمة، أو تعبير من حالته الأصليَّة إلى حالة تُعد خاطئة أو مُنحطَّة.

---

(1) Stated in President of the World Bank, James D. Wolfensohn's, speech: for developing countries to achieve growth and poverty reduction, "we need to deal with the cancer of corruption". James D. Wolfensohn, World Bank Group, *People and Development: Address to the Board of Governors*, *Washington, DC, October 1, 1996*, http://documents.worldbank.org/curated/en/243871468141893629/People-and-development-address-to-the-Board-of-Governors-Washington-DC-October-1-1996.

(2) Eyre, مرجع سابق.

د. العمليَّة التي ينتج عنها إضعاف قاعدة بيانات، أو برنامج كمبيوتر، عن طريق التغيير، أو إدخال الأخطاء.

هـ. و/ أو عمليَّة الاضمحلال، الانحلال»[1].

توفر التعريفات المتعلقة بالانحلال الأخلاقي الذي قد يتسبب فيه الفساد، إجماعًا مرجحًا عند مناقشة آثاره، ولكنها تستمر في التسبب في صعوبة تحديد معناه[2].

وبالمثل، يعرِّف قاموس كامبردج الفساد بأنه: «السلوك غير القانوني، السيئ أو المخادع، خصوصًا من قِبَل الأشخاص في مواقع السُّلطة». ويعرِّف القاموس ذاته الفساد في الأعمال التِّجاريَّة أيضًا، الذي يتناوله الكتاب لاحقًا- على النحو التالي: «السُّلوك غير النزيه أو غير القانوني الذي اقترفه شخص في موقع سُلطة. على سبيل المثال، قبول المال لفعل شيء غير قانوني أو غير أخلاقي»[3]. ويعرِّف قاموس ميريام وبستر الفساد بأنه:

أ. «السلوك غير النزيه، أو غير القانوني، الصادر عن الأشخاص الأقوياء على الأخص (مثل المسؤولين الحكوميِّين، أو ضباط الشرطة): الفَسَاد، الفُسوق، الانحراف، السَّفَالة.

ب. التحريض على ارتكاب الخطأ بوسائل غير لائقة، أو غير قانونيَّة (مثل الرِّشْوَة)، وفساد المسؤولين الحكوميِّين.

ج. الخروج عن الأصل، أو عما هو نقي أو صحيح، وفساد النصِّ، وفساد ملفات الكمبيوتر.

د. و/ أو الاضمحلال، التحلُّل، فساد الذبيحة»[4].

---

(1) Corruption, Lexico, https://www.lexico.com/definition/corruption (last visited Sep. 164, 2019).

(2) G. Brooks et al.، Defining Corruption، in A. Graycar & T. Prenzler، Preventing Corruption: Crime Prevention and Security Management 12 (2013).

(3) Corruption, Cambridge Dictionary, https://dictionary.cambridge.org/dictionary/english/corruption (last visited Sep. 16, 2019).

(4) Corruption, Merriam-Webster Dictionary, https://www.merriam-webster.com/dictionary/corruption (last visited Sep. 16, 2019).

وفيما يتعلق بالمنظَّمات العالميَّة والسُّلطات المختصَّة، يُدرج برنامج الأمم المتحدة العالمي لمكافحة الفساد، تعريفًا للفساد بأنه: «إساءة استخدام السُّلطة لتحقيق مكاسب شخصيَّة»[1].

تصف منظَّمة الشفافيَّة الدوليَّة (Transparency International) الفساد بأنه: «إساءة استخدام السُّلطة المنوطة لتحقيق مكاسب خاصَّة»[2]. ويعرِّف البنك الدولي الفساد بأنه: «استخدام المنصب العام لتحقيق مكاسب خاصَّة»[3]. أما تعريف المنظَّمة الدوليَّة للشرطة الجنائيَّة (الإنتربول) للفساد فهو: «أي مسار عمل، أو فشل في التصرف من قِبَل الأفراد أو المنظَّمات، عامَّة أو خاصَّة، في انتهاك للقانون أو الثقة؛ من أجل الربح أو الكسب»[4]. وترى منظَّمة التعاون الاقتصادي والتنمية (OECD) أن الفساد: «سوء استخدام فعلي، أو سلبي، لسُلطات الموظَّفين العُمُوميِّين (المعينين أو المنتخبين) للحصول على مزايا ماليَّة، أو منافع أخرى»[5].

النهج الثاني لتعريف الفساد، يتبع فكرة استحالة الوصول إلى توحيد تعريفه. على سبيل المثال، يؤكد البرنامج العالمي لمكافحة الفساد التابع للأمم المتحدة أنه لا يوجد تعريف واحد شامل ومقبول عالميًّا للفساد[6]. ولدى معظم العلماء والخبراء في هذا المجال أسبابهم المشروعة والمنطقيَّة لتبني هذا الموقف، بل إنهم يحصرون تعريف الفساد بأفعال إساءة استخدام السُّلطة من قِبَل الحكومة[7].

---

(1) U.N. Off. Drugs & Crime (UNODC), The Global Program Against Corruption, UN Anti-Corruption toolkit (2d ed. 2004), available at https://www.unodc.org/documents/corruption/Toolkit_ed2.pdf.

(2) *Corruption*, Transparency Int'l, https://www.transparency.org/glossary/term/corruption (last visited Oct. 2, 2019).

(3) Jeff Huther & Anwar Shah, Anti-Corruption Policies and Programs: A Framework for Evaluation (World Bank 2000).

(4) *Corruption*, Interpol, https://www.interpol.int/en/Crimes/Corruption (last visited Apr. 4, 2020); Steve M. Windham, *Corruption in Law Enforcement*, MJ652 Project Presentation on Corporate Crime (Feb. 3, 2008), https://www.slideshare.net/SteveMWindhamLLMMBAE/mj652-corporate-crime-capstoneproject-41979073.

(5) *Glossary of Statistical Terms: Corruption*, OECD, https://stats.oecd.org/glossary/detail.asp?ID=4773 (last visited Oct.2, 2019).

(6) UNODC، مرجع سابق.

(7) Li, Y.L., Wu, S.J. and Hu, Y.M. (2011) A Review of Anti-Corruption Studies in Recent China. Chinese Public Administration, 11, 115-119.

وعرَّف البروفيسور روبرت كليتغارد الفساد في المعادلة التالية: الفساد = القوة الاحتكاريَّة + التكتم – المساءلة[1].

بالإضافة إلى ذلك، فقد عُرِّف الفساد على أنه إساءة استخدام المنصب لأغراض غير رسميَّة. واستخدم كليتغارد هذه الصيغة لتحديد وتحليل المواقف التي تؤدي إلى الفساد البيروقراطي؛ إذ يمكن للمسؤولين استخدام العقود المربحة لانتزاع مدفوعات فاسدة [2]. على سبيل المثال، كان بإمكانهم استغلال الاحتكار والكتمان (سُلطة منح عقود غير متوفرة في مكان آخر)، و(القدرة على الاختيار من بين مقدمي العطاءات)[3].

ونجد لدى برنامج الأمم المتحدة الإنمائي، في مذكرته بشأن ممارسة مكافحة الفساد المعادلة التالية: الفساد = (السُّلطة الاحتكاريَّة + حريَّة التصرف) - (المساءلة + النزاهة + الشفافيَّة)[4].

وحددت بعض التحليلات الحديثة الفساد على أنه سلوك مخالف «للأخلاقيَّة العالميَّة»، أو «الحياد» في ممارسة السُّلطة العامَّة [5]. قد يكون تصوُّر الفساد على أنه تحويل المسؤولين «المنافع العامَّة» إلى منافع خاصَّة لمصلحتهم؛ وبالتالي يصير أمرًا قابلًا للنقاش. ومع ذلك، فإن هذا التصوُّر مفيد لشموليته[6]. وقد أشار غالبية العلماء إلى «أن هناك العديد من الطرق لتعريف الفساد بالتفصيل، ولكن لا يوجد تعريف يمكن تطبيقه على جميع أغراض البحث»[7].

يُعد تعريف الفساد أمرًا معقدًا؛ نظرًا إلى حقيقة أنه «لا يوجد ولاء تأديبي ثابت»، وقد نقَّب المحللون خزائن الأنثروبولوجيا، والاقتصاد، ونظريَّة التنظيم، والفلسفة، والعلوم السياسيَّة، وعلم الاجتماع، واجتهدوا لإيجاد طرق تجعل مفهوم الفساد أكثر وضوحًا وفائدة[8].

---

(1) K. Anukansai, Corruption: The Catalyst for the Violation of Human Rights, NACC J., Jul. 2010, at 6 (quoting R. Klitgaard, Controlling Corruption (1988).

(2) Robert Klitgaard, International Cooperation against Corruption, 39 SPAN, no. 5, Sept./Oct. 1998, at 38.

(3) M. Johnston, Corruption, Contention and Reform: The Power of Deep Democratization 25 (2014).

(4) U.N. Dev. Program [UNDP], Anti-Corruption Practice Note (2004).

(5) Alina Mungiu-Pippidi, Corruption: Diagnosis and Treatment, 17 J. Democracy, Jul. 2006, at 86, 86-99.

(6) Bo Rothstein & Jan Teorell, Defining and Measuring Quality of Government, in Good Government: The Relevance of Political Science 6-26 (Sören Holmberg & Bo Rothstein eds., 2012).

(7) J. Bussell, Greed, Corruption, and the Modern State Essays in Political Economy 22-32 (2015).

(8) Robert Williams, New Concepts for Old? 20 Third World Q. 503, 503-513 (1999)

يتكوَّن النهج الثالث، من الاعتقاد بأن الفساد يمكن تعريفه بأشكاله المختلفة بواسطة الرسوم التوضيحيَّة والأمثلة، وسيكشف القسم التالي عن ذلك.

تُعد اتفاقيَّة الأمم المتحدة لمكافحة الفساد (UNCAC) أكثر المعاهدات الدوليَّة شمولًا لمكافحة الفساد حتى الآن. لا تُعرِّف الفساد على هذا النحو، بل إنها تحدد أفعال فساد معيَّنة، وتحثُّ الدول على تجريمها من قِبَل سُلطاتها القضائيَّة. وتسرد الاتفاقيَّة مجموعة من جرائم الفساد، بما في ذلك: الرِّشْوَة، وارتشاء الموظَّفين العُمُوميِّين المحليِّين والأجانب، وعرقلة سير العدالة، والإثراء غير المشروع، والاختلاس[1].

1.5 أشكال الفساد

ما الأشكال الشائعة للفساد؟ يتحول الفساد إلى أشكال عديدة، على مستويات مختلفة، عبر جميع القطاعات.

ويعيش ما لا يقل عن ستة مليارات شخص في جميع أنحاء العالم في بلدان يُنظر إليها على أنها تعاني من الفساد، وبأن 68 في المائة من هؤلاء يعانون من مشاكل فساد خطيرة[2].

ووفقًا لأستاذ العلوم السياسيَّة الألماني أرنولد جوزف هايدنهايمر[3]، فإن للفساد ظلالاً، تتراوح من الأبيض إلى الرمادي وإلى الأسود؛ اعتمادًا على آراء شرائح النُّخبة في المجتمع، والرأي العام من طبقات مختلفة أيضًا[4]. ومن المُهِمّ الدراية بجميع أشكاله وظلاله.

سيتناول هذا القسم التصنيفات المتنوِّعة، التي اعتمدتها الجهات الفاعلة المختلفة في مجال مكافحة الفساد، والتي تتراوح من أشكال الفساد «الصغيرة» إلى «الكبرى».

---

(1) OECD, Corruption: A Glossary of International Criminal Standards 11-12 (2007).

(2) Transparency Int'l, Corruption Perception Index (2015).

(3) Political Sciences Professor Heidenheimer, Arnold Joseph was born on November 23, 1929 in Wuerzburg, Bavaria, Germany. He came to the United States in 1940. AB, Cornell University, 1950. Master of Arts, American University, 1952. Doctor of Philosophy, London School of Economics, 1957. Arnold Heidenheimer, PraBook, https://prabook.com/web/arnold_joseph.heidenheimer/1698122 (last visited Oct. 2, 2019).

(4) Arnold J. Heidenheimer, *Perspectives on the Perception of Corruption*, *in* A. J. Heidenheimer et al., Political Corruption A Handbook (1989).

عندما يحدث «الفساد الصغير» على نطاق ضيق، فغالبًا ما يُنظر إليه على أنه نوع من الإزعاج. وكثيرًا ما يحدث «الفساد الصغير» عند التعامل بين المسؤولين العُمُوميِّين والجمهور، الذين من المُفترض أن يخدموا هذا الأخير. قد يأتي ذلك في شكل قبول هدايا صغيرة، وهذا غير لائق؛ بسبب توقع المانح في المقابل الحصول على مزايا ومُحاباة[1].

أما بالنسبة إلى «الفساد الكبير»، فهذا فساد يسود أعلى مستويات الحكومات الوطنيَّة؛ مما يؤدي إلى تآكل الثقة، على نطاق واسع، ويودي بالحكومة وسيادة القانون والاستقرار الاقتصادي[2].

ومثلما ذكرنا سابقًا، يتجلى الفساد بطرق متنوِّعة في ظروف مختلفة. ومع ذلك، هناك بعض أشكال الفساد التي تتكرر في كل نظام، إنها أشكال «الفساد الكبير»، و«الفساد الصغير»، و«الفساد النشط»، و«الفساد السلبي»، و«الفساد السياسي»، و«الفساد الممنهَج»، وغيرها من التصنيفات الفريدة التي أنشأها الخبراء في هذا المجال، فيعتمد تصنيف منظَّمة الشفافيَّة الدوليَّة على الحجم النسبي وتكرار الفعل، من الفساد الصغير إلى الفساد الكبير.

1.5.1 الفساد الصغير

الفساد الصغير، على النحو المحدد من قِبَل منظَّمة الشفافيَّة الدوليَّة (TI)، هو إساءة الاستخدام اليومي للسُّلطة المنوطة بالمسؤولين الحكوميِّين على مستوى الوظائف المنخفضة والمتوسطة، في تفاعلهم مع المواطنين العاديِّين، الذين يحاولون غالبًا الوصول إلى السلع أو الخدمات الأساسيَّة في أماكن عامَّة مثل: المستشفيات، والمدارس، وإدارات الشرطة، والمؤسسات العامَّة الأخرى. إنه فعل يشوِّه وظائف الحكومة المركزيَّة[3]. إنها الحالة التي يطلب فيها موظف عُمُومي أو يتوقع، أموالًا مقابل تنفيذ عمل يكون مطلوبًا منه عادةً بموجب القانون، أو عندما يدفع المواطنون رِشْوَة للحصول على خدمات يُحظر على المسؤول تقديمها[4].

---

(1) Petty Corruption, Legal Dictionary (Jun. 2016), https://legaldictionary.net/corruption/.

(2) See, e.g., S. Rose-Ackerman, Democracy and 'Grand Corruption' UNESCO, 1996 (ISSI 149/1996), reprinted in Explaining Corruption 321-336 (R. Williams ed., 2000).

(3) Global Integrity & UNDP Oslo Governance Centre, A User's Guide to Measuring Integrity (2008), Corruption Glossary, U4, http://www.u4.no/document/glossary.cfm (last visited Apr. 4, 2020).

(4) C. Sandgren, Combating Corruption: The Misunderstood Role of Law, 13 Int'l Law. 717 (2005).

1.5.2 الفساد الكبير

يُشار إلى الفساد الكبير الذي يتورَّط فيه الموظَّفون العُمُوميون باسم كليبتوقراطيَّة[1]. ويحدث ذلك النوع من الفساد عندما يرتكب مسؤول حكومي رفيع المستوى، أفعالًا تشوِّه السياسات، أو الأداء المركزي للدولة؛ مما يمكنه/ يمكنها من الاستفادة على حساب الصالح العام[2].

إنه شكل من أشكال الفساد الذي يسود أعلى مستويات الحكومة الوطنيَّة؛ مما يؤدي إلى تآكل واسع للثقة بالحكم الرشيد، وسيادة القانون، والاستقرار الاقتصادي[3].

تعرِف منظَّمة الشفافيَّة الدوليَّة (TI) الفساد الكبير على أنه إساءة استخدام للسُّلطة رفيعة المستوى، تُفيد القِلَّة على حساب الأكثريَّة، وتسبب ضررًا خطيرًا وواسع النطاق للأفراد والمجتمع، وغالبًا ما يمر دون عقاب[4].

1.5.3 الفساد الممنهَج

و«يحدث الفساد الممنهَج عندما يتغلغل في المجتمع بأسره، إلى درجة تقبله له كوسيلة لإجراء المعاملات اليوميَّة[5]. إنه وضع تسوده الهيمنة الروتينيَّة على المؤسسات، وعلى العمليَّات الرئيسيَّة في الدولة، من قِبَل الأفراد والجماعات الفاسدة، وفي هذا الوضع يكون لدى العديد من الأشخاص بدائل عمليَّة قليلة للتعامل مع المسؤولين الفاسدين»[6].

ويؤثر الفساد الممنهَج على المؤسسات، ويؤثر على السلوك الفردي، وعلى جميع مستويات النظام السياسي والاجتماعي والاقتصادي. ويتجسد هذا النوع من الفساد في بيئات اجتماعيَّة وثقافيَّة محددة، ويميل إلى الاحتكار والتنظيم، ويصعب تجنبه [7].

---

(1) World Bank, *Unit 1: Introduction to Corruption*, http://siteresources.worldbank.org/PSGLP/Resources/corruptionunit1.pdf (last visited Nov. 4, 2019).

(2) Transparency Int'l, The Anti-Corruption Plain Language Guide 23 (2015).

(3) See C. Maria & K. Haarhuis, Promoting Anti-Corruption Reforms: Evaluating the Implementation of a World Bank Anti-Corruption Program in Seven African Countries (1999-2001) (2005).

(4) Transparency Int'l, مرجع سابق.

(5) C. Heymans & B. Lipietz, Corruption and Development: Some Perspectives, 40 Inst. Sec. Stud. Monograph Series, 1999, at 8.

(6) المرجع السابق.

(7) Neil S. Ruskin, Corrupt Cops: Meat Eaters versus Grass Eaters, Neil Ruskin Law Firm (Apr. 2016), https://www.neilruskinlawfirm.com/blog/2016/04/corrupt-cops-meat-eaters-versus-grass-eaters/.

1.5.4 الفساد النشِط والفساد السلبي

ظهرت صياغة مصطلح الفساد النشِط أو «أكلة اللحوم»، ومصطلح الفساد السلبي، أو «أكلة العشب» في عام 1970، من قِبَل لجنة التحقيق في فساد الشرطة المزعوم (المعروفة باسم لجنة ناب أيضًا، على اسم رئيسها Whitman Knapp)[1].

ومع ذلك، ضمن مصطلحات القانون الجنائي، يمكن استخدام المصطلحين: «نشِط»، و«سلبي» للتمييز بين فعل فاسد معين، وبين محاولة ارتكاب فعل فاسد، أو جريمة غير كاملة.

على سبيل المثال، يشمل «الفساد النشِط» جميع الحالات التي وقع فيها دفع و/ أو قبول رِشْوَة، ولا يشمل حالات رفض قبول رِشْوَة بعد عرضها، أو طلب رِشْوَة وإن كانت لم تُدفع.

عند صياغة استراتيجيَّات وطنيَّة شاملة لمكافحة الفساد تجمع بين العدالة الجنائيَّة وعناصر أخرى، فإن مثل هذه الفروقات تكون أقل أهميَّة. ومع ذلك، يجب الحرص على تجنب الخلط بين المفهومين.

وفي المناقشات المتعلقة بجرائم المعاملات مثل الرِّشْوَة، عادةً ما تشير «الرِّشْوَة الفعليَّة» إلى عرضٍ أو دفع رِشْوَة. ووفقًا لمصطلح «آكلي اللحوم»، فإن ضباط الشرطة، الذين يستخدمون موقع سُلطتهم بقوة وعنف لكسب أرباح شخصيَّة، أو الحصول على مزايا، يمكن الإشارة إليهم على أنهم «آكلي اللحوم». سيكون فعلهم ذاك شكلًا من أشكال الفساد الذي تُبرزه الأفلام والبرامج التلفزيونية الرائجة عادةً.

إن حالة شرطي يبتز أموالًا من صاحب عمل لحمايته، أو مجموعةً من المحققين الذين يجمعون الأدلة لاستخدامهم الشخصي، هي أمثلة تمثل «أكلة لحوم»[2].

في المقابل تشير «الرِّشْوَة السَّلبيَّة» إلى تلقي رِشْوَة[3]. إن أفراد الشرطة الذين لا يسعون للحصول على منافع شخصيَّة، ولكنهم لا يتجاهلونها، ويتخلصون منها بعبارة «لا، شكرًا»، يمكن عدهم من «أكلة العشب».

فما ضرر قبول الشرطي القهوة والمعجنات مجانًا من المتجر؟ حتى ولم يكن هناك ما هو أكثر قيمة من ذلك، فلن يحافظ ذلك الشرطي على مظهر الاستقامة. هل سيحصل

---

(1) المرجع السابق.

(2) المرجع السابق.

(3) Criminal Law Convention on Corruption, arts. 2-3. E.T.S. no 173 (Jan.27, 1999).

صاحب المتجر على معاملة تفضيليَّة في المستقبل؟ هل سيتوقف الشرطي عند ذاك المتجر أكثر من المعتاد، وعلى حساب متابعة أمور بقية المتاجر المسؤول عنها في قطاعه؟ من المستحيل الجزم بذلك، ولكن وجود مثل تلك المخاوف في الحقيقة، قد يثير تساؤلات بشأن موضوعيَّة هذا الشرطي[1].

1.5.5 فساد الاستحواذ على الدولة

بعد انهيار النظام الشيوعي، واجهت جميع الاقتصاديات الانتقاليَّة تقريبًا، مُهِمَّة بناء هياكل وآليَّات حكم جديدة تمامًا.

في ظل القدرة السياسيَّة غير المتوازنة، وهياكل المساءلة غير المتطوِّرة، يتوقع المرء أن يُحرز الفساد درجات عالية في كلا النوعين، الفساد الإداري اللامركزي، والاستحواذ على الدولة المركزيَّة.

ويبدو أن هياكل الدولة الضعيفة تفضل كلا النوعين من الفساد، في حين أن الدول المركزيَّة القويَّة تخلق أرضيَّة خِصبة للسيطرة على الدولة، أكثر من قدرة الفساد الإداري.

يشير الاستحواذ على الدولة إلى أن النظام يتصرف بأسلوب متكلَّف ومتعمَّد، لوضع قواعد اللعبة بطرق تزيد من سلوك البحث عن الريع، لأولئك الذين يتمتعون بالسُّلطة السياسيَّة. في ظل تلك الظروف، يتغذى الفساد على نفسه عبر تأجيج الأنظمة واللوائح التي تؤدي إلى نتائج عكسيَّة، وتولد الفساد[2].

ناقش البنك الدولي الفساد نقاشًا مكثفًا، وكان من أكثر المواضيع تكرارًا هما: الفساد الإداري، والاستحواذ على الدولة.

أ) الفساد الإداري أو البيروقراطي:

في حين أن الاستحواذ على الدولة يوفر مزايا لأفراد أو مجموعات معيَّنة في الإطار القانوني، أو الإطار التنظيمي الأساسي، فإن الفساد الإداري يشير إلى التشويه المُتعمَّد، وخرق الإجراءات التنفيذيَّة المحددة للقوانين والقواعد واللوائح القائمة؛ بغرض تقديم مزايا وفوائد، إما لممثلي الدولة أو لغيرهم من غير الجهات الحكوميَّة، عبر توفير مكاسب خاصَّة للموظفين العُمُوميِّين بصورة غير مشروعة وغير شفَّافة.

---

(1) Ruskin, مرجع سابق.

(2) Antoni Z. Kamiński & Bartlomiej Kamiński, Governance and Corruption in Transition: The Challenge of Subverting Corruption 6-7 (U.N. Econ. Comm'n Eur., Seminar Paper, 2001).

والمثال الكلاسيكي على الفساد الإداري هو أن صاحب متجر سيئ الحظ يُجبَر على دفع رِشْوَة لمجموعة لا نهاية لها على ما يبدو من المفتشين الرسميِّين؛ كي يتغاضوا عن المخالفات الطفيفة (أو ربما الجسيمة) للأنظمة القائمة.

بالإضافة إلى مثل تلك الأشكال من الابتزاز، يشمل الفساد الإداري أمثلة مألوفة أيضًا، مثل «مدفوعات مُيسرة»؛ أي دفع الرشاوى للحصول على التراخيص، وتسهيل الإجراءات الجمركيَّة، والفوز بعقود المشتريات العامَّة، أو إعطاء الأولويَّة في تقديم مجموعة متنوِّعة من الخدمات الحكوميَّة الأخرى.

أخيرًا، يمكن لمسؤولي الدولة ببساطة، توجيه الأموال العامَّة الخاضعة لسيطرتهم توجيهًا خاطئًا، لمنفعة ماليَّة مباشرة خاصَّة بهم أو بأسرهم.

يكمن أساس هذا الشكل من الفساد من جانب الموظَّفين العُمُوميِّين في السُّلطة، في قدرتهم على منح إعفاءات انتقائيَّة، أو إعطاء الأولويَّة لتقديم الخدمات العامَّة، أو التمييز في تطبيق القواعد واللوائح[1].

هكذا، يتمكن الفساد البيروقراطي من الالتفاف على القواعد الموضوعة، ويوجه الإجراءات في إطار أداء مسؤوليَّات الوظيفة العامَّة، نحو الحصول على مكاسب شخصيَّة، وعادةً ما تكون نقديَّة[2].

ب) الاستحواذ على الدولة أو بيعها:

يعرِّف الاستحواذ على الدولة أولًا، على أنه جهود الشركات لتشكيل البيئة المؤسسيَّة التي تعمل لصالحها. ويعرَّف ثانيًا، بأنه فساد في المشتريات العامَّة، ودفع الرشاوى لتأمين العقود العامَّة[3].

في الحالة القصوى، يمكن أن يُولد احتكار قوي واحد ذو مستوى أعلى بكثير من الاستحواذ على الدولة، من عدد أكبر من الاحتكارات الأقل قوة التي تتنافس فيما بينها لشراء مسؤولي الدولة.

---

(1) World Bank, Anti-Corruption in Transition: A Contribution to the Policy Debate xvii (2000), *available at* https://siteresources.worldbank.org/INTWBIGOVANTCOR/Resources/contribution.pdf.

(2) U. Mohammed, Corruption in Nigeria: A Challenge to Sustainable Development in the Fourth Republic, 9 Eur. Sci. J., no. 4, 2013, at 118.

(3) Daniel Kaufmann, Seize the State, Seize the Day: An Empirical Analysis of State Capture and Corruption in Transition Economies Abstract. (2000)

1.5.6 تصنيف أرنولد هايدنهايمر

فرز هايدنهايمر ثلاثة أنواع رئيسيَّة من الفساد تتمحور حول: المناصب العامَّة، والسُّوق، والمصالح العامَّة.

أ. الفساد المتمحور حول المناصب العامَّة:

سلوك منحرف عن الدور العام، ومخالف للواجبات الرسميَّة؛ بسبب مكاسب ماليَّة، أو مكانة خاصَّة (الأسرة، مكاسب شخصيَّة، زمرة خاصَّة)، أو سلوك ينتهك القواعد المقررة ضد ممارسة أنواع معيَّنة من النفوذ الخاص[1].

ب. الفساد المتمحور حول السُّوق:

يُعد الموظف الفاسد في الخدمة المدنيَّة، أو مدير الأعمال (هذه إضافة من مؤسسة غالوب) أن مكتبه (العام) بمثابة مقر لعمل تجاري منفصل، ويسعى إلى زيادة دخله إلى الحد الأقصى. ويعتمد حجم دخله على حالة السُّوق، وعلى مواهبه في إيجاد نقطة الربح القصوى على منحنى طلب الجمهور (أو العملاء)[2].

ج. الفساد المتمحور حول المصالح العامَّة:

يمكن القول بوجود هذا النمط من الفساد عندما يخضع صاحب السُّلطة المكلف للإغراء؛ أي الموظف المسؤول أو صاحب المنصب، للقيام بأشياء معيَّنة وأعمال فاسدة، مقابل مكافآت ماليَّة، أو غيرها من المكافآت غير المنصوص عليها قانونًا[3].

1.5.7 تصنيف مايكل جونستون[4]

أسس مايكل جونستون متلازماته الأربع على الأسئلة التالية: ما لروابط بين التحرر السياسي والاقتصادي، وقوة الدولة أو ضعفها، والمؤسسات السياسيَّة والاجتماعيَّة،

---

(1) Joseph S. Nye, Corruption and Political Development: A Cost-Benefit Analysis, 61 Am. Pol. Sci. Rev., no. 2, June 1967.

(2) Jacob van Klaveren, The Concept of Corruption, in A. J. Heidenheimer et al., Political Corruption: A Handbook 28 (1989).

(3) C. J. Friedrich, Political Pathology, 37 Pol. Q., Jan. 1966, at 70.

(4) Johnston based his four syndromes on the following questions: what are the links between political and economic liberalization, the strength or weakness of state, political and social institutions, and the kinds of corruption societies experience? What syndromes of corruption result from various combinations of these influences and how do they differ? What kinds of reform are – and are not – appropriate for contrasting corruption problems? *See* Johnston, at 2, 36.

وأنواع تجَارِب مجتمعات الفساد؟ ما متلازمات الفساد الناتجة عن التوليفات المختلفة لهذه التأثيرات وكيف تختلف؟ ما أنواع الإصلاح المناسبة (وغير المناسبة) لمشكلات الفساد المتناقضة؟

ووصف جونستون متلازمات للفساد الأربع بأنها «أسواق التأثير»، و«عصابات النُّخبة»، و«الأوليغارشيَّة (الأقليَّة) والزُّمر»، و«الأباطرة الرسميُّون». تلك المتلازمات والأسماء التي توحي بجوانبها المميزة، تعكس التوليفات التي نواجهها بتكرار من قبل مجموعات تكون أقوى أو أضعف، من مجموعات الفساد.

أ. أسواق التأثير

تُشير هذه المتلازمة إلى الوصول إلى مؤسسات الدولة القويَّة والتأثير فيها، وغالبًا ما يعمل السياسيُّون عمل الوسطاء، ويطرحون علاقاتهم وصلاتهم للإيجار مقابل مساهمات قانونيَّة، أو غير قانونيَّة(1).

ب. كارتلات النُّخبة (تعرف باسم الرجال الكبار)

حيثما تكون المؤسسات الديموقراطيَّة ضعيفة، تصبح السياسة والأسواق أكثر قدرة على المنافسة، وتستخدم شبكات النُّخبة الحوافز والمبادلات الفاسدة لدعم مواقعها(2).

ج. الأوليغارشيَّة والزُّمر

تتجسد في حالات التحرر السياسي والاقتصادي الكبير مع التحولات الرديئة؛ إذ تفتح الحدود الضعيفة بين القطاعين العام والخاص مجموعة واسعة من الفرص للفساد في استهداف المؤسسات الضعيفة(3).

د. الأباطرة الرسميُّون

في مثل هذا الوضع تكون المؤسسات ضعيفة للغاية، والنظام السياسي غير ديمقراطي، أو يميل إلى الانفتاح ببطء، لكن اقتصاده حرٌّ إلى حدٍّ ما، والمجتمع المدني ضعيف أو غير موجود. حينئذ تكثر فرص الإثراء والمخاطر الجديدة أمام الأثرياء، وتكون السُّلطة السياسيَّة شخصيَّة وغالبًا ما تستخدم مع الإفلات من العقاب. عندها سيتحول أكثر رواد الأعمال

---

(1) المرجع السابق، ص 42، 60 ("Influence Markets: Influence for Rent, Decisions for Sale").

(2) المرجع السابق، ص 43، 89.

(3) المرجع السابق، ص 44، 120.

نفوذًا، أو عملاؤهم، إلى شخصيَّات سياسيَّة بارزة. وقد يصبح المسؤولون أباطرة اقتصاديِّين، ويحتاج الأباطرة المحتملون إلى دعم رسمي[1].

حدد علماء آخرون، مثل مارك روبنسون، ثلاثة أشكال من الفساد:

الأول، «الفساد العَرَضِي»، الذي يقتصر على مخالفات من جانب الفرد. ويحدث بطرق خفية من الرِّشْوَة عن طريق إساءة استخدام المنصب؛ بقصد الحصول على ميزة غير مستحقة من الموظف العام.

الثاني، «الفساد المؤسسي» ويشير إلى بعض المؤسسات التي قد تكون مليئة بالفساد، ويرجع ذلك إلى حدٍّ كبير إلى غياب الضوابط.

الثالث، «الفساد الممنهَج»، ويعكس المواقف التي يكون فيها الفساد مترسخًا ومتفشيًا في جميع أنحاء المجتمع[2].

يشير روبنسون أيضًا إلى «الفساد السياسي» (من مصطلحات مكافحة الفساد- منظَّمة الشفافيَّة الدوليَّة)، وهو التلاعب بالسياسات والمؤسسات والقواعد الإجرائيَّة في تخصيص الموارد والتمويل من قِبَل صانعي القرار السياسي، الذين يسيئون استخدام مواقعهم للحفاظ على سُلطتهم، ومكانتهم، وثروتهم[3].

علاوة على ذلك، هناك ثنائيَّة أخرى هي «الفساد **المركزي**»، و«الفساد **اللامركزي**»؛ اعتمادًا على مستوى السيطرة التي تمارسها النُّخبة السياسيَّة على المسؤولين المحليِّين[4].

حُددت سلوكيَّات مختلفة على أنها تُشكِّل الفساد، وتشمل:

1. الرِّشْوَة، وتدل على عرض أي عنصر ذي قيمة، أو منحة، أو التماسة، أو تلقِّي أي عنصر كوسيلة للتأثير على تصرُّفات فرد يتولى مُهِمَّة عامَّة أو قانونيَّة، وذلك التعريف بحسب معهد المعلومات القانونيَّة في كورنيل.[5]

---

(1) المرجع السابق، ص 46، 155.

(2) M. Robinson, Corruption and Development, The European journal of development research. 1–14, 1998.

(3) *Anti-Corruption Glossary,* Transparency Int'l, https://www.transparency.org/glossary/ (last visited Nov. 4, 2019).

(4) P. Bardhan, The Economist's Approach to the Problem of Corruption, 34 World Dev. 341, 341–48 (2006).

(5) https://www.law.cornell.edu/wex/bribery

2. الابتزاز، هو الإكراه على فعلٍ ما، أو الحصول على شيء عبر وسائل غير مشروعة. قد يُقدم أي شخص على ممارسة الابتزاز بالقوة أو بالإكراه. وقد يرتكب مسؤولٌ عامٌّ أو خاصٌّ ابتزازًا باستخدام منصبه؛ وذلك وَفْقًا لمعهد المعلومات القانونيَّة ذاته.
3. إساءة استخدام المنصب، وتنطبق على أي شخص يتصرف، أو يزعم أنه يتصرف بصفة رسميَّة، أو يستغل تلك الصفة الفعليَّة أو المزعومة، ويرتكب بذلك جُنْحة، مع علمه أن سلوكه غير قانوني[1].
4. الاحتيال، هو خداع شخص آخر عمدًا بقصد إحداث ضرر. ليس بالضرورة أن يكون الضرر ماديًّا أو جسديًّا، مع أنه غالبًا ما يكون ماليًّا في الواقع. يوجد العديد من أنواع الاحتيال المختلفة؛ على سبيل المثال، هناك الاحتيال المتعلق بالإفلاس، والاحتيال عبر بطاقات الائتمان، والاحتيال في مجال الرعاية الصِّحيَّة. ويختلف التعريف القانوني الدقيق للاحتيال باختلاف الأنظمة القضائيَّة، وجريمة الاحتيال المحددة؛ وذلك وَفْقًا لمعهد المعلومات القانونيَّة في كورنيل.
5. الاختلاس، هو الاستيلاء الاحتيالي على ممتلكات شخصيَّة من قِبَل شخص عُهِدت إليه تلك الممتلكات، وغالبًا ما يرتبط باختلاس الأموال. يمكن أن يحدث الاختلاس بغض النظر عما إذا كان المدَّعَى عليه يحتفظ بالممتلكات الشخصيَّة، أو نقلها إلى طرف ثالث؛ وذلك وَفْقًا للمصدر القانوني السابق ذاته.
6. غسل الأموال، ويشير المصدر نفسُه إلى أن غسيل الأموال يدل على مخطط معاملات ماليَّة يهدف إلى إخفاء هُوِيَّة الحاصل على المال بطريقة غير مشروعة، ومصدر ووجهة تلك الأموال.
7. المحسوبيَّة، تسمَّى المُحاباة أيضًا، وتعبر عن استخدام سُلطتك، أو نفوذك للحصول على وظيفة جيدة، أو مزايا غير عادلة لأفراد أُسرتك، وذلك بحسب قاموس كمبريدج[2].

قدم هذا الفصلُ تصنيفاتٍ متنوعة للفساد مستمدة من مؤسسات عالميَّة مُعترف بها في هذا المجال، وخبراء في المجال، وعلماء، وباحثين أكْفَاء. وفي الختام، من المُهِمِّ أن نُدرك أن الفساد يمكن أن يتنكر في أيٍّ من تلك الأشكال، أو في زيٍّ جديدٍ تمامًا.

---

(1) Code of Federal Regulations No. 25, Subsection 11.448.

(2) O.J. Otusanya, Corruption as an Obstacle to Development in Developing Countries: A Review of Literature, 14 J. Money Laundering Control 387, 387-422 (2011).

الفصل الثاني
كيفية منع الفساد

2.1 كيفية التعامل مع الفساد

إن مشكلة الفساد متعددة الأوجه، ووسائل مكافحتها متنوعة، وهناك استراتيجيَّتان رئيسيَّتان للتعامل مع الفساد: استراتيجيَّة مُسْبَقَة (قبل حدوث الفساد)، واستراتيجيَّة بأثر رجعي (بعد حدوث الفساد).

تشير الاستراتيجيَّة الأولى إلى التدابير الاستباقيَّة المعمول بها لمنع حدوث الفساد. وتدل الاستراتيجيَّة الثانية على السلوك التفاعلي، والرد على الفساد بعد حدوثه. وتتوافق تلك التدابير مع اتفاقيَّة الأمم المتحدة لمكافحة الفساد (UNCAC)، التي تُغطي أوسع نطاق من جرائم الفساد[1].

2.1.1 التدابير الوقائيَّة

تحدد اتفاقيَّة الأمم المتحدة لمكافحة الفساد (UNCAC)، في المواد من 5 إلى 14، التدابير الوقائيَّة في المخطط التالي: السياسات والممارسات، وهيئات مكافحة الفساد الوقائيَّة، والقطاع العام والإبلاغ، والمشتريات العامَّة والإدارة الماليَّة، والقضاء والنيابة العامَّة، والقطاع الخاص، ومشاركة المجتمع، والتدابير الوقائيَّة ضد غسيل الأموال.

لذلك؛ قبل حدوث الفساد، هناك مجموعة من المعايير والأدوات التي ينبغي اعتمادها لتساعد في القضاء عليه. تلك القوانين تعرف بـ «قوانين الشمس الساطعة» التي تؤثر على المجالات الماليَّة، والمعلومات، والتوظيف، والتدابير الوقائيَّة لوكالات مكافحة الفساد (ACAs)، والمعايير الأخلاقيَّة القضائيَّة، ونظام الإبلاغ عن المخالفات.

---

(1) OECD, at 11.

قوانين الشمس الساطعة

يوجد مثال ممتاز للتدابير الوقائيَّة، التي وضعتها الولايات المتحدة الأمريكيَّة، وتسمى «قوانين الشمس الساطعة»، التي تطالب الوكالات والهيئات الحكوميَّة بأن تسمح للجمهور بحضور اجتماعاتها، والوصول إلى سجلاتها والاطلاع عليها[1].

إن القوانين تعزز المساءلة والشفافيَّة في صنع القرار الحكومي، وتوفر، على وجه الخصوص، الوسيلة للحصول على مدخلات وعلى رأي المواطن فيما يتعلق بتطوير القوانين والقواعد واللوائح[2].

تلك القوانين تقضي على فرص السلوك المريب من أي نوع، وفي أي قطاع، وبأي وسيلة. على سبيل المثال، إن الإفصاح عن عناصر التمويل والمعلومات، ركيزتان مهمَّتان لتطبيق قوانين الشمس الساطعة.

وتتطلب قواعد الإفصاح المالي العام من المسؤولين الحكوميِّين، الذين يتمتعون بصلاحيَّات اتخاذ القرار، الكشف دوريًّا وبالتفصيل عن طبيعة ممتلكاتهم وأصولهم الماديَّة؛ بهدف منع تضارب المصالح، والإثراء غير المشروع، واستعادة ثقة الناس بالحكومة والقادة الوطنيِّين.

الأمر نفسه ينطبق على القطاع الخاص، ويرد ذلك في اتفاقيَّة الأمم المتحدة لمكافحة الفساد في المادَّة 12. ومع ذلك فإن الحكومة هي التي تضمن الالتزام بمعايير المحاسبة والمراجعة في القطاع الخاص. وتفرض عقوبات مدنيَّة، وإداريَّة، وجنائيَّة، فعَّالة ومتناسبة ورادعة في حال عدم الامتثال للإجراءات[3].

هناك جانب آخر مُهِمٌّ لقوانين الشمس الساطعة يتمثل بالحق في الوصول إلى المعلومات، والذي يمكِّن المواطنين من معرفة كيفية اتخاذ القرارات التي تؤثر عليهم، وسبل التعامل مع الأموال العامَّة، ووفق أية معايير تعمل المؤسسات. وذلك يمكِّن منظَّمات المجتمع المدني من الحصول على المعلومات المطلوبة لتطوير برامج واستراتيجيَّات فعَّالة، وأداء دورها الرقابي على نحو فاعل[4].

---

(1) Sunshine Laws, US legal, Government in the Sunshine Act, Act of 1976 (Public Law 94-409).
(2) Sergio Díaz-Briquets & Jorge Pérez-López, Corruption in Cuba: Castro and Beyond 212 (2010).
(3) U.N. Convention Against Corruption [UNCAC], art. 12.
(4) OECD, Right to Access Information 3 (2018) , https://www.oecd.org/mena/governance/right-to-access-information-2018.pdf.

إن الخدمات العامَّة معرضة على وجه الخصوص لاستشراء الفساد، وغالبًا ما تفتقر إلى عمليَّات الفحص والتدقيق المناسبة قبل توظيف العاملين فيها، وإعادة تأهيلهم بعد لتوظيف. وقد أدى ذلك إلى ظهور العديد من قضايا الفساد نتيجة عدم التحقق من خلفية لمرشحين، وعدم تفحص سجلاتهم كما يجب؛ الأمر الذي أوصل لاحقًا إلى «إعادة تدوير» لموظَّفين الذين يعانون من مشاكل الانضباط، أو الذين قُدِّمت شكاوى بحقهم، أو تبيَّن أن لديهم سوابقَ إجراميَّة. وفي كثير من الحالات، يتورط هؤلاء الموظَّفون «المعاد تدويرهم» في الفساد و/ أو بسوء السلوك في الإدارات والوظائف الجديدة[1].

لذلك، يجب أن تكون المعايير الموضوعيَّة الممكن الوصول إليها، مثل الجدارة والكفاءة، بمثابة أساس لاختيار الموظَّفين. ويجب وضع قوانين الشمس الساطعة في مكانها الصحيح، ويجب الالتزام بمبادئ الكفاءة والشفافيَّة من أجل ترقية الموظَّفين. ووفقًا لمبادئ الأساسيَّة للنظام القانوني، ينبغي للمنظَّمات والإدارات أن تسعى إلى اعتماد نظم فاعلة مع صيانتها وتقويتها، لتوظيف الموظَّفين المدنيِّين، وتعيينهم، واستبقائهم، وترقيتهم، وإحالتهم إلى التقاعد[2].

وبقدر ما يتعلق الأمر بالموظف العام، إلا أنه تجدر الإشارة إلى أن الاتجاه نحو صياغة وإصدار مدونات قواعد السلوك المستخدمة بالتبادل مع مدونة الأخلاق، آخذ في الازدياد.

إن أساس جميع البيروقراطيَّات الناجحة يكمن في النزاهة، والموضوعيَّة، والفعَّاليَّة، وتؤكد معظم قواعد الخدمة العامَّة على هذه المعايير[3].

صُممت قواعد السلوك، أو قواعد التصرف؛ بناءً على توقع أنواع معيَّنة من السلوك ومنع حدوثها، على سبيل المثال: تضارب المصالح، وتفضيل المصلحة الذاتيَّة على المصلحة العامَّة، والرِّشْوَة، والإجراءات غير الملائمة[4]، وكل تلك البنود تناولتها اتفاقيَّة الأمم المتحدة لمكافحة الفساد في مادتها السابعة.

---

(1) Preventing Corruption, Independent Broad-based Anti-corruption Commission (IBAC) Australia.

(2) UNCAC art. 7.

(3) Stuart C. Gilman, Ethics Codes and Codes of Conduct as Tools for Promoting an Ethical and Professional Public Service: Comparative Successes and Lessons 13 (2005).

(4) المرجع السابق، ص 16.

تأتي تلك القواعد بأشكال عديدة، وهي مصممة عُمُومًا للتعامل مع الحد الأدنى من معايير السلوك الأخلاقي، مع التركيز على ما لا ينبغي على المرء فعله. وهذا ساعد على ردع الناس عن الانخراط في ممارسات فاسدة.

هناك مجموعة أخرى مُهِمَّة من القوانين التي تحتوي على سمات قوانين الشمس الساطعة هي: (أ) تنظيم وإدارة تضارب المصالح (CoI)، وأحيانًا سبل التنفيذ والتطبيق. (ب) القواعد الخاصَّة بالهدايا التي يتلقاها المسؤولون العُمُوميون. (ج) أنظمة الإفصاح عن الأُصول والدخل.

عند تنفيذ تلك الوظائف، قد يُصار إلى تكليف سُلطات مكافحة الفساد بإجراء تحقيقات إداريَّة (تقصي الحقائق الإداريَّة)، واقتراح إجراءات تأديبيَّة ضد موظفي الخدمة المدنيَّة، أو المسؤولين رفيعي المستوى، لخرقهم تلك الأنظمة.

قد يظهر تضارب بين المصالح الخاصَّة والواجبات المهنيَّة العامَّة[1]. وقد يكون التضارب مرتبطًا، أو غير مرتبط، بالمكاسب الماليَّة. وفي مجال إدارة الموارد البشريَّة خُصوصًا، يمكن أن يكون مرتبطًا بالعديد من المصالح غير الماليَّة.

إن وجود مثل هذه القوانين سيُسهم في منع الفساد في القطاع العامِّ عُمُومًا.

وكالات مكافحة الفساد (ACAs)

عنصر آخر يلعب دورًا كبيرًا في المجال الوقائي من الفساد هو أمين المظالم، كما هي الحال في المادَّة 6 (هيئة أو هيئات مكافحة الفساد الوقائيَّة) من اتفاقيَّة الأمم المتحدة لمكافحة الفساد. ووفقًا لهذه المادَّة، يجب أن تكون تلك الهيئات «مستقلة وخالية من أي تأثير لا داعي له»، مثلما ينبغي أن يكون عليه أمين المظالم تمامًا.

ولكن مَنْ هو أمين المظالم بالضبط؟ إنه فرد، مسؤول حكومي (كما هي الحال في السويد ونيوزيلندا)، يتعيَّن عليه تلقي الشكاوى والتحقيق فيها، التي يتقدم بها الأفراد ضد إساءات المسؤولين الحكوميِّين أو نزواتهم[2].

يكمن دور أمين المظالم، في حماية الناس من انتهاكات الحقوق، وإساءة استخدام

---

(1) UNDP, Methodology for Assessing the Capacities of Anti-Corruption Agencies to Perform Preventive Functions 36 (2011).

(2) *Ombudsman,* Merriam-Webster Dictionary, https://www.merriam-webster.com/dictionary/ombudsman (last visited Nov. 2, 2019).

السُّلطات، ووقوع الخطأ والإهمال، والقرارات غير العادلة، وسوء الإدارة؛ وذلك من أجل تحسين أداء الإدارة العامَّة، وجعل الحكومة أكثر عرضة للمساءلة عن أفعالها[1].

بالعودة إلى المادَّة 6 من اتفاقيَّة الأمم المتحدة لمكافحة الفساد، يمكن استخلاص ثلاث خصائص رئيسيَّة لهيئات مكافحة الفساد من نص الاتفاقيَّة: أولًا، لهدف العام لهيئات مكافحة الفساد، هو الحدُّ من الفساد عن طريق الوقاية وإنفاذ القانون؛ ثانيًا، تحديد الوسائل التشغيليَّة لبلوغ هذا الهدف؛ أي منح الاستقلال والموارد البشريَّة والماليَّة الكافية لهيئات لضمان الأداء الفعال، بعيدًا عن أي تأثير لا داعي له؛ ثالثًا؛ وَفْقًا لاتفاقيَّة الأمم المتحدة لمكافحة الفساد، يمكن أن يختلف التكوين المؤسسي في درجة مركزيته[2]؛ ومن أجل تسهيل عمليَّة التعامل مع الفساد، من الضروري أن يكون هناك منظَّمة تتعقب مسائل مكافحة الفساد، بوصفها نقطة محوريَّة.

على الرغم من أن بعض البلدان قد أطلقت هيئات مستقلة لمكافحة الفساد، إلا أن دولًا أخرى دمجت الالتزامات في مؤسسات الدولة، بما في ذلك هيئات النيابة العامَّة[3]، وبهذه الطريقة ترسم اتفاقيَّة الأمم المتحدة لمكافحة الفساد في المادتين 6 و36 الخط الفاصل بين وكالات مكافحة الفساد.

وتنص المادَّة 6 من اتفاقيَّة الأمم المتحدة لمكافحة الفساد: «على كل دولة طرف؛ وَفْقًا للمبادئ الأساسيَّة لنظامها القانوني، أن تضمن وجود هيئة، أو هيئات، حسب الاقتضاء، تمنع الفساد». ويرد في المادَّة 36: «السُّلطات المختصَّة: على كل دولة طرف؛ وَفْقًا للمبادئ الأساسيَّة لنظامها القانوني، أن تضمن وجود هيئة، أو هيئات، أو أشخاص مختصِّين في مكافحة الفساد من خلال إنفاذ القانون»[4].

للتوضيح، تتخذ هيئات مكافحة الفساد موقفًا وسطيًا على وجه التحديد عندما يتعلق الأمر بالتدابير الوقائيَّة (المُسْبَقَة) والتدابير اللاحقة؛ لأنها يمكن أن تؤدي كلا الواجبين.

---

(1) Susan Rose-Ackerman, From Elections to Democracy: Building Accountable Government in Hungary and Poland 74 (2005).

(2) Annika Engelbert, The Role of Anti-Corruption Agencies in the Investigation and Prosecution of Procurement Related Corruption Cases 2 (2014), see also UNCAC arts. 6, 36.

(3) *About NACP,* NACP, https://www.iap-association.org/NACP/About-NACP (last visited Nov. 2, 2019).

(4) اتفاقيَّة الأمم المتحدة لمكافحة الفساد، المادة 36.

توصف تلك الهيئات أحيانًا بوكالات «المراقبة»، أو «كلاب الحراسة»؛ بناءً على قوة سُلطاتها التحقيقيَّة؛ أي مدى ضراوة «أنيابها»[1].

بالنظر إلى تعدد مؤسسات مكافحة الفساد في جميع أنحاء العالم، ووظائفها المختلفة والحجج حول أدائها، فإنه من الصعب تحديد جميع الأنماط والنماذج الرئيسيَّة المتعلقة بها؛ لذلك، قبل فحص واجبات سُلطات مكافحة الفساد، سيكون من المفيد استكشاف الأنواع المختلفة لهيئات مكافحة الفساد الموجودة والعاملة في البلدان المختلفة.

يمكن تقديم بعض الملاحظات العامَّة؛ بناءً على الأغراض المختلفة لهذه المؤسسات، وهي: (1) المؤسسات الوقائيَّة (الموضحة أدناه). (2) مؤسسات إنفاذ القانون. (3) وكالات مكافحة الفساد متعددة الأغراض (نتناولها في فصل لاحق)[2].

وفقًا لباتريك ميغر، الذي جمع معلومات عما يقرب من ثلاثين مؤسسة مكافحة فساد، فإن الوظائف الست التي تؤديها عادة هي:

1. تلقي الشكاوى والرد عليها.
2. الاستخبارات والمراقبة والتحقيق.
3. الملاحقات القضائيَّة والأوامر الإداريَّة.
4. البحث الوقائي والتحليل والمساعدة الفنيَّة.
5. توجيه سياسة الأخلاقيَّات، ومراجعات الامتثال والتدقيق في إقرارات الأُصول.
6. المعلومات العامَّة والتعليم والتوعية[3].

بقدر ما يتعلق الأمر بالتدابير الوقائيَّة (المُسْبَقَة)، قد يكون للمؤسسات وظيفة أو عدة وظائف لمنع الفساد، مثل: البحث والتحليل، وتطوير السياسات والتنسيق، والتدريب، وتقديم المشورة للهيئات المختلفة بشأن مخاطر الفساد، والحلول المتاحة، ووظائف أخرى.

عادةً لا تتمتع تلك الهيئات بسُلطات إنفاذ القانون، ومع ذلك، قد يكون لديها صلاحيَّات محددة أخرى. على سبيل المثال، قد تتمتع الوكالات التي تراجع إقرارات

---

(1) B. Anderson, Guard Dog vs. Watchdog, Brad Anderson Blog, Jul. 15, 2011, http://www.bradanderson.org/blog/2011/07/guard-dog-vs-watchdog/.

(2) *Anti-Corruption Models,* IAP Assoc., https://www.iap-association.org/NACP/Anti-Corruption-Models (last visited Nov. 2, 2019), https://www.oecd.org/corruption/acn/39971975.pdf.

(3) Patrick Meagher, Anti-Corruption Agencies: A Review of Experience 6 (2002).

الأُصول الخاصّة بموظفي الخدمة المدنيّة بصلاحيّات محددة تسمح لها بالوصول إلى المعلومات السريّة[1].

1. المؤسسات الوقائيّة هي النموذج الأوسع، ويمكن تقسيمها إلى ثلاث فئات رئيسيّة: (أ) المجالس التعاونيّة لمكافحة الفساد؛ (ب) هيئات مكافحة الفساد المختصّة؛ (ج) المؤسسات العامّة[2].

إن مجالس مكافحة الفساد ليست مؤسسات دائمة في العادة، ولكنها تعمل وَفْقَ اجتماعات منتظمة، وغالبًا ما تكون مدعومة من قِبَل أمانات دائمة. وفي العادة، تُنشأ مثل تلك الهيئات لقيادة جهود الإصلاح بهدف مكافحة الفساد في البلاد. وعلى وجه الخصوص، تُساعد في تطوير وتنفيذ ورصد استراتيجيّة وطنيّة لمكافحة الفساد.

تتكون مجالس مكافحة الفساد من هيئات حكوميّة ووزارات خاضعة للمساءلة، وممثلين عن السُّلطات التنفيذيّة والتشريعيّة والقضائيّة، وقد تشمل المجتمع المدني. ومن الأمثلة على ذلك الفريق العامل المشترك بين الوزارات في ألبانيا وأمانته داخل مجلس الوزراء.

ومع ذلك، من المُهِمّ تسليط الضوء على حقيقة أن استراتيجيّات مكافحة الفساد تُصاغ في الغالب من قبل السُّلطة الحكوميّة المختصّة. في دولة قطر، على سبيل المثال، إن هيئة الرقابة الإداريّة والشفافيّة هي سُلطة مستقلة ودائمة، لديها تفويض لتطوير وتنفيذ الاستراتيجيّة الوطنيّة لتعزيز الشفافيّة والنزاهة، وهي هيئة مستقلة ودائمة لمكافحة الفساد، وتمثل النوع الثاني من هيئات مكافحة الفساد الوقائيّة [3].

عُمُومًا، من المُهِمّ أن نكون على دراية بحقيقة أن هناك هيئات مكافحة الفساد الأخرى، موجودة في جميع أنحاء العالم، وتختلف في مظاهرها وتنوعها، ويمكن أن تتشابك واجباتها في بعض الأحيان.

وكما ذُكر أعلاه، فإن الهيئات المختصّة لمنع الفساد دائمة لها صلاحيّات واسعة، وقد أُنشئت للوقاية من الفساد تحديدًا، وعُهد إليها بتنسيق استراتيجيّات مكافحة الفساد، ولكنها

---

(1) Specialised Anti-Corruption Institutions, REVIEW OF MODELS, Organisation for Economic Co-operation and Development (OECD), 2008.

(2) *Anti-Corruption Models*, مرجع سابق.

(3) *Mandates and Competencies*, Admin. Control & Transparency Auth., https://www.acta.gov.qa/en/mandates-and-competences-of-acta/ (last visited Nov. 2, 2019).

تمتلك وظائفَ أخرى أيضًا، مثل زيادة الوعي بمكافحة الفساد، والتعليم، ومنع تضارب المصالح، وتقييم مكافحة الفساد في الشؤون القانونيَّة. مثال على ذلك الجهاز المركزي للوقاية من الفساد (فرنسا)، والرابطة الدوليَّة للمدعين العامِّين (IAP)(1).

فيما يتعلق بالتثقيف والتوعية في مجال مكافحة الفساد، من المُهِمّ أيضًا تسليط الضوء على حقيقة أن هناك هيئات لديها خطط كاملة للتثقيف والتوعية في مجال مكافحة الفساد، مثل مركز حكم القانون ومكافحة الفساد في قطر (ROLACC)، وهو مركز يقوم على مبادئ التعاون المتبادل وبناء الشراكة، مع تفويض دولي لنشر الوعي والمعرفة بالسياسات والأدوات اللازمة لمنع الفساد ومكافحته. ويهدف المركز إلى الترويج لأحدث الأساليب وأفضل الممارسات المتاحة؛ من أجل معالجة الفساد وانتهاكات سيادة القانون، من خلال بناء القدرات والتدريب(2).

الشكل الثالث من هيئات مكافحة الفساد الوقائيَّة هو المؤسسات العامَّة. أنشأت بعض البلدان هيئات مختصَّة للتعامل مع القضايا المتعلقة بمنع الفساد، بما في ذلك منع تضارب المصالح، وضبط الأخلاقيَّات، والنزاهة، والرقابة على التصريح بالممتلكات والأُصول في الإدارة العامَّة أو البرلمان. مثال على ذلك المفوض البرلماني للمعايير والمقاييس في مجلس العُمُوم في المملكة المتحدة(3).

وبالمثل، فإن الأجهزة العليا للرقابة الماليَّة والمحاسبة (SAI) تعمل على تعزيز الحوكمة الرشيدة، وتحسين إدارة الموارد البشريَّة، والمساهمة في الجهود الوطنيَّة لمكافحة الفساد(4).

بناءً على اهتمامات المواطنين في سَلطنة عُمان، أطلق جهاز الرقابة الماليَّة والإداريَّة للدولة (SFAAI) نافذة شكاوى عبر الهواتف الذكيَّة لتسهيل التواصل مع المجتمع. وقد ساهم ذلك في الكشف عن العديد من المخالفات الإداريَّة والماليَّة، وأحدثَ زيادة في عدد القضايا المرفوعة أمام المحاكم بتهم الاحتيال بهدف استرداد الأموال العامَّة. والأهم

---

(1) Anti-Corruption Models, مرجع سابق.

(2) *About Us,* Rule of Law & Anti-Corruption Center, https://www.rolacc.qa/aboutus/(last visited Nov. 2, 2019).

(3) *Anti-Corruption Models*, مرجع سابق.

(4) Int'l Org. of Supreme Audit Inst. Capacity Building Soc'y, Strengthening Supreme Audit Institutions: A Guide for Improving Performance 10 (2019), https://www.intosaicbc.org/wp-content/uploads/2019/08/Strengthening_SAIs_ENG-5.pdf.

من ذلك، وعبر استخدام التكنولوجيا، عزز الجهاز الأعلى للرقابة ثقة الجمهور في التزام الحكومة بالقضاء على الفساد والممارسات السيئة، وتحسين الشفافيَّة[1].

أما إدارة الماليَّة العامَّة(PFM) فهي تمثل جانبًا آخرَ من الموضوع، وغالبًا ما تقودها وزارات الماليَّة. وتتمثل مزايا معالجة إدارة الماليَّة العامَّة والفساد معًا، في أن الأمر الذي سيتم التحقيق بشأنه، يمكن تحديده بسهولة إلى حدٍّ ما، ويتعلق بالموارد الماليَّة، وكيف يصار إلى زيادتها وكيف تُنفق[2].

جانب أخير مُهِمٌّ يتعلق بهيئات مكافحة الفساد ألا وهو تأثيرها، بمعنى آخر، معرفة مدى فعَّاليتها وشفافيتها، وعما إذا كانت «كيانات شفَّافة». وبطريقة أكثر تنظيمًا، فإن الأسئلة التالية التي حددتها منظَّمة الشفافيَّة الدوليَّة تؤطِّر مسألة اختصاص وكالات مكافحة الفساد:

1. «هل رئيس الوكالة متحرر من السيطرة السياسيَّة في عمله اليومي؟
2. هل الموظَّفون الآخرون في مأمن من التدخل السياسي والمناطق «المحظورة»؟
3. هل الموظَّفون مدربون تدريبًا كافيًا، ويتقاضون رواتبَ؟
4. هل مكتب رئيس الدولة يقع فعليًّا ضمن اختصاص وكالة مكافحة الفساد؟
5. هل الوكالة مسؤولة أمام جميع فروع الحكومة والجمهور؟
6. هل يخضع موظفو الوكالة لمراجعات واختبارات النزاهة، وهل يمكن استبعاد الأعضاء موضع الشك بسرعة؟»[3]

قد تساعد الإجابة عن الأسئلة أعلاه في اكتشاف المخالفات إذا كانت موجودة. على سبيل المثال، إذا كانت الإجابة «نعم» على السؤال الأخير، فتلك علامة على وجود وكالة سليمة تكافح الفساد. أما إذا كانت الإجابة «لا»، فقد يكون هناك خلل في الحوكمة؛ مما يتطلب تدخلًا فوريًّا للحفاظ على بيئة صحيَّة وخالية من الفساد.

ويتضمن دليل برنامج الأمم المتحدة الإنمائي[4] ملخصًا لتحليل مفصَّل آخر، يتناول

---

(1) المرجع السابق، ص 28.

(2) Arne Disch et al., Anti-Corruption Approaches: Literature Review 28 (2009) , https://www.sida.se/contentassets/3f5c8afd51a6414d9f6c8f8425fb935b/anticorruption-approaches-a-literature-review_3153.pdf.

(3) Patrick Meagher, Anti-Corruption Agencies: A Review of Experience 13 (2002) ,

(4) UNDP, Practitioner's Guide: Capacity Assessment of Anti-Corruption Agencies 27-41 (2011), https://www.undp.org/content/dam/undp/library/Democratic%20Governance/IP/Practicioners_guide-Capacity%20Assessment%20of%20ACAs.pdf.

تنمية القدرات على ثلاثة مستويات متميزة ومترابطة: البيئة التمكينيَّة، والمستوى التنظيمي، والمستوى الفردي[1].

تعني البيئة التمكينيَّة أن هيئة مكافحة الفساد تتمتع بالسُّلطة المطلوبة لممارسة مهامها، من نواحي التنسيق والإشراف والرقابة على المؤسسات. وتعني وجود تناغم مع المؤسسات الأخرى أيضًا، وبأن تنسيق الأمور يحصل دون عقبات، أو تداخل، أو ازدواجيَّة في السُّلطة. أخيرًا، يجب أن تكون هيئة مكافحة الفساد مستقلة، والاستقلال أمر حاسم لتحقيق عنصر البيئة التمكينيَّة. وهذا منصوص عليه صراحةً في المادَّة 6 من اتفاقيَّة مكافحة الفساد:

> **«تمنَح كل دولة طرف الهيئة أو الهيئات التي تمنع الفساد الاستقلاليَّة اللازمة؛ وَفْقًا للمبادئ الأساسيَّة لنظامها القانوني، لتمكين تلك الهيئة أو الهيئات من أداء وظائفها بفعَّاليَّة، ودون أي تأثير لا داعي له. وينبغي أن تكون وكالة مكافحة الفساد مستقلة عن أي تأثير لا داعي له؛ وبالتالي فهي مطالبة بتقديم تقارير إلى أعلى كِيان في الدولة، سواء الرئيس أو المجلس النيابي (البرلمان)».**

لنتفحص المستوى التنظيمي لهيئة مكافحة الفساد عن كثب، كيف تحدث الأمور داخله؟ ما هي مُهِمَّة الهيئة ورؤيتها؟ هل هي واضحة ومتاحة للجمهور؟ إذا كان الأمر كذلك، فهل تخدم سياسة الهيئة الداخليَّة وتفويضاتها رؤية المؤسسة ورسالتها؟

يتدرج الهيكل التنظيمي وإدارة الموارد البشريَّة لهيئة مكافحة الفساد إلى تفاصيل محددة للغاية، مثل التعيِّينات، والقدرة على الاحتفاظ بالموظَّفين، والتطوير، والتقييم، والفصل. ويجب أن تستوفي كل تلك التفاصيل معايير عامَّة واضحة، وإلا فإن الهيئة ستحتاج إلى مؤسسة أخرى لمكافحة الفساد للتعامل معها، وستستمر الحلقة في التطوُّر إلى ما لا نهاية.

يتلخص العنصر الأساسي في تقييم هيئة مكافحة الفساد في مستوى الموظف الفردي، وهو مكون أساسي قد يؤدي إلى هدم نظام هيئة مكافحة الفساد بأكمله إذا لم يتم العثور على المهارات والخبرة والمعرفة فيها، أو إذا كانت المحسوبيَّة **والواسطة** وعوامل سَلبيَّة أخرى تسهم في تعيين الموظَّفين. وبحسب منظَّمة الشفافيَّة الدوليَّة، إن «الواسطة ممارسة شائعة وقاعدة اجتماعيَّة. ويستخدم الأشخاص عائلاتهم، أو جهات الاتصال الاجتماعيَّة، لتخطِّي

---

(1) المرجع السابق، ص 15.

الدور، والحصول على وصول أسرع، وأفضل إلى المدارس، والجامعات، والمستشفيات، أو الوظائف، و«تسريع» الأعمال الورقيَّة الحكوميَّة، مثل تجديد الهُويَّة، أو شهادات الميلاد. وغالبًا ما يعتمد مقدار زيادة سرعة وجودة خدمتك على من تعرفه، وكلما كان منصبه أعلى كان ذلك أفضل بالطبع»[1].

المعايير الأخلاقيَّة القضائيَّة

يلجأ الناس إلى القضاء لنيل العدالة، فإذا كان القضاء فسدًا يفشلون في مسعاهم؛ لذلك من الضروري أن يلتزم القائمون على العدالة بأعلى المعايير الأخلاقيَّة. وهناك العديد من التدابير الوقائيَّة (المُسْبَقَة) المعمول بها فيما يتعلق بالسُّلطة القضائيَّة وأجهزة النيابة العامَّة. وتنص اتفاقيَّة الأمم المتحدة لمكافحة الفساد على ضرورة وجود وحدات للنزاهة والأخلاقيَّات في الوزارات والهيئات العامَّة لترويج القواعد الأخلاقيَّة وتعزيزها لضمان مكافحة الفساد داخل تلك الهيئات.

وتتضمن التدابير أحيانًا قواعد تتعلق بسلوك أعضاء السُّلطة القضائيَّة[2]، ويرد ذلك في المادَّة 11 من اتفاقيَّة الأمم المتحدة لمكافحة الفساد. وفي حين يُنظر إلى الاستقلاليَّة والشفافيَّة على أنهما من أهم المتطلبات الأساسيَّة لنزاهة القضاء، فإن هناك عواملَ أخرى تلعب دورًا أيضًا، وتشمل، على وجه الخصوص، طرق تمويل الأجهزة القضائيَّة، ونوعية إدارة القضايا والمحكمة، وكفاءة الموظَّفين القضائيِّين، وتدريبهم ومستوى أجورهم. وأخيرًا وليس آخرًا، وجود معايير مهنيَّة وإنفاذها، ووضع قواعد سلوك للقُضاة والفئات الأخرى من الموظَّفين القضائيِّين[3].

هذه هي الحال، على سبيل المثال، في كندا، وإستونيا، وصربيا، والمملكة المتحدة، والولايات المتحدة، حيث تُطبق العقوبات التأديبيَّة في حالة عدم احترام التدابير المعمول

---

(1) *WASTA: How Personal Connections Are Denying Citizens Opportunities and Basic Services*, Transparency Int'l (Dec. 11, 2019), https://www.transparency.org/news/feature/wasta_how_personal_connections_are_denying_citizens_opportunities_services.

(2) UNCAC art. 11.

(3) About Consultative Council of European Judges (CCJE), Council of Europe, www.coe.int/t/dghl/cooperation/ccje/textes/avis_en.asp (last visited Dec. 12, 2019).

بها. ومن الأمثلة على ذلك المدونة النموذجيَّة للسلوك القضائي التي اعتمدتها نقابة المحامين الأمريكيَّة[1].

باختصار، يلعب القضاء دورًا كبيرًا في وظيفة المساءلة الأوسع، ويضمن القضاء الفعَّال الإنصاف في الإجراءات القانونيَّة؛ كونه مُكلَّفًا بدعم الحقوق ومعاقبة ممثلي الفروع الأخرى، عندما يتصرفون تصرفًا مخالفًا للقانون [2].

لكن تحت ستار التعقيدات الظاهرة تكمن القواسم المشتركة التي تشير إلى إصلاح النظام وحمايته من عواقب الفساد قبل حدوثه فعليًّا عبر وسائل مختلفة[3]، مثل تعيين القُضاة على أساس الجدارة، ووجود مدونات سلوك واضحة، والعمل بإجراءات التسريح والفصل العادلة والفعَّالة بحق القُضاة الفاسدين.

وبالطريقة ذاتها، هناك تدابير موجهة إلى القطاع العام؛ توضحها، على سبيل المثال، المدونة الدوليَّة لقواعد السلوك للموظفين العُمُوميِّين، التي تم تبنيها في القرار 59/ 51 في الدورة الحادية والخمسين للجمعيَّة العامَّة للأمم المتحدة في عام 1997[4].

تغطي مدونة السلوك عددًا كبيرًا من الممارسات الفاسدة، مثل تضارب المصالح، وحالات عدم الأهلية (في المادَّة 2)، والالتزام بالإفصاح عن الممتلكات والأُصول (المادَّة 3)، وقبول الهدايا والمزايا الأخرى (المادَّة 4). وتتوسع لتشمل الأنشطة السياسيَّة أيضًا، التي تنصُّ على أن جميع أنشطة الموظَّفين العُمُوميِّين يجب أن تحصل وَفْقًا للقانون والسياسات الإداريَّة، ولا تُخِلُّ بثقة الجمهور عبر الأداء الحيادي لوظائفهم وواجباتهم (المادَّة 6)[5].

كاشف الفساد

يمكن أن يؤدي تأثير نظام الإبلاغ عن المخالفات إلى جعله أداة خطيرة ودافعًا للانتقام. وبعبارات بسيطة، إن الإبلاغ عن المخالفات والإخبار عن أفعال الأشخاص السيِّئين، قد يدفع هؤلاء إلى الانتقام إذا ما أتيحت لهم الفرصة.

---

(1) Basel Inst. on Governance, Review Report on Strategic Approaches to Corruption Prevention in the OSCE Region by Gretta Fenner Zinkernagel, Managing Director (2012), https://www.osce.org/eea/93468?download=true.

(2) *Judiciary,* Transparency Int'l, https://www.transparency.org/topic/detail/judiciary (last visited Dec. 12, 2019).

(3) Transparency Int'l, Global Corruption Report (2013).

(4) G.A. Res. A/RES/51/59, International Code of Conduct for Public Officials (Jan. 28, 1997).

(5) المرجع السابق، المادة 6.

المُبلِّغ عن المخالفات هو الشخص الذي يطلق صَفَّارَة التنبيه (whistleblower)؛ أي أنه يلفت النظر أو يبلغ عن مخالفة مرتكبة. قد يكون هذا الشخص من العاملين في منظَّمة ما، ويبلغ عن سوء سلوك حصل داخل المنظَّمة. ويمكن أن يكون موظفًا حاليًّا أو سابقًا. لاحظ أيضًا أن سوء السلوك يمكن أن يكون فعلًا سابقًا، أو قد يكون حصوله ما يزال مستمرًا، أو في مراحل التخطيط له[1].

يتم تنظيم هذا النظام إما من خلال قانون مستقل، مثل قانون تعزيز حماية المُبلِّغين عن المخالفات لعام 2012، أو يمكن تنضيمه ضمن سياق أشمل ويكون مدرجًا ضمن قانون آخر، مثل اتفاقيَّة الأمم المتحدة لمكافحة الفساد.

إن أهميَّة الإبلاغ عن المخالفات في منع الفساد ومكافحته، معترف بها على نطاق واسع. ونتيجة لذلك؛ أُدرجت الأحكام المتعلقة بالإبلاغ العام والحماية القانونيَّة للأشخاص المبلِّغين في العديد من الصكوك الدوليَّة، بما في ذلك المادَّة 33 من اتفاقيَّة مكافحة الفساد، التي تنص على حماية المبلِّغين:

«تنظر كل دولة طرف في أن تدمج في نظامها القانوني المحلي، تدابير مناسبة لتوفير الحماية من أي معاملة غير مبررة، لأي شخص يُبلِّغ السُّلطات المختصَّة بحُسن نيَّة، وعلى أسس معقولة، عن أي وقائع تتعلق بالجرائم المنصوص عليها وَفْقًا لهذه الاتفاقيَّة».

يعمل هذا النظام كإجراء وقائي؛ لأنه قد يمنع المزيد من تداعيات الفساد. على سبيل المثال، وافقت شركة سيسكو على تسوية ماليَّة مع الوكالات الفيدراليَّة، ووكالات الولايات، والوكالات المحليَّة مقابل 8.6 مليون دولار أمريكي، في أول قضيَّة من نوعها للمُبلِّغين عن المخالفات، تنطوي على قضايا تتعلق بالأمن السيبراني[2]. فقد اكتشف مهندس برمجيَّات يعمل في شركة سيسكو، وحصول خلل بنسبة استرداد كبيرة بلغت 20٪، ونبه السُّلطات التي

(1) What Is the Whistleblower Act? – Definition, Rights & Protection, Study.com, https://study.com/academy/lesson/what-is-the-whistleblower-act-definition-rightsprotection.html (last visited Nov. 2, 2019).

(2) *Cisco Settles with Cybersecurity Whistleblower, Setting a Precedent. Available,* CNBC (Jul. 31, 2019), https://www.cnbc.com/2019/07/31/cisco-settles-with-cybersecurity-whistleblower-setting-a-precedent.html.

تستخدم أنظمة المراقبة بالفيديو. هذا الخلل لم يكن ليسهل على المهاجم المحتمل الوصول إلى الأنظمة التي تُشغِّل الأجهزة فحسب، بل يسهل اختراق تلك الأنظمة بالعمق بعد الدخول.

والخلاصة الرئيسيَّة من كل ما سبق، أن هناك نقطة تقاطع بين نظام الإبلاغ عن المخالفات، والتدابير الوقائيَّة؛ إذ يفضح نظام الإبلاغ المخالفات والأفعال الخاطئة، ويمنع المزيد من التعقيدات الناشئة عن مثل هذه الأفعال.

2.1.2 التدابير اللاحقة

الآن وقد حدث الفساد بالفعل، ما الذي يمكن فعله لمواجهته؟ هناك عدد من هيئات مكافحة الفساد التي تنتمي في كينونتها إلى فئة التدابير اللاحقة، وهي وكالات مكافحة الفساد المختصَّة في إنفاذ القانون. ويشمل عمل بعض تلك الوكالات تدابير سابقة ضمن مسؤوليَّاتها، سنسلط الضوء عليها. ونورد الوكالات بالترتيب التالي: وكالات مكافحة الفساد بالتدابير اللاحقة، والسُّلطات المختصَّة الأخرى (على المستويين الدولي والحكومي)، والبيئة التنظيميَّة (على المستويين الدولي والوطني)، والأدوات الأخرى (المنصَّات، والمبادرات، والشبكات... إلخ).

وكالات مكافحة الفساد بالتدابير اللاحقة

يمكن لوكالات مكافحة الفساد أن تتمتع بسُلطات إنفاذ القانون؛ مما يعني أنها تمتلك صلاحيَّات وموارد إضافيَّة، بما في ذلك اللجوء إلى وحدات النُّخبة المختصَّة بتحديات الأمن الداخلي الأخرى (الجريمة المنظَّمة، أو الإرهاب، أو التجسس) مثل إدارة التحقيقات في مدينة نيويورك، ووحدة المفتش العام فيها[1].

مع أن هدف تلك الوكالات تطبيق القانون (دور تفاعليّ)، لكنْ هناك جانب وقائي في عملها؛ إذ لديها سُلطة الادِّعاء في قضايا الفساد، وفي بعض الأحيان لديها هياكل ووظائف تتعلق بالتحقيق. ومن الأمثلة على ذلك المكتب المركزيّ لقمع الفساد (OCRC) في بلجيكا، وشرطة العاصمة البريطانيَّة (قيادة مكافحة الفساد). ومن منظور مؤسسيّ، تحارب الهيئات المذكورة أدناه الفساد، على المستويات العالميَّة والدوليَّة والحكوميَّة:

---

(1) N.Y.C. Dept. of Investigation, *Inspector General* Unit, NYC. gov, https://www1.nyc.gov/site/doi/offices/inspector-general.page (last visited Dec. 4, 2019).

منظَّمة الشفافيَّة الدوليَّة (TI)

هي منظَّمة غير حكوميَّة تأسست عام 1993، ومقرها في برلين، ألمانيا. وتتمثل مهمتها في القضاء على الفساد، وتعزيز الشفافيَّة والمساءلة والنزاهة على جميع المستويات، وفي جميع قطاعات المجتمع[1].

وتنتج منظَّمة الشفافيَّة الدوليَّة اثنين من أكثر الأدوات المعروفة المتعلقة بالفساد: مؤشر مدركات الفساد (CPI)، ومقياس الفساد العالمي، ويتناولهما الكتاب في القسم الرابع من هذا الفصل.

ونظرًا لأن الفساد ليس هو نفسه في كل مكان، وسَّعتْ منظَّمة الشفافيَّة الدوليَّة نطاق مكافحة الفساد عبر آليَّة تسمى فروع منظَّمة الشفافيَّة الدوليَّة، بما يمكن البلدان في جميع أنحاء العالم من مكافحة الفساد من خلال المنظَّمات المستقلة المنشأة محليًّا. وبما أن الفروع زُوِّدت بخبراء محليِّين، فقد أتيح لهؤلاء بأن يكونوا في وضع مثالي لتحديد الأولويَّات والأساليب الأنسب، لمعالجة الفساد على أرض الواقع[2].

منظَّمة التِّجارة العالميَّة (WTO)

منظَّمة عالميَّة تأسست في عام 1995، وتهدف إلى تمكين التِّجارة من التدفق بأكبر قدر ممكن من السلاسة والحريَّة[3]. وفيما يتعلق بجهود مكافحة الفساد، هناك أجزاء محددة من اتفاقيَّات منظَّمة التِّجارة العالميَّة تساعد في الحدِّ من الفساد، وتأثير الحكومات السيئة.

من بين الإجراءات التي لها تأثير مباشر عبر القطاع العام، اتفاقيَّة المشتريات الحكوميَّة التي تنظم كيفية عمل الحكومات المشاركة في الاتفاقيَّة لجهة القيام بمشترياتها، وتفتح أقسامًا كبيرة من أسواق المشتريات للمنافسة الأجنبيَّة[4].

(1) *Mission, Vision, and Values,* Transparency Int'l, https://www.transparency.org/whoweare/organisation/mission_vision_and_values/0 (last visited Dec. 4, 2019).

(2) *Our Chapters,* Transparency Int'l, https://www.transparency.org/whoweare/organisation/our_chapters (last visited Dec. 4, 2019).

(3) *The WTO,* World Trade Org. [WTO], https://www.wto.org/english/thewto_e/thewto_e.htm (last visited Dec. 4, 2019).

(4) 10 Things the World Trade Organization (WTO) can do, WTO, https://www.wto.org/english/thewto_e/whatis_e/10thi_e/10thi05_e.htm (last visited Dec. 4, 2019).

مكتب الأمم المتحدة المعني بالمخدرات والجريمة (UNODC)

في عام 1997، أُنشئ مكتب الأمم المتحدة المعني بالمخدرات والجريمة عبر دمج برنامج مراقبة المخدرات التابع للأمم المتحدة مع مركز منع الجريمة الدوليَّة، وهو مكتب رائد عالميًّا في مكافحة الجرائم الخطيرة المتمثلة في الاتِّجار غير المشروع، والمخدرات، والإرهاب، والقضايا المتعلقة بالفساد[1]. ويحقق المكتب غرضه عبر ثلاث وظائف أساسيَّة: أولًا، البحث؛ ثانيًا، تقديم التوجيه والدعم للحكومات كي تعتمد وتنفذ مختلف الاتفاقيَّات، والمعاهدات، والبروتوكولات المتعلقة بالجريمة، والمخدرات، والإرهاب، والفساد؛ ثالثًا، تقديم المساعدة الفنيَّة والماليَّة للحكومات التي تواجه تحديات في تلك المجالات.

وفيما يتعلق بالفساد، يسعى مكتب الأمم المتحدة المعني بالمخدرات والجريمة إلى تنفيذ أشهر اتفاقيَّة دوليَّة لمكافحة الفساد، وهي اتفاقيَّة الأمم المتحدة لمكافحة الفساد (UNCAC)، بحكم واجبه كأمانة عامَّة لمؤتمر الدول الأطراف في اتفاقيَّة الأمم المتحدة (CoSP)[2]، والمؤتمر هو الهيئة الرئيسيَّة لصنع السياسات في اتفاقيَّة الأمم المتحدة لمكافحة الفساد. ويدعم الدول والأطراف الموقَّعة على تنفيذ الاتفاقيَّة، ويقدم إرشادات تتعلق بسياسة النظم لمكتب الأمم المتحدة المعني بالمخدرات والجريمة؛ لتطوير وتنفيذ أنشطة مكافحة الفساد.

منظَّمة التعاون الاقتصادي والتنمية (OECD)

تشكلت منظَّمة التعاون الاقتصادي والتنمية[3] في عام 1961؛ بهدف وضع السياسات التي تعزز الرخاء، والمساواة، والفرص، والرفاهية للجميع[4]. وتحقق منظَّمة التعاون الاقتصاديّ والتنمية أهدافها عبر عقد منتدى فريد، وعبر مركز معرفي للبيانات والتحليل، ومن خلال

---

(1) U.N. Office on Drugs and Crime (UNODC), UNHCR Refworld, https://www.refworld.org/publisher,UNODC,,NPL,50ffbce4153,,0.html (last visitedDec. 4, 2019).

(2) The Conference of the States Parties (COSP) is the main policy-making body of the United Nations Convention against Corruption. It supports states parties and signatories in their implementation of the Convention, and gives policy guidance to UNODC to develop and implement anti-corruption activities. *See Conference of the States Parties to the United Nations Convention against Corruption*, UNODC, https://www.unodc.org/unodc/en/corruption/COSP/conference-ofthe-states-parties.html (last visited Nov. 2, 2019).

(3) L. De Sousa, Anti-Corruption Agencies: Between Empowerment and Irrelevance, 53 Crime, L. & Social Change, no. 1, 2010, at 5, 5-22.

(4) *Who We Are,* OECD, https://www.oecd.org/about/ (last visited Nov. 4, 2019).

تبادل الخبرات وأفضل الممارسات، وعبر تقديم المشورة بشأن السياسات العامَّة ووضع المعايير الدوليَّة.

وتجلَّتْ جهود مكافحة الفساد التي تبذلها منظَّمة التعاون الاقتصاديّ والتنمية: أولًا، في اتفاقيَّة منظَّمة التعاون الاقتصادي والتنمية بشأن مكافحة رِشْوَة الموظَّفين العُمُوميِّين الأجانب في المعاملات التجاريَّة الدوليَّة؛ ثانيًا، لدى منظَّمة التعاون الاقتصادي والتنمية شراكة مع مجموعة العشرين لمكافحة الفساد (ACWG)، وهي تدعم مجموعة العشرين في مكافحة الرِّشْوَة الأجنبيَّة، وتعزيز نزاهة القطاعين العامّ والخاصّ، والمشاركة مع القطاع الخاص والمجتمع المدني.

المنظَّمة العالميَّة للبرلمانيِّين ضد الفساد (GOPAC)

هي تحالف دولي غير حكومي، تأسست عام 2002 في كندا. وتضم تحالفًا من المشرِّعين يعملون معًا لمكافحة الفساد، وتعزيز الديمقراطيَّة، ودعم حكم القانون.

يتمثل أحد الجوانب الفريدة للمنظَّمة العالميَّة للبرلمانيِّين ضد الفساد، في أنها الشبكة الدوليَّة الوحيدة للبرلمانيِّين التي تركز على مكافحة الفساد فقط، كما هو مذكور صراحةً في بيان رؤيتها، ويهدف إلى: «تحقيق المساءلة والشفافيَّة من خلال آليَّات فعَّالة لمكافحة الفساد، والمشاركة الشاملة والتعاون بين البرلمانيِّين والحكومة والمجتمع المدني»[1].

علاوة على ذلك، ترتبط جميع القيم الأساسيَّة للمنظَّمة العالميَّة للبرلمانيِّين ضد الفساد (النزاهة، والمساءلة، والتعاون، والتنوع) بمصطلحات الفساد بطريقة مباشرة وغير مباشرة[2].

وبالمثل، تشكلت في العاصمة الأوغنديَّة كامبالا في عام 1999، شبكة البرلمانيِّين الأفارقة لمكافحة الفساد (APNAC)؛ لتعزيز قدرة البرلمانيِّين الأفارقة على مكافحة الفساد، وتعزيز الحكم الرشيد. وعززتِ المنظَّمة المساءلة، والشفافيَّة، والمشاركة العامَّة في عمليَّات الحكومة، بوصفها أفضل السبل للسيطرة على الفساد[3].

---

(1) Overview, Global Org. of Parliaments Against Corruption (GOPAC), http://gopacnetwork.org/overview/ (last visited Nov. 4 2019).

(2) المرجع السابق.

(3) What is ANPAC? African Parliamentarians Network Against Corruption (ANPAC), https://apnacafrica.org/en_US/african-parliamentarians-networkagainst-corruption/ (last visited Nov. 13, 2019).

البنك الدولي

ليس بنكًا (مصرفًا) بالمعنى المتعارف عليه. تأسس في عام 1944 في إطار شراكة عالميَّة فريدة بين خمس مؤسسات:

1. البنك الدولي للإنشاء والتعمير (IBRD)[1]:

جمعيَّة تعاونيَّة إنمائيَّة عالميَّة مملوكة من قبل 189 دولة عضوًا. وبوصفه أكبر بنك تنمية في العالم، فإنه يدعم مُهِمَّة مجموعة البنك الدولي عبر تقديم القروض والضمانات ومنتجات إدارة المخاطر والخدمات الاستشاريَّة للبلدان ذات الدخل المنخفض والمتوسط، والتي تستحق الائتمان. ومن خلال تنسيق الاستجابات للتحديات الإقليميَّة والعالميَّة، تأسس البنك الدولي للإنشاء والتعمير في عام 1944 لمساعدة أوروبا على إعادة الإعمار بعد الحرب العالميَّة الثانية، وانضم إلى المؤسسة الدوليَّة للتنمية (صندوق لأفقر البلدان) لتشكيل البنك الدولي. وهم يعملون بشكل وثيق مع جميع مؤسسات مجموعة البنك الدولي، والقطاعين العام والخاص في البلدان النامية للحدِّ من الفقر وبناء الرخاء المشترك.

2. المؤسسة الدوليَّة للتنمية (IDA)[2]:

هي جزء من البنك الدولي تساعد البلدان الأكثر فقرًا في العالم. وتهدف المؤسسة الدوليَّة للتنمية، التي تشرف عليها 173 دولة من المساهمين، إلى الحد من الفقر عبر تقديم القروض (تسمى «الائتمانات») والمنح للبرامج التي تعزز النمو الاقتصادي، وتحدُّ من عدم المساواة، وتحسن ظروف معيشة الناس. وتكمل المؤسسة ذراع الإقراض الأصليَّة للبنك الدولي، وهو البنك الدولي للإنشاء والتعمير (IBRD) الذي تأسس ليعمل كشركة قائمة على الاكتفاء الذاتي، ويقدم القروض والمشورة للبلدان المتوسطة الدخل والفقيرة، ذات الجدارة الائتمانيَّة. ويتشارك البنك الدولي للإنشاء والتعمير والمؤسسة الدوليَّة للتنمية المقر نفسه والموظَّفين ذاتهم، ويعتمدان في تقييم المشاريع المعايير الصارمة نفسها.

---

(1) *International Bank for Reconstruction and Development*, World Bank, https://www.worldbank.org/en/who-we-are/ibrd (last visited Nov. 13, 2019).

(2) *International Development Association*, World Bank, http://ida.worldbank.org/about/what-is-ida (last visited Nov. 18, 2019).

3. مؤسسة التمويل الدوليَّة (IFC)[1]:

على الرغم من أن مؤسسة التمويل الدوليَّة جزء من مجموعة البنك الدولي، إلا أنها كِيان قانوني منفصل، له بنود اتفاقيَّة منفصلة، بينما يتقاسم مع البنك الدولي رأس المال، والهيكل المالي، والإدارة، والموظَّفين. وعضويَّة مؤسسة التمويل الدوليَّة مفتوحة للدول الأعضاء في البنك الدولي فقط.

4. وكالة ضمان الاستثمار متعدد الأطراف (MIGA)[2]:

عضو في مجموعة البنك الدولي، وتتمثل مهمتها في تعزيز الاستثمار عبر الحدود في البلدان النامية، من خلال توفير الضمانات (التأمين ضد المخاطر السياسيَّة، وتعزيز الائتمان) للمستثمرين والمقرضين. تحمي ضمانات الوكالة الدوليَّة لضمان الاستثمارات من المخاطر غير التجاريَّة، ويمكن أن تساعد المستثمرين في الوصول إلى مصادر التمويل، بشروط وأحكام ماليَّة محسَّنة.

5. المركز الدولي لتسوية منازعات الاستثمار (ICSID)[3]:

المؤسسة الرائدة في العالم المكرّسة لتسوية نزاعات الاستثمار الدوليَّة. اكتسبت خبرة واسعة بعد أن أدارت غالبية حالات الاستثمار الدوليَّة. وقد اختارت الدول هذا المركز الدولي لتسوية منازعات الاستثمار بين المستثمرين والدول، في معظم معاهدات الاستثمار الدوليَّة، وفي العديد من قوانين وعقود الاستثمار. تأسس المركز في عام 1966 بموجب اتفاقيَّة تسوية منازعات الاستثمار بين الدول ومواطني الدول الأخرى (ICSID). وهذه الاتفاقيَّة هي معاهدة متعددة الأطراف صاغها المديرون التنفيذيون للبنك الدولي؛ لتعزيز هدف البنك المتمثل في تعزيز الاستثمار الدولي. والمركز مؤسسة مستقلة وغير مسيَّسة وفعَّالة. يساعد المستثمرين والدول على تعزيز الاستثمار الدولي من خلال توفير الثقة في عمليَّة

---

(1) *International Finance Corporation*, World Bank, https://www.ifc.org/wps/wcm/connect/corp_ext_content/ifc_external_corporate_site/about-ifc_new/IFC+Governance (last visited Nov. 4, 2019).

(2) Guarantee Agency, https //www.miga.org/about-us (last visited Nov. 18, 2019).

(3) *International Centre for Settlement of Investment Disputes*, World Bank, https://icsid.worldbank.org/en/Pages/about/default.aspx (last visited Nov. 18, 2019).

تسوية المنازعات، إضافةً إلى حل النزاعات بين الدول بموجب معاهدات الاستثمار واتفاقيَّات التِّجارة الحرَّة.

ويعمل البنك الدولي من أجل حلول مستدامة تحد من الفقر، وتبني رخاءً مشتركًا في البلدان النامية. وعلى الرغم من أنه مصدر حيوي للمساعدة الماليَّة والتقنيَّة للبلدان النامية في جميع أنحاء العالم، إلا أن دوره الرئيسي يتمثل في الحدِّ من الفقر ودعم التنمية، وهذا يبرر وضعه (كونه ليس مصرفًا).

ويتصدى البنك الدولي للفساد، ويساعد على تعزيز الثقة والمساءلة، لا سيما في البيئات الأكثر هشاشة، أو التي تُعاني من النزاعات. ويستفيد من التقنيَّات المبتكرة لتقوية أداء القطاع العام وإنتاجيته؛ من أجل تحقيق هدفه المتمثِّل في الحدِّ من الفساد. علاوة على ذلك، وتبنِّي سياسة عدم التسامح مطلقًا مع الفساد.

يجمع نهج البنك في مكافحة الفساد بين سياسة وقائيَّة (مُسْبَقَة) لتوقع وتجنب المخاطر في مشاريعه الخاصَّة، مع نهج السياسة اللاحقة. ويحافظ على تدقيق دقيق للمشاريع، ويعمل مع العملاء للحدِّ من مخاطر الفساد المحتملة التي تم تحديدها. ويتم ذلك من خلال نظام العقوبات المستقل لمجموعة البنك الدولي، والذي يتضمن مكتب نائب الرئيس لشؤون النزاهة في البنك الدولي (Integrity Vice Presidency)[1] المسؤول عن التحقيق في مزاعم الاحتيال والفساد في المشروعات التي يمولها البنك الدولي، إلى جانب تضمين آليَّات الشكاوى العامَّة في المشاريع لتشجيع وتمكين الرقابة، إضافةً إلى الإشراف بنشاط على المشاريع في أثناء التنفيذ[2].

الفريق الدولي لتنسيق مكافحة الفساد (IGAC)

يُعَيَّن من قِبَل مكتب الأمم المتحدة المعني بالمخدرات والجريمة، ويتألف من المنظَّمات الدوليَّة النشطة في مجال مكافحة الفساد، بما في ذلك العديد من وكالات الأمم المتحدة، والبنك الدولي، وبنك التنمية الآسيوي (ADB)، وبنوك التنمية الإقليميَّة الأخرى، ومنظَّمة

(1) *Integrity Vice Presidency*, World Bank, https://www.worldbank.org/en/about/unit/integrity-vice-presidency (last visited Dec. 2, 2019).

(2) Combating Corruption, World Bank, https://www.worldbank.org/en/topic/governance/brief/anti-corruption (last visited Dec. 2, 2019).

التعاون الاقتصادي والتنمية (OECD)، والاتحاد الأوروبي، ومجلس أوروبا، إلى جانب العديد من المنظَّمات الدوليَّة غير الحكوميَّة[1].

المنظَّمة الدوليَّة للشرطة الجنائيَّة (الإنتربول)

مهمتها الأساسيَّة إنفاذ القانون. والإنتربول منظَّمة حكوميَّة دوليَّة تدعم أجهزة الشرطة في جميع أنحاء العالم لجعلها أكثر أمانًا؛ إذ تمكِّنهم من تبادل البيانات المتعلقة بالجرائم والمجرمين والوصول إليهم، وتقدم مجموعة من طرق الدعم التقني والميداني، بما في ذلك دعم التحقيقات مثل الطب الشرعي، والتحليل، والمساعدة في تحديد مكان الهاربين في جميع أنحاء العالم. علاوة على ذلك، ومع تطور الجريمة، يراقب الإنتربول التطوُّرات المستقبليَّة المرتقبة عن طريق البحوث في الجرائم الدوليَّة والاتجاهات السائدة[2].

والفساد جزء من نطاق عمل الإنتربول في مكافحة الجريمة المنظَّمة[3]، ويقصد بالجريمة المنظَّمة تضافر مجموعة منظَّمة من ثلاثة أشخاص أو أكثر، يتواجدون لفترة من الزمن؛ بهدف ارتكاب جريمة أو أكثر من الجرائم، أو أفعال خطيرة منصوص عليها في اتفاقيَّة الأمم المتحدة بشأن الجريمة المنظَّمة العابرة للحدود، والبروتوكولات الملحقة بها (2004)؛ من أجل الحصول، بطريقة مباشرة أو غير مباشرة، على منفعة ماليَّة، أو منفعة ماديَّة أخرى. ويعمل الإنتربول مع أجهزة إنفاذ القانون، والخبراء القانونيِّين، والقطاع المصرفي، وجميع الصناعات المتضررة؛ لاكتشاف الأُصول المسروقة، ووقف حركتها عبر الحدود، ومنع الفساد.

وتتيح القدرات العالميَّة للإنتربول، والتي تشمل ثماني عشرة قاعدة بيانات عالميَّة، ونظام اتصالات عالمي، المشاركة الآمنة للتفاصيل مثل المعلومات الماليَّة والأنشطة عبر الإنترنت.

---

(1) Press Release, U.N. Info. Serv., International Anti-Corruption Coordination Group Discusses Preventing and Controlling Corruption in Emergency Disaster Relief. April, U.N. Press Release BKK/CP/21 (Apr. 23, 2005). *What is INTEROPL*, Int'l Crim. Police Org., https://www.interpol.int/en/Whowe-are/What-is-INTERPOL (last visited Dec. 2, 2019).

(2) *What is INTEROPL*, Int'l Crim. Police Org., https://www.interpol.int/en/Whowe-are/What-is-INTERPOL (last visited Dec. 2, 2019).

(3) U.N. Convention on Transnational and Organized Crime and the Protocols Thereto (2004), https://www.unodc.org/documents/treaties/ UNTOC/Publications/TOC%20Convention/TOCebook-e.pdf [hereinafter Convention on Transnational and Organized Crime].

وتكمل الشبكات المختصَّة مجموعة القدرات والإمكانيات المتوفرة، مثل المنصة العالميَّة لنقاط الاتصال لاسترداد الأُصول الإنتربول/ ستار INTERPOL /StAR Global Focal Point Platform on Asset Recovery‏⁽¹⁾. وتلك مبادرة مشتركة بين الإنتربول وستار لاسترداد الأُصول المسروقة، التي يمكن استخدامها من قبل الممارسين المعيَّنين من قبل حكوماتهم؛ لتبادل المعلومات التشغيليَّة. أما فرقة الإنتربول المعنيَّة بمنع التلاعب بنتائج المباريات الرياضيَّة (IMFTF) فقد أُنشِئت في عام 2011 لدعم الدول الأعضاء في التحقيقات وعمليَّات إنفاذ القانون في جميع الألعاب الرياضيَّة، والحفاظ على شبكة عالميَّة من المحققين لتبادل المعلومات والاستخبارات وأفضل الممارسات"⁽²⁾. كل ذلك يبرز الدور المُهِمّ للإنتربول في مُهِمَّة مكافحة الفساد.

معهد بازل للحوكمة

تأسس في عام 2003، وهو مؤسسة سويسريَّة غير ربحيَّة مكرَّسة للعمل مع شركاء من القطاعين العامّ والخاصّ في جميع أنحاء العالم؛ لتعزيز الحوكمة، ومنع ومكافحة الفساد والجرائم الماليَّة الأخرى⁽³⁾.

المركز الدولي للعمل الجماعي (ICCA)

تُعد معالجة الفساد عبر التسويات بين المنافسين، ورفع نزاهة الأعمال، نهجًا مبتكرًا يتبناه المركز الدولي للعمل الجماعي، وهو مركز متميز مستقل في العمل الجماعي لمكافحة الفساد، يطوِّر ويسهل مبادرات العمل الجماعي التي تجمع بين الشركات وأصحاب المصلحة الآخرين؛ لحل مشكلات الفساد في الصناعات في جميع أنحاء العالم⁽⁴⁾.

---

(1) *The Global Focal Point Conference*, World Bank, https://star.worldbank.org/events?keys=&sort_by=score&sort_order=DESC&items_per_page=10 (last visited Nov. 2, 2019).

(2) *INTERPOL Match Fixing Task Force Closes Ranks on Organized Crime*, INTERPOL (Sept. 12, 2018), https://www.interpol.int/es/Noticias-y-acontecimientos/Noticias/2018/INTERPOL-Match-Fixing-Task-Force-closes-ranks-on-organized-crime.

(3) About Us, Basel Inst, on Governance, https://www.baselgovernance.org/about-us (last visited Nov. 18, 2019).

(4) International Centre for Collective Action, Basel Inst. On Governance, on Governance, https://www.baselgovernance.org/collective-action (last visited Nov. 18, 2019).

البيئة التنظيميَّة (المستوى الدولي)

على المستوى القانوني الدولي، يتم تنظيم الفساد تنظيمًا صريحًا في قوانين قائمة بذاتها صدرت للتعامل معه تحديدًا، أو تنظيمًا ضمنيًّا عبر أنواع مختلفة من القوانين ضد الجريمة المنظَّمة والجريمة الانتقاليَّة، وعبر مجموعة العمل المالي The Financial Action Task Force (FATF)، وغيرها.

وينطبق الأمر نفسه على المستوى الوطني، مع قوانين قائمة بذاتها صراحةً لمكافحة الفساد، أو ضمنيًّا بواسطة القوانين المدنيَّة والجنائيَّة، وقوانين مكافحة غسل الأموال. وفيما يلي قائمة بأمثلة لتوضيح الفرق بين النوعين:

لوائح صريحة لمكافحة الفساد

1. **اتفاقيَّة الأمم المتحدة لمكافحة الفساد (UNCAC)**: هي الصكُّ القانوني العالمي الوحيد الذي يتعامل صراحةً مع الفساد بوصفه هدفه الرئيسي، وقد جرى صياغة هذه الاتفاقيَّة وتوقيعها في عام 2003، ودخلت حيز التنفيذ في عام 2005[1]. ويعمل مكتب الأمم المتحدة المعني بالمخدرات والجرائم (UNODC) كأمانة عامَّة لها. وتتكون الاتفاقيَّة من ثمانية فصول، وتتلخص ركائزها الخمس الرئيسيَّة في التدابير الوقائيَّة، والتجريم، وإنفاذ القانون، والتعاون الدولي، واسترداد الأُصول المسروقة، والمساعدة التقنيَّة، وتبادل المعلومات. ويلاحظ من المكونات المدرجة، أن اتفاقيَّة الأمم المتحدة لمكافحة الفساد تجمع بين نهجي التعامل مع الفساد: المسبق واللاحق.

وتكشف الاتفاقيَّة عن أشكال مختلفة من الفساد وتعرِّفها، ومنها: الرِّشْوَة، والاختلاس، والمتاجرة بالنفوذ، وإساءة استغلال الوظائف، وعرقلة العدالة، وغسيل الأموال. وتغطي جرائم الفساد في كل من القطاعين العامّ والخاصّ. إنها الصك **العالمي** الوحيد الملزم قانونًا لمكافحة الفساد. وفي قسم لاحق: سيتم تحليل ومناقشة اتفاقيَّة الأمم المتحدة لمكافحة الفساد وموادها الفرديَّة بالتفصيل.

2. **الاتفاقيَّة العربيَّة لمكافحة الفساد**: تكشف وتعالج جميع أشكال الفساد، والجرائم الأخرى المتعلقة بالفساد، وتسهِّل مقاضاة مرتكبيها. وتعزز الاتفاقيَّة النزاهة،

---

(1) انظر اتفاقيَّة الأمم المتحدة لمكافحة الفساد.

والشفافيَّة، والمساءلة، وسيادة القانون، وتشجع الأفراد ومنظَّمات المجتمع المدني على المشاركة الفعَّالة في منع الفساد ومكافحته[1]. وتتكون الاتفاقيَّة العربيَّة لمكافحة الفساد من خمس وثلاثين مادة تغطي ثلاث عشرة جريمة فساد، على النحو التالي:

1. الرِّشْوَة في الوظائف العُمُوميَّة؛
2. الرِّشْوَة في شركات القطاع العام، والشركات المساهمة، والجمعيَّات والمؤسسات المعتبرة قانونًا ذات نفع عام؛
3. الرِّشْوَة في القطاع الخاص؛
4. رِشْوَة الموظَّفين العُمُوميِّين الأجانب، وموظفي المؤسسات الدوليَّة العُمُوميَّة، فيما يتعلق بتصريف الأعمال التجاريَّة الدوليَّة داخل الدولة الطرف في الاتفاقيَّة؛
5. المتاجرة بالنفوذ؛
6. إساءة استغلال الوظائف العُمُوميَّة؛
7. الإثراء غير المشروع؛
8. غسيل العائدات الإجراميَّة؛
9. إخفاء العائدات الإجراميَّة المتحصلة من الأفعال الواردة في المادَّة الرابعة؛
10. إعاقة سير العدالة؛
11. اختلاس الممتلكات العامَّة والاستيلاء عليها بغير حق؛
12. اختلاس ممتلكات الشركات المساهمة والجمعيَّات الخاصَّة ذات النفع العام، والقطاع الخاص؛ (13) المشاركة أو الشروع في الجرائم الواردة في المادَّة الرابعة[2].

وتتبنى هذه الاتفاقيَّة أيضًا نهجًا مسبقًا، مثلما توضح المادَّة 10 التي تحدد تدابير منع الفساد، وفي المادَّة 11 التي تنظم مشاركة المجتمع المدني، وتشجع على وجه التحديد المشاركة الفعَّالة لمنظَّمات المجتمع المدني في زيادة الوعي الاجتماعي بشأن مكافحة الفساد وأسبابه وخطورته، والخطر الذي يمثله على مصالح المجتمع ككل. وتدعم المادَّة 11 إجراء الحملات الإعلاميَّة ضد الفساد، فضلًا عن برامج التوعية، بما في ذلك تطوير المواد للمناهج المدرسيَّة والجامعيَّة.

---

(1) Arab Anti-Corruption Convention (2010).

(2) المرجع السابق، المادة 4.

وغني عن البيان أن الاتفاقيَّة تنص أيضًا على الإجراءات اللاحقة بطرق عدة، مثل العواقب على أفعال الفساد الواردة في المادَّة 13[1] التي تذكر ما يلي: «مع إيلاء الاعتبار الواجب لما اكتسبته الأطراف الأخرى من حقوق بحُسن نيَّة، تتخذ كل دولة طرف؛ وَفْقًا للمبادئ الأساسيَّة لقانونها الداخلي، تدابير تتناول عواقب الفساد. وفي هذا السياق، يجوز للدول الأطراف أن تعتبر الفساد عاملًا ذا أهميَّة في اتخاذ إجراءات قانونيَّة لإلغاء أو فسخ العقد أو سحب امتياز، أو غير ذلك من الصكوك المماثلة أو اتخاذ أي إجراء انتصافي آخر. وتتضمن الاتفاقيَّة أيضًا توفير الدعم لضحايا الفساد في المادَّة 15[2]، ويرد فيها: «يتعيَّن على كل دولة طرف أن تضع قواعد إجرائيَّة ملائمة توفر لضحايا الجرائم المشمولة بهذه الاتفاقيَّة سبل الحصول على التعويض وجبر الأضرار. وثانيًا، يتعيّن على كل دولة طرف أن تتيح، رهنًا بقانونها الداخلي، إمكانية عرض آراء الضحايا وأخذها بعين الاعتبار في المراحل المناسبة من الإجراءات الجنائيَّة المتخذة بحق الجُناة، على نحو لا يمس بحقوق الدفاع».

3. اتفاقيَّة **الإتحاد الإفريقي لمنع الفساد ومكافحته (AUCPCC)**: وُقِّعت في عام 2003، ودخلت حيز التنفيذ في عام 2006[3]. وتتألف من 28 مادة، وتغطي مجموعة من جرائم الفساد في كل من القطاعين العام والخاص. ومن الأمثلة على تلك الجرائم الرِّشْوَة (المحليَّة أو الأجنبيَّة)، وتحويل الممتلكات من قبل الموظَّفين العُمُوميِّين، والاتِّجار بالنفوذ، والإثراء غير المشروع، وغسيل الأموال، وإخفاء الممتلكات.

وتتكون اتفاقيَّة الاتحاد الإفريقي لمنع الفساد ومكافحته في أساسها من أحكام إلزاميَّة، وتنظم عددًا من القضايا المُهِمَّة، مثل الحد الأدنى من الضمانات للمحاكمة العادلة؛ وَفْقًا لميثاق حقوق الإنسان الإفريقي، وصكوك حقوق الإنسان الدوليَّة ذات الصِّلة. وتُعد السريَّة المصرفيَّة مثالًا على قضايا تتعلق بالفساد. وفي المادَّة 17، لا تسمح اتفاقيَّة الاتحاد الإفريقي لمنع الفساد ومكافحته للدول بالتحجج بالسريَّة المصرفيَّة لتبرير رفضها للتعاون فيما يتعلق بأعمال الفساد والجرائم ذات الصِّلة[4].

---

(1) المرجع السابق، المادة 13.

(2) المرجع السابق، المادة 15.

(3) African Union Convention on Preventing and Combating Corruption (2003).

(4) المرجع السابق، المادة 17.

4. **قوانين الفساد التابعة لمجلس أوروبا**: عالجتِ الفساد باستخدام نهج ثلاثي المحاور، يشمل معايير مشتركة، وآليَّات مراقبة، ومشاريع مساعدة. وجرى تطوير تلك المعايير عبر الاتفاقيَّات، والقرارات، والتوصيات[1]. وتتكون آليَّات المراقبة مما يلي:

أ. مجموعة الدول المناهضة للفساد (GRECO)[2]، وهي مجموعة تهدف إلى: «(1) مراقبة الامتثال لمعايير مجلس أوروبا لمُكافحة الفساد، (2) تحديد أوجه القصور والإصلاحات السريعة، (3) تعزيز وتبادل الممارسات الجيِّدة. وتتبع مجموعة الدول المناهضة للفساد (GRECO) إجراء تقييم على النحو التالي: (1) جولات التقييم على أساس موضوع معيَّن، (2) استبيان وزيارة ميدانيَّة، (3) تقرير التقييم القُطري، (4) نشر التقرير عن إجراءات الامتثال ونتائجه».

ب. لجنة الخبراء المختارة المعنيَّة بتقييم تدابير مكافحة غسيل الأموال وتمويل الإرهاب (MONEYVAL)[3]، وأهدافها: «(1) مراقبة الامتثال للمعايير الدوليَّة لمكافحة غسيل الأموال وتمويل الإرهاب compliance with AML /CFT (international standards (FATF and 3rd EU directive)، (2 تحديد أوجه القصور وتقديم التوصيات وتبادل الممارسات الجيِّدة، (3) تحديد أنماط واتجاهات وتقنيات غسيل الأموال وتمويل الإرهاب (Identify ML /TF typologies). وتعمل لجنة الخبراء على إجراء تقييم مُعيَّن عبر: (1) جولات تقييم كل 7-5 سنوات، (2) استبيان وزيارة ميدانيَّة، (3) تقرير التقييم القُطري ونشره، (4) تقييم الامتثال ونشر نتائجه».

ج. الاتفاقيَّة المتعلقة بغسيل عائدات الجريمة، وتعقبها، وضبطها، ومصادرتها، ومنع تمويل الإرهاب (COP198)[4]، تزوِّد الدول الأطراف بإمكانيَّات معززة لمقاضاة غسيل الأموال بقدر أكثر فعَّاليَّة، وتمدُّها بمزيد من أدوات المصادرة

(1) Council of Europe, Action Against Economic Crime (Nov. 4, 2015), *available at* https://www.unodc.org/documents/treaties/UNCAC/COSP/session6/Special-Events/2015_11_03_GuillaumaParentCouncelofEurope.pdf.

(2) المرجع السابق.

(3) المرجع السابق.

(4) *About COP,* Council of Europe, https://www.coe.int/en/web/cop198/about-cop (last visited October 10, 2019).

لحرمان الجُناة من عائدات الجريمة، وتوفر لها سُلطات تحقيق مُهِمَّة، بما في ذلك تدابير الوصول إلى المعلومات المصرفيَّة للتحقيقات المحليَّة ولأغراض التعاون الدولي. وتغطي الاتفاقيَّة التدابير الوقائيَّة، ودور ومسؤوليَّات وحدات الاستخبارات الماليَّة ومبادئ التعاون الدولي فيما بينها. وأخيرًا، تطبق جميع أحكامها على تمويل الإرهاب، وتغطي المبادئ التي ينبغي أن يعمل التعاون القضائي الدولي على أساسها بين الدول الأطراف المتعاقدة. وتأتي أنشطة المساعدة على شكل برامج ومشروعات وأنشطة. في هذا القسم، نتناول جانبين رئيسيين: الخطاب الجنائي (اتفاقيَّة القانون الجنائي بشأن الفساد)، والخطاب المدني (اتفاقيَّة القانون المدني بشأن الفساد).

5. **اتفاقيَّة القانون الجنائي بشأن الفساد (CETS 173)**: صدرت في عام 1999، هي واسعة النطاق وتكمل الصكوك القانونيَّة القائمة. وتنص الاتفاقيَّة المكونة من 42 مادة على تدابير القانون الجنائي التكميليَّة، وتحسين التعاون الدولي في مقاضاة جرائم الفساد، وتراقبها جميعها مجموعة الدول المناهضة للفساد (GRECO).

وتشبه اتفاقيَّة القانون الجنائي بشأن الفساد (CETS 173) اتفاقيَّة الأمم المتحدة لمكافحة الفساد (UNCAC) لجهة إنشاء هيئات مختصَّة لمكافحة الفساد وحماية الأشخاص المتعاونين مع سُلطات التحقيق، أو لجهة السُّلطات القضائيَّة، وجمع الأدلة ومصادرة عائدات الجريمة. وتتماثل الاتفاقيتان في توفير التعاون الدولي المعزَّز (المساعدة المتبادلة وتسليم المجرمين وتوفير المعلومات) عند التحقيق في جرائم الفساد ومقاضاتها[1].

وتغطي الاتفاقيَّة العديد من أشكال الفساد، على النحو المبين أدناه[2]:

1. رِشْوَة وارتشاء الموظَّفين العُموميِّين المحليِّين والأجانب؛
2. الرِّشْوَة الفعليَّة والرِّشْوَة السَّلبيَّة للبرلمانيِّين الوطنيِّين والأجانب، وأعضاء المجالس البرلمانيَّة الدوليَّة؛
3. الرِّشْوَة والارتشاء في القطاع الخاص؛
4. الرِّشْوَة والارتشاء لموظفي الخدمة المدنيَّة الدوليَّة؛

---

(1) Criminal Law Convention on Corruption, مرجع سابق.

(2) Council of Europe, مرجع سابق.

5. الرِّشْوَة والارتشاء للقُضاة المحليِّين والأجانب والدوليِّين، وموظفي المحاكم الدوليَّة؛
6. التداول النشط والسلبي في النفوذ؛
7. غسيل الأموال المتحصَّلة من جرائم الفساد؛
8. الجرائم المحاسبيَّة (الفواتير، المستندات المحاسبيَّة... إلخ) المتعلقة بجرائم الفساد.

6. اتفاقيَّة القانون المدني بشأن الفساد (CETS 174): هي المحاولة الأولى لتحديد القواعد الدوليَّة المشتركة في مجال القانون المدني والفساد. وقد صدرت الاتفاقيَّة في عام 1999، وتتكون من ثلاثة فصول: التدابير الواجب اتخاذها على المستوى الوطني، والتعاون الدولي، ومراقبة التنفيذ والأحكام النهائيَّة.

أما ما يتعلق بمكوِّن القانون المدني، فإن الاتفاقيَّة تنص على تعويض الأضرار الناجمة عن جرائم الفساد وحماية الموظَّفين الذين يُبلِّغون عن الفساد. وتنظم الإهمال المشترك (قيام الشخص بإلحاق الضرر بنفسه في ممتلكاته الشخصيَّة أو العقاريَّة، وفي هذه الحالة تصبح المطالبة بالتعويض محدودة)، بما في ذلك تخفيض التعويض، أو عدم السماح به، حسب الظروف. وتُعد صحة العقود جانبًا بارزًا من الاتفاقيَّة؛ الأمر الذي يتطلب الوضوح والدقة في الحسابات، وعمليَّات التدقيق والحصول على الأدلة. وغني عن البيان أن تحديد المسؤوليَّة هي قضيَّة رئيسيَّة (بما في ذلك مسؤوليَّة الدولة عن أعمال الفساد التي يرتكبها الموظَّفون العُمُوميون)؛ أما بالنسبة للعقوبات، فتتحفظ المحكمة على الأُصول اللازمة لتنفيذ الحكم النهائي، والحفاظ على **الوضع الراهن status quo**، في انتظار حل النقاط محل الخلاف؛ وبالمثل، كما هي الحال في اتفاقيَّة القانون الجنائي بشأن الفساد (CETS 173) ومجموعة الدول المناهضة للفساد (GRECO)، تُراقب الالتزامات التي تم التعهد بها بموجب الاتفاقيَّة من قبل الدولة الطرف[1].

7. اتفاقيَّة منظَّمة التعاون والتنمية الاقتصاديَّة (OECD): الأداة الدوليَّة الأولى والوحيدة لمكافحة الفساد التي تركز على «جانب العرض» في معاملة الرِّشْوَة[2]. وتروِّج

---

(1) Civil Law Convention on Corruption, E.T.S. 174 (Jan. 11, 2003).

(2) منظمة التعاون والتنمية الاقتصاديَّة (OECD)، التوصية رقم 4 لمكافحة الرِّشْوَة لعام 2019.
http://www.oecd.org/officialdocuments/publicdisplaydocumentpdf/?cote=DAF/WGB(2018)56/FINAL&docLanguage=En.

لميدان متكافئ وخالٍ من لرِّشْوَة في الشركات في جميع أنحاء العالم[1].

يرجع الأثر الملحوظ للاتفاقيَّة في الحدِّ من الفساد السياسي وجرائم الشركات، إلى عقوباتها ضد الرِّشْوَة في المعاملات التجاريَّة الدوليَّة التي تتعامل بها الشركات الموجودة في الدول الأعضاء في الاتفاقيَّة. وقد وُضِعت في الاتفاقيَّة معايير ملزمة قانونيًّا لتجريم رِشْوَة الموظَّفين العُمُوميِّين الأجانب في مثل هذه المعاملات، وتنص على مجموعة من التدابير ذات الصِّلة التي تجعل عملها فعَّالًا[2].

على الرغم من أن الاتفاقيَّة تركز أساسًا على مكافحة الرِّشْوَة، عبر تجريم عرض الرشاوى أو دفعها (وليس طلب الرشاوى أو تلقيها فقط)، فهي تعالج جرائم أخرى، مثل غسيل الأموال أيضًا. ويُطلب من الموقعين على اتفاقيَّة منظَّمة التعاون الاقتصادي والتنمية (OECD) وضع تشريع يجرِّم رِشْوَة موظف عام أجنبي. وتشكلت مجموعات عمل معنيَّة بالرِّشْوَة لمراقبة تنفيذ الاتفاقيَّة، لا سيما أن منظَّمة التعاون الاقتصادي والتنمية ليس لديها سُلطة لتنفيذها.

8. **قانون الممارسات الأجنبيَّة الفاسدة (FCPA)**: سُنَّ في عام 1977، لجعل تسديد مدفوعات لمسؤولين حكوميِّين أجانب، من قبل فئات معيَّنة من الأفراد والكيانات؛ بقصد تسهيل الحصول على الأعمال التجاريَّة، أو الاحتفاظ بها، عملًا غير قانوني[3].

ويمنع قانون الممارسات الأجنبيَّة الفاسدة السلوك المحظور في أي مكان في العالم، ويمتد إلى الشركات المتداولة علنًا، ومسؤوليها، ومديريها، وموظفيها، وأصحاب الأسهم، والوكلاء. ويمكن أن يشمل الوكلاء، وكلاء طرف ثالث، ومستشارين، وموزِّعين، وشركاء في المشاريع المشتركة، وآخرين[4].

وتجدر الإشارة إلى أن لجنة الأوراق الماليَّة والبورصات الأمريكيَّة (SEC) ووزارة العدل الأمريكيَّة (DOJ)، قد اتهمت مئات الشركات والأفراد بانتهاك قانون الممارسات

(1) Strengthening Enforcement of the OECD Anti-Bribery Convention, Transparency Int'l, https://www.transparency.org/whatwedo/activity/strengthening_enforcement_ of_the_oecd_anti_bribery_convention (last visited Nov. 2, 2019).

(2) Convention on Combating Bribery of Foreign Public Officials (Nov. 21, 1997).

(3) *Foreign Corrupt Practices Act – Overview,* U.S. Dept. of Justice, https://www.justice.gov/criminal-fraud/foreign-corrupt-practices-act (last visited Oct. 10,2019).

(4) Spotlight on Foreign Corrupt Practices Act, US Securities and Exchange Commission, https://www.sec.gov/spotlight/foreign-corrupt-practices-act.shtml(last visited Nov. 4, 2019).

الأجنبيَّة الفاسدة، وفرضت عقوبات ماليَّة بمليارات الدولارات الأمريكيَّة منذ سُنَّ القانون في عام 1977. وكثفت السُّلطات الأمريكيَّة جهودها للحدِّ من الفساد عبر زيادة عدد موظفيها، والتعاون بشكل أوثق مع الحكومات والوكالات الأجنبيَّة، وتقديم ائتمان تخفيفي للشركات التي تكشف بنفسها عن انتهاكات قانون الممارسات الأجنبيَّة الفاسدة (FCPA)، وتتعاون مع تحقيقات الحكومة.

بالإضافة إلى ذلك، هناك غرفة مقاصَّة، تُسمى غرفة تبادل معلومات قانون الممارسات الأجنبيَّة الفاسدة (FCPAC)، والتي تعمل كقاعدة بيانات ومستودع لوثائق المصدر الأصليَّة وموِّرد للتحليلات؛ مما يوفر للمستخدمين معلومات مفصلة تتعلق بإنفاذ قانون الممارسات الأجنبيَّة الفاسدة (FCPA). وتوفر غرفة المقاصَّة للمستثمرين، وواضعي السياسات، والعلماء، والقُضاة، والمحامين، ووسائل الإعلام، والجمهور عُمُومًا، موقعًا شاملًا لجميع الأمور المتعلقة بقانون الممارسات الأجنبيَّة الفاسدة.

ويمكن للمستخدمين مراجعة القوانين ذات الصِّلة، وقراءة المقالات والدراسات حول الامتثال لقانون الممارسات الأجنبيَّة الفاسدة وإنفاذها، وعرض البيانات حول تحقيقات قانون الممارسات الأجنبيَّة الفاسدة وإجراءات الإنفاذ، والبحث عنها وفرزها وَفْقًا لاحتياجاتهم واهتماماتهم الفرديَّة[1]. وتوفر أحدث المعلومات حول الاتجاهات في تحقيقات قانون الممارسات الأجنبيَّة الفاسدة والأدبيَّات الأكاديميَّة.

للتذكير، تعني كلمة **ضمنيًّا** عند الحديث عن «**اللوائح الضمنيَّة لمكافحة الفساد**» أن الصك القانوني يعالج الفساد بطريقة غير مباشرة، ودون أن يذكره بكلمة.

9. اتفاقيَّة **مكافحة الجريمة المنظَّمة عبر الوطنيَّة (UNTOC)**: المعروفة باسم اتفاقيَّة باليرمو أيضًا، أصدرتها الأمم المتحدة في عام 2000، ويشغِّلها ويشرف عليها مكتب الأمم المتحدة المعني بالمخدرات والجريمة (UNODC). وتكمِّل مجموعة من ثلاثة بروتوكولات رئيسيَّة اتفاقيَّة الأمم المتحدة لمكافحة الجريمة المنظَّمة عبر الوطنيَّة: (أ) بروتوكول منع وقمع ومعاقبة الاتِّجار بالبشر، وخصوصًا النساء والأطفال[2]؛ (ب) بروتوكول مكافحة تهريب المهاجرين عن طريق البر والبحر

(1) Foreign Corrupt Practices Act Clearing House, Stanford Law School, http://fcpa.stanford.edu/ (last visited Nov. 2, 2019).

(2) U.N. Hum. Rts. Off. of the High Comm'r [OHCHR], Protocol to Prevent, Suppress and

والجو[1]؛ (ج) بروتوكول مكافحة صنع الأسلحة الناريَّة والاتِّجار بها بصورة غير مشروعة[2].

وورد في الأحكام العامَّة لتلك البروتوكولات، أنها مكملة لاتفاقيَّة الأمم المتحدة لمكافحة الجريمة المنظَّمة عبر الوطنيَّة. وفي عدة مناسبات، تناولت الأمم المتحدة والأوساط الأكاديميَّة، العلاقة الخاصَّة بين اتفاقيَّة الأمم المتحدة لمكافحة الجريمة المنظَّمة عبر الوطنيَّة، ومكافحة الفساد. من وجهة نظر الأمم المتحدة، هناك إشارات مرجعية واضحة بين اتفاقيَّة مكافحة الفساد الرئيسيَّة، واتفاقيَّة الأمم المتحدة لمكافحة الجريمة المنظَّمة عبر الوطنيَّة.

في المادَّة 8، تجرِّم اتفاقيَّة الأمم المتحدة لمكافحة الجريمة المنظَّمة عبر الوطنيَّة (UNTOC) الفساد[3]، بالإشارة بوضوح إلى المصطلح، وتوسعت في شرح أحد أكثر أشكاله شهرةً، وهو الرِّشْوَة في القطاع العامِّ. وتنص في فقرتها الأولى إلى تدابير تشريعيَّة وغير تشريعيَّة تجرِّم الأفعال التالية جنائيًّا عندما ترتكب عمدًا: (1) وعد موظف عُمُومي بمزيَّة غير مستحقة، أو عرضها عليه، أو منحه إياها، بشكل مباشر أو غير مباشر، سواء لصالح الموظف نفسه، أو لصالح شخص آخر، أو هيئة أخرى؛ لكي يقوم ذلك الموظف بفعلٍ ما، أو يمتنع عن القيام بفعل ما ضمن نطاق ممارسته مهامه الرسميَّة. (2) التماس موظف عُمُومي أو قبوله، بشكل مباشر أو غير مباشر، مزيَّة غير مستحقة، سواء لصالح الموظف نفسه، أو لصالح شخص آخر، أو هيئة أخرى؛ لكي يقوم ذلك الموظف بفعلٍ ما، أو يمتنع عن القيام بفعلٍ ما ضمن نطاق ممارسته مهامه الرسميَّة.

Punish Trafficking in Persons Especially Women and Children, supplementing the United Nations Convention against Transnational Organized Crime (2000), https://www.ohchr.org/en/professionalinterest/pages/protocoltraffickinginpersons.

(1) UNTOC, Protocol against the Smuggling of Migrants by Land, Sea and Air, supplementing the United Nations Convention against Transnational Organized Crime (2000), https://www.unodc.org/documents/middleeastandnorthafrica/smuggling-migrants/SoM_Protocol_English.pdf.

(2) G.A. Res. 55/255, UN Protocol against the Illicit Manufacturing and Trafficking in Firearms (Jun. 8, 2001).

(3) Convention against Transnational and Organized Crime, at art. 8.

وأيدتِ المادَّة 9 من الاتفاقيَّة اعتماد تدابير للتصدي للفساد[1]، وتشير المادَّة المذكورة إلى ما يلي: (1) بالإضافة إلى التدابير المنصوص عليها في المادَّة 8 من هذه الاتفاقيَّة، يتعين على كل دولة طرف، بالقدر المناسب والمتسق مع نظامها القانوني، أن تعتمد تدابير تشريعيَّة أو إداريَّة أو غيرها من التدابير الفعَّالة لتعزيز النزاهة، ومنع وكشف ومعاقبة فساد الموظَّفين العُمُوميِّين. (2) تتخذ كل دولة طرف تدابير لضمان اتخاذ سُلطاتها إجراءات فعَّالة لمنع فساد الموظَّفين العُمُوميِّين، وكشفه والمعاقبة عليه، بما في ذلك منح هذه السُّلطات استقلاليَّة كافية لردع ممارسة التأثير غير المناسب على أفعالها.

وهناك أيضًا صلة سابقة بين الفساد والجريمة المنظَّمة؛ مما دفع الجمعيَّة العامَّة للأمم المتحدة إلى اعتماد القرار 61/ 55 في ديسمبر / كانون الأول 2000، مع الاعتراف بأن وجود وثيقة قانونيَّة دوليَّة لمكافحة الفساد، بغض النظر عن اتفاقيَّة مكافحة الجريمة المنظَّمة عبر الوطنيَّة، تُعد ضروريَّة.

من ناحية أخرى، أعلنت اتفاقيَّة الأمم المتحدة لمكافحة الفساد، في ديباجتها، للدول الأطراف في الاتفاقيَّة أنها: «قلقة أيضًا بشأن الروابط بين الفساد والأشكال الأخرى للجريمة، لا سيما الجريمة المنظَّمة والجريمة الاقتصاديَّة، بما في ذلك غسيل الأموال»، وأنها «مقتنعة بأن الفساد لم يعُد مسألة محليَّة بل ظاهرة عبر وطنيَّة تؤثر على جميع المجتمعات والاقتصادات؛ مما يجعل التعاون الدولي لمنعه ومكافحته أمرًا ضروريًّا»[2].

ومثل اتفاقيَّة الأمم المتحدة لمكافحة الجريمة المنظَّمة عبر الوطنيَّة (UNTOC)، أشارت اتفاقيَّة الأمم المتحدة لمكافحة الفساد (UNCAC) بوضوح إلى المصطلحين «الجرائم المنظَّمة»، و«الانتقاليَّة». في عام 1994، أقر إعلان نابولي الصادر عن الأمم المتحدة رسميًّا أن للجريمة المنظَّمة «تأثيرًا مُفسدًا على المؤسسات الأساسيَّة الاجتماعيَّة، والاقتصاديَّة، والسياسيَّة»، وأن الممارسة الشائعة للشبكات الإجراميَّة المنظَّمة هي استخدام «العنف

---

(1) Article 9 1. In addition to the measures set forth in article 8 of this Convention, each State Party shall, to the extent appropriate and consistent with its legal system, adopt legislative, administrative or other effective measures to promote integrity and to prevent, detect and punish the corruption of public officials. *Id.* art. 9.

(2) المرجع السابق.

والتخويف والفساد؛ لكسب المال»[1]. بالإضافة إلى ذلك، أقر مجلس أوروبا بوجود روابط بين الفساد والجريمة المنظَّمة. ويسعى أحد المبادئ التوجيهيَّة العشرين لمكافحة الفساد، المعتمد في عام 1997، إلى «ضمان أنه في كل جانب من جوانب مكافحة الفساد، يجب الأخذ في الحسبان الصِّلات المحتملة مع الجريمة المنظَّمة وغسيل الأموال»[2].

جادل العديد من الأكاديميِّين والعلماء بأن الفساد والجريمة المنظَّمة توأمان مرتبطان. على سبيل المثال، يشار إلى أنه: «غالبًا ما تتضمن تعاريف الجريمة المنظَّمة الفساد بوصفه عنصرًا محوريًّا فيها، ويرجع ذلك إلى حدٍّ كبير إلى الفوائد التجاريَّة لضمان الإمداد السلس للرذيلة»[3].

ويشار أيضًا إلى أنه «**غالبًا ما يتشابك الفساد مع الجريمة المنظَّمة الدوليَّة، ويسهل غسيل الأموال هذا التشابك بينهما. عندما تتسلل الجريمة المنظَّمة إلى مؤسسات الدولة، تُحدِث دوَّامات فساد ذاتيَّة التعزيز. وقد يتشابك النشاط الإجرامي مع الفساد السياسي والأعمال المشروعة، بحيث يصعب التفريق بينهما**»[4].

10. **مشروع الإبلاغ عن الجريمة المنظَّمة والفساد (OCCRP)**: إنها من المنظَّمات غير الربحيَّة، وتعمل على قلب الطاولة على الفساد، وبناء قدر أكبر من المساءلة، عبر الكشف عن إساءة استخدام السُّلطة على حساب الناس. ويخدم المشروع المذكور الأشخاص الذين تتأثر حياتهم بالجريمة المنظَّمة وبالفساد. ويلتزم بإعداد التقارير الاستقصائيَّة عبر الوطنيَّة، ويعزز النهج القائم على التكنولوجيا لكشف الجريمة المنظَّمة والفساد في جميع أنحاء العالم[5].

---

(1) G.A. Res. 49/159, Naples Political Declaration and Global Action against Organized Transnational Crime (Dec. 23, 1994); G.A. Res. 1996/27, Implementation of the Naples Political Declaration and Global Action Plan against Organized Transnational Crime (Jul. 24, 1996).

(2) Council of Europe Res. (97)24 on the 20 Guiding Principles for the Fight against Corruption (Jun. 11, 1997).

(3) James O. Finckenauer, Problems of Definition: What is Organized Crime? 8 Trends Organ. Crim. 56, 63-83 (2005), and F.E. Hagan, *"Organized Crime" and "Organized Crime": Indeterminate Problems of Definition*, 9 Trends Organ. Crim. 129 (2006).

(4) Kaushik Basu & Tito Cordella, Institutions, Governance and the Control of Corruption, 157 IEA Conference, 2018, at 75-111.

(5) *Who We Are*, Org. Crime &Corruption Reporting Project [OCCRP], https://www.occrp.org/en/about-us (last visited Oct. 4, 2019).

ويرتبط الفساد والجريمة المنظَّمة ارتباطًا وثيقًا، ويؤدي أحدهما إلى الآخر. وحيثما يوجد فساد، قد يكون للجريمة المنظَّمة حصَّة في الأرباح.

11. **مجموعة العمل المالي (FATF)**: منظَّمة حكوميَّة دوليَّة مستقلة، تأسست في عام 1989، وتوصياتها مُعترف بها بوصفها معايير عالميَّة لمكافحة غسيل الأموال (AML) وتمويل الإرهاب (CFT)؛ لذلك، فإن مجموعة العمل المالي هي «هيئة صنع السياسات» التي تعمل على توليد الإرادة السياسيَّة اللازمة لتحقيق الإصلاحات التشريعيَّة والتنظيميَّة الوطنيَّة في هذه المجالات. وتُولي المجموعة أهميَّة كبيرة لمكافحة الفساد. ومن وجهة نظرها، يمكن للفساد أن يُلحق ضررًا شديدًا بالتنمية الاقتصاديَّة، ويُحبط مكافحة الجريمة المنظَّمة، ويُضعف احترام القانون والحوكمة الفعَّالة[1].

وتعمل المجموعة على تحديد نقاط الضعف على المستوى الوطني؛ بهدف حماية النظام المالي الدولي من سوء الاستخدام. ويُعرف «سوء الاستخدام» عُمُومًا بأنه عمل فاسد غير قانوني، وعلى الرغم من أن توصيات مجموعة العمل المالي تركز على مكافحة غسيل الأموال وتمويل الإرهاب، إلا أنها تتضمن تدابير محددة تعترف بمخاطر الفساد أيضًا. وتتطلب تلك التدابير من الدول أن تجعل الفساد والرِّشْوَة جرائم أصليَّة لغسيل الأموال؛ مما يتطلب من المؤسسات الماليَّة اتخاذ إجراءات للتخفيف من المخاطر التي يشكلها الأشخاص المعرضون سياسيًّا (PEPs)، ويتطلب من الدول أن يكون لديها آليَّات للتعافي عبر مصادرة عائدات الجريمة، ومطالبة الدول بتنفيذ اتفاقيَّة الأمم المتحدة لمكافحة الفساد.

وترتكب جرائم الفساد عُمُومًا، مثل الرِّشْوَة، أو سرقة الأموال العامَّة؛ من أجل تحقيق مكاسب خاصَّة. ويُعد غسيل الأموال عمليَّة إخفاء المكاسب غير المشروعة المتأتية من النشاط الإجرامي.

12. **مجموعة العشرين**: منتدى تعاون اقتصادي دولي يجمع قادة كل من البلدان المتقدمة والنامية من كل القارات، ويمثلون نحو 80% من الناتج الاقتصادي العالمي[2]، وثلثي سكان العالم، وثلاثة أرباع التِّجارة الدوليَّة.

---

(1) Financial Action Task Force [FATF], The Use of the FATF Recommendations to Combat Corruption 5 Oct. 2013), http://www.fatf-gafi.org/media/fatf/documents/recommendations/BPP-Use-of-FATF-Recs-Corruption.pdf.

(2) *What is G20?* G20, https://g20.org/en/about/Pages/whatis.aspx, (last visited Oct 4, 2019).

وقد دعت مجموعة العشرين مجموعة العمل المالي إلى معالجة مشكلة الفساد في إطار عملها في مكافحة غسيل الأموال وتمويل الإرهاب.

ونشرت فرقة العمل المعنيَّة بالإجراءات الماليَّة ورقة «أفضل الممارسات: استخدام توصيات مجموعة العمل المالي لمكافحة الفساد»، وتعرِّف الورقة «العائدات» على أنها أموال متورِّطة في أدوات الجريمة، ومنها العائدات المتأتية من جرائم الفساد أو المشتقة منها[1]. وضُممت توصيات مجموعة العمل المالي بهدف مكافحة غسيل الأموال وتمويل الإرهاب. لكنها عند تنفيذها بفعَّاليَّة يمكن أن تساعد أيضًا في مكافحة الفساد عبر حماية نزاهة القطاع العام، وحماية مؤسسات معيَّنة في القطاع الخاص من سوء الاستخدام، وزيادة شفافيَّة النظام المالي. من خلال ما سبق يمكن تسهيل الكشف عن المتورِّطين في الفساد وغسيل الأموال والتحقيق معهم ومُقاضاتهم، والمساعدة في استرداد الأُصول المسروقة[2]. باختصار، تعالج مجموعة العمل المالي أشكال الفساد المرتبطة بالعائدات الماليَّة.

إن العصر الحالي سريع وافتراضي وخالٍ من الحدود؛ مما يسلط الضوء على الحاجة إلى لوائح الجرائم الإلكترونيَّة.

13. **مركز أبحاث وتعليم مكافحة الفساد (ACREC)**: يقدم تعريفًا للجريمة الإلكترونيَّة يربطها بالفساد، ويوفر نهجًا لما يحدث على أرض الواقع. ويسلط هذا التعريف الضوء على أن الجريمة الإلكترونيَّة ليست مجرد فيروس موجود على جهاز الكمبيوتر الخاصّ بك. ولقد تعلم المسؤولون الفاسدون كيفية استخدام أحدث تقنيات المعلومات لغسيل الأموال[3]. وأصبح الفساد الآن جريمة صامتة، يصعب تعقبها واكتشافها.

تم إنشاء الفضاء السيبراني Cyber space لخدمة الإنسانيَّة بشكل أفضل، وتسهيل المعاملات التجاريَّة في جميع أنحاء العالم، ولكن إلى جانب تطوره، كانت هناك زيادة متناسبة ومباشرة في الآثار المدمِّرة الهائلة التي تسببها الجرائم الإلكترونيَّة؛ مما أدى إلى

---

(1) FATF, at 5.

(2) المرجع السابق.

(3) *Corruption and Cybercrimes Double Challenge for Investment*, Anti-Corruption Res. Educ Center [ACREC], https://acrec.org.ua/en/events/corruption-and-cybercrimes-double-challenge-for-investments/ (last visited Nov. 4, 2019).

وقوع خسائر بمليارات الدولارات الأمريكيَّة لأصحاب الحقوق والشركات الشرعيَّة في جميع أنحاء العالم.

يمكن أن تظهر الصِّلة بين الجريمة الإلكترونيَّة والفساد في أشكال ومظاهر لا حصر لها. وقد أشارت المادَّة 48 (3) من اتفاقيَّة الأمم المتحدة لمكافحة الفساد إلى التكنولوجيا الحديثة بما يلي: «يتعين على الدول الأطراف أن تسعى إلى التعاون في حدود إمكانياتها للردِّ على الجرائم المشمولة بهذه الاتفاقيَّة والمرتكبة عبر استخدام التكنولوجيا الحديثة»[1].

وتشمل تلك الجرائم، على سبيل المثال، جرائم الكمبيوتر، أو الجرائم الإلكترونيَّة التي تمكِّن من ارتكاب جرائم الفساد، أو استخدام أجهزة الكمبيوتر لارتكاب مثل تلك الجرائم. وفي عام 2015، افتتح الإنتربول مجْمَعًا عالميًّا للابتكار في مجال الجرائم الإلكترونيَّة في سنغافورة؛ ردًّا على حقيقة أن المجرمين يستفيدون استفادة متزايدة من التكنولوجيا الجديدة[2].

من المُهِمِّ أن نكون على دراية بحقيقة أن الفضاء السيبراني عبارة عن عجلة فساد زلقة ومتوسعة؛ نظرًا لسرعته وسهولة الوصول إليه؛ إذ يستغل المحتالون الإلكترونيُّون كل فرصة يجدونها، ويتبنون بسرعة استراتيجيَّات جديدة لمهاجمة الشركات. وإن الجماعات الراسخة للجريمة المنظَّمة العابرة للحدود، تجد باستمرار طرقًا جديدة لاستخدام التكنولوجيا لتسهيل الأشكال التقليديَّة للجريمة؛ منها على سبيل المثال استخدام العملات الافتراضيَّة virtual currencies وشبكة الويب العميقة deep Web لإنشاء أسواق عالميَّة غير شرعيَّة[3].

وعلى نطاق أوسع، تُستغل التكنولوجيا لتمويل شبكات الجريمة العابرة للحدود التي تتاجر بالمنتجات المقلَّدة والمقرصَنة، وتوفر للمجرمين وسائل رِشْوَة وإفساد سيادة القانون. علاوة على ذلك، يكتسب الفساد السيبراني زخمًا، وقد تُعيد التقنيات الناشئة تشكيل مشهد مكافحة الفساد في المستقبل.

---

(1) انظر اتفاقيَّة الأمم المتحدة لمكافحة الفساد.

(2) Cecily Rose et al., The United Nations Convention Against Corruption: A Commentary ch. 3 (2019).

(3) *Cybercrime and Intellectual Property Crime*, U.S. Dep. of State, https://www.state.gov/cybercrime-and-intellectual-property-crime/ (last visited Oct. 4, 2019).

14. **قوانين المشتريات العامَّة**: تهدف إلى حماية قسم من الحكومة معرض بشدة للفساد. ولا يتعلق الفساد في هذا المجال بالمال فقط، بل بتقليل جودة العمل أو الخدمات أيضًا، وقد يكلف خسائر في الأرواح. لقد دفع الناس في العديد من البلدان ثمنًا باهظًا على المستوى الشخصي مقابل المباني المنهارة، والأدوية المغشوشة[1]. وقد يتساءل المرء عن سبب كون قوانين المشتريات مكونًا مُهِمًّا في الصكوك الدوليَّة الضمنيَّة التي تحارب الفساد؛ وذلك لأن الإنفاق على المشتريات قد يمثل 10-20٪ من الناتج المحلي الإجمالي، وما يصل إلى 50٪ أو أكثر من إجمالي الإنفاق الحكومي. وتنطوي طبيعة الشراء بالضرورة على مخاطر إساءة الاستخدام، ويظهر حجم السُّوق أن الخسائر المحتملة قد تكون كبيرة، ولكن المشتريات تشمل أيضًا مشاريع مُهِمَّة تتعلق بالصِّحَّة والتعليم والبنية التحتيَّة، والتي سيكون لها تأثير كبير على الأداء الاقتصادي والتطوُّر.

وفقًا لذلك؛ يُعد تحقيق القيمة مقابل المال في المشتريات العامَّة أمرًا بالغ الأهميَّة. واستجابةً لتلك العوامل الرئيسيَّة، يسمح قانون الأونسيترال النموذجي للتحكيم التجاري الدولي (UNICITRAL) للدولة المشتركة، تطوير نظام مشتريات يحقق القيمة مقابل المال، ويتجنب إساءة الاستخدام[2]. وينص أحد بنود لجنة الأمم المتحدة للقانون التجاري الدولي على ما يلي:

«أُعد قانون الأونسيترال النموذجي بهدف دعم مواءمة المعايير الدوليَّة في المشتريات العامَّة، وأخذ في الاعتبار اتفاقيَّة الأمم المتحدة لمكافحة الفساد، والمبادئ التوجيهيَّة للمشتريات، وكذلك المبادئ التوجيهيَّة للاستشاريِّين الصادرة عن البنك الدولي، والوثائق المماثلة من المؤسسات الماليَّة الدوليَّة الأخرى».

لذلك؛ فإن القانون مُعترف به دوليًّا. علاوة على ذلك، يُشار إليه في ديباجة الأونسيترال، على النحو التالي:

---

(1) *Public Procurement,* Transparency Int'l, https://www.transparency.org/topic/detail/public_procurement (last visited Nov. 4, 2019).

(2) *UNCITRAL Model Law on Public Procurement*, UNCITRAL (2011), https://uncitral.un.org/en/texts/procurement/modellaw/public_procurement.

«(د) توفير المعاملة العادلة والمتساوية والمنصفة لجميع المورِّدين والمقاولين، (هـ) تعزيز النزاهة والإنصاف، وثقة الجمهور في عمليَّة الشراء، (و) تحقيق الشفافيَّة في الإجراءات المتعلقة بالمشتريات»[1].

ما يزال الفساد قائمًا، وتعد النزاهة والشفافيَّة كلتاهما إسقاطات إيجابية لمكافحة الفساد. وفي البيان الذي أدلى به المدير التنفيذي لمكتب الأمم المتحدة المعني بالمخدرات والجريمة، في الاحتفال بالذكرى الخمسين للأونسيترال، جرى تسليط الضوء على الأثر الضار للفساد على التِّجارة والتنمية[2].

وتتفاقم مخاطر الفساد بسبب العمليَّة المعقدة والتفاعل الوثيق بين المسؤولين العُمُوميِّين والشركات، وتعدُّد أصحاب المصلحة، بالإضافة إلى حجم المعاملات والمصالح الماليَّة المعرضة للخطر[3]؛ لذلك، من منظور محض لمكافحة الفساد، فإن المشتريات لها نصيبها العادل من الاهتمام.

في اتفاقيَّة الأمم المتحدة لمكافحة الفساد على وجه الخصوص، في فصلها 2، ورد بصراحة ذكر التدابير الوقائيَّة ذات الصِّلة بالمشتريات في «تدابير الشراء وإدارة الأموال العامَّة» (المادَّة 9)[4]: (1) تقوم كل دولة طرف؛ وَفْقًا للمبادئ الأساسيَّة لنظامها القانوني، بالخطوات اللازمة لإنشاء نظم اشتراء مناسبة تقوم على الشفافيَّة والتنافس، وعلى معايير الموضوعيَّة في اتخاذ القرارات، وتتسم، ضمن جملة أمور، بفاعليتها في منع الفساد. وتتناول هذه النظم، التي يجوز أن تُراعى في تطبيقها قيم حديَّة مناسبة، أمورًا، منها: (أ) توزيع المعلومات المتعلقة بإجراءات وعقود الاشتراء، بما في ذلك المعلومات المتعلقة بالدعوات إلى المشاركة في المناقصات، والمعلومات ذات الصِّلة، أو وثيقة الصِّلة بإرساء العقود، توزيعًا عامًّا؛ مما

---

(1) المرجع السابق.

(2) Press Release, UNDOC Executive Director Statement on the Pernicious Impact of Corruption on Trade and Development (July 4, 2017), https://www.unodc.org/unodc/en/press/releases/2017/July/statement-on-the-pernicious-impactof-corruption-on-trade-and-development-at-event-celebrating-the-50th-anniversary-of-uncitral.html.

(3) OECD, Preventing Corruption in Public Procurement 6 (2016), http://www.oecd.org/gov/ethics/Corruption-Public-Procurement-Brochure.pdf.

(4) انظر اتفاقيَّة الأمم المتحدة لمكافحة الفساد.

يتيح لمقدمي العروض المحتملين وقتًا كافيًا لإعداد عروضهم وتقديمها؛ (ب) القيام مسبقًا بإقرار ونشر شروط المشاركة، بما في ذلك معايير الاختيار وإرساء العقود وقواعد المناقصة؛ (ج) استخدام معايير موضوعيَّة ومقررة مسبقًا لاتخاذ القرارات لمتعلقة بالمشتريات العُمُوميَّة؛ تيسيرًا للتحقق لاحقًا من صحة تطبيق القواعد أو الإجراءات؛ (د) إقامة نظام فعَّال للمراجعة لداخليَّة، بما في ذلك نظام فعَّال للطعن؛ ضمانًا لوجود سبل قانونيَّة للتظلم والانتصاف في حال عدم اتباع القواعد أو الإجراءات الموضوعة عملًا بهذه الفقرة؛ (هـ) اتخاذ تدابير، عند الاقتضاء، لتنظيم الأمور المتعلقة بالعاملين المسؤولين عن المشتريات، مثل الإعلان عن أي مصلحة في مشتريات عُمُوميَّة مُعيَّنة، وإجراءات الفرز، والاحتياجات التدريبيَّة. (2) تتخذ كل دولة طرف؛ وَفْقًا للمبادئ الأساسيَّة لنظامها القانوني، تدابير مناسبة لتعزيز لشفافيَّة والمساءلة في إدارة الأموال العُمُوميَّة. وتشمل هذه التدابير ما يلي: (أ) إجراءات لاعتماد الميزانيَّة الوطنيَّة؛ (ب) الإبلاغ عن الإيرادات والنفقات في حينه؛ (ج) نظامًا يتضمن معايير للمحاسبة، ومراجعة الحسابات وما يتصل بذلك من رقابة؛ (د) نظمًا فعَّالة ذات كفاءة تدبر المخاطر وللمراقبة الداخليَّة؛ (هـ) اتخاذ تدابير تصحيحيَّة، عند الاقتضاء، في حال عدم الامتثال للاشتراطات المقررة في هذه الفقرة. (3) تتخذ كل دولة طرف ما قد يلزم من تدابير مدنيَّة وإداريَّة؛ وَفْقًا للمبادئ الأساسيَّة لقانونها الداخلي؛ للمحافظة على سلامة دفاتر المحاسبة، أو السجلات، أو البيانات الماليَّة، أو المستندات الأخرى ذات الصِّلة بالنفقات والإيرادات العُمُوميَّة، ولمنع تزوير تلك المستندات. وما يخص «الشفافيَّة في الإدارة العامَّة» (المادَّة 10)[1]. وما يتعلق بمدونات قواعد السلوك في المادَّة 8[2].

تدعم هذه التدابير وتعزز نظام مشتريات قويًّا، وتثبت أنه مكوّن مؤثر في نظام مكافحة الفساد. وعلى الرغم من وجود اللوائح التنظيميَّة التي يتم تحديثها باستمرار، ما يزال الفساد ينشأ بأشكال مختلفة في كل مرحلة من مراحل عمليَّة الشراء. وإن ما يقرب من ثلثي قضايا الرِّشْوَة الأجنبيَّة التي أُجريت دراستها، حدثت في قطاعات مرتبطة ارتباطًا وثيقًا بالعقود، أو لتراخيص، من خلال المشتريات العامَّة: الاستخراج، والبناء، والنقل، والتخزين، وقطاعات المعلومات والاتصالات[3].

---

(1) المرجع السابق.

(2) المرجع السابق.

(3) OECD, Foreign Bribery Report (2014), http://dx.doi.org/10.1787/9789264226616-en.

سواء كانت اتفاقيَّة المشتريات الحكوميَّة لمنظَّمة التِّجارة العالميَّة(GPA) (1) أو الأونسيترال(2)، فإن أنواعًا مختلفة من ممارسات الفساد قد تستغل نقاط الضعف فيهما، مثل الاختلاس، أو التأثير غير المبرر في تقييم الاحتياجات، أو رِشْوَة الموظَّفين العُموميِّين المشاركين في عمليَّة المنح، أو الاحتيال في تقييمات العطاءات، أو الفواتير، أو التزامات العقد.

وتجدر الإشارة، إلى أن النسخة المنقَّحة من القانون النموذجي لمنظَّمة التِّجارة العالميَّة Model WTO GPA law، اعتمدت في 2012، ودخلت حيز التنفيذ منذ 2014. وينطبق هذا القانون فقط على العقود الكبيرة التي تتجاوز قيم العتبة المحددة؛ ويُعرف بالاتفاقيَّة متعددة الأطراف التي وقعتها غالبية الدول، ولكن ليس بأية حال من الأحوال جميع أعضاء منظَّمة التِّجارة العالميَّة. وتحدد الاتفاقيَّة الحد الأدنى من متطلبات منح العقود الشفَّافة وغير التمييزيَّة، وتوفر الحماية بموجب قانون المشتريات. في حين تم وضع قانون الأونسيترال النموذجي للمشتريات العامَّة مع دليله المصاحب؛ لتشجيع الدول التي ترغب في وضع قواعد مشتريات عامَّة جديدة، أو إصلاح القواعد القائمة.

يصيب الفساد عمليَّة إعداد الميزانيَّة، واستجلاب العروض، ومنحها. وتشمل الممارسات الفاسدة الأخرى الإبلاغ الكاذب عن تلف المُعدات؛ من أجل خلق فائض من المعروض يمكن استخدامه لأغراض الفساد، أو وضع مِيزانيَّات عالية مصطنعة، تمكِّن من سرقة أو تحويل المخصصات الزائدة. ومن الأمثلة الأخرى قبول العروض المتأخرة، أو رفض العروض المشروعة(3)؛ وبالتالي يمكن ملاحظة أن قانون المشتريات هو عامل رئيسي في خلق بيئة صحيَّة خالية من الفساد.

البيئة التنظيميَّة (المستوى الوطني)

على المستوى الوطني، يتم تنظيم مسائل مكافحة الفساد إما صراحةً في قانون مستقل، كما هي الحال في قوانين مكافحة الفساد في الولايات المتحدة(4)، وقانون منع الفساد في دولة

(1) *Peter Schäfer, Public Procurement – European and International Law Governing Public Procurement, BDI (2016), https://english.bdi.eu/article/news/public-procurement-european-and-internationallaw-governing-public-procurement/.*

(2) المرجع السابق.

(3) Jason P. Matechak, Fighting Corruption in Public Procurement-Center for International Private Enterprise, 26.01.2015.

(4) The United States promulgated the Anti-Corruption Act; the text of the law is available at:

بليز[1]، وإنشاء الهيئة العامَّة لمكافحة الفساد والأحكام الخاصَّة بالكشف عن الذمَّة الماليَّة في عام 2016 في الكويت[2]، وإصدار قانون معدل ومتمم رقم 06-01 عن الوقاية من الفساد ومكافحته في الجزائر[3] في 20 فبراير 2006، وإصدار تعديل لقانون منع الفساد عام 2013 في الهند[4]، وإصدار قانون مكافحة الفساد في القطاع العامّ وإنشاء الهيئة الوطنيَّة لمكافحة الفساد عام 2020 في لبنان[5]، وصدور قانون مكافحة الفساد عام 2005 في فلسطين[6]، وقانون مكافحة الفساد والجرائم الاقتصاديَّة رقم 3 لعام 2003 في كينيا[7]، الذي نشر في الجريدة الرسميَّة في 11 إبريل/ نيسان 2008.

ما سبق يعني أن عناوين القوانين تتضمن صراحةً كلمة فساد، أو يمكن التعامل مع مثل هذه الأمور عبر قوانين مختلفة، والتي بدورها إما أن تذكر كلمة الفساد صراحةً في نصوصها، أو تنص على أشكال من جرائم الفساد.

وتشمل تلك القوانين قوانين العقوبات، وقوانين غسيل الأموال، وأعمال مكافحة الرِّشْوَة. وسيتم عرض أمثلة على السيناريوهات القانونيَّة المختلفة.

Represent.Us, The American Anti-Corruption Act Constitutionality (2013), *available at* https://web.archive.org/web/20190614214447/https://s3.amazonaws.com/s3.unitedrepublic.org/docs/AACA_Constitutionality.pdf.

(1) The Belize Prevention of Corruption Act (2007), *available at* https://publicofficialsfinancialdisclosure.worldbank.org/sites/fdl/files/assets/law-library-files/Belize_Anti-Corruption%20Law_2007_en.pdf.

(2) The Kuwait Anti-Corruption Authority Establishment and Financial Disclosure Provisions Law (2016), *available at* http://nazaha.ps/wp-content/uploads/2019/01/ قانون-مكافحة- الفساد-الكويتي.pdf.

(3) Algeria Anti-Corruption Legislation, Law No. 06-01 of 21 on the Prevention and the Fight Against Corruption (Feb. 20, 2006).

(4) The India Corruption Act 1988 (and as amended 2003), *available at* http://legislative.gov.in/sites/default/files/A1988-49.pdf (1988) and https://www.prsindia.org/sites/default/files/bill_files/1376983957~~PCA_Bill_2013_0.pdf (2013).

(5) The Lebanon Anti-Corruption Law in Public Sector (2019), *available at* https://www.lp.gov.lb/backoffice/uploads/files/1-%20قانون %20مكافحة %20الفساد %20وإنشاء% الهيئة%20 الوطنية%20 لمكافحة%20الفساد.pdf.

(6) Palestine Anti-Corruption Law (2005), *available at* https://www.aman-palestine.org/reports-and-studies/8645.html.

(7) Kenya Anti-Corruption and Economic Crimes Act 2003, Act no. 3 of 2003, The Kenya Gazette, Apr. 11, 2008, 756-70.

القوانين والأنظمة الصريحة

إنها القوانين التي تركز بالكامل على مكافحة الفساد وتحتوي عناوينها على كلمة فساد. عندما يتم تنظيم الفساد تنظيمًا صريحًا في قانون قائم بذاته. تلك القوانين توفر إطارًا لمجموعة واسعة من التدابير الوقائيَّة، وتدابير الإنفاذ أيضًا، وفي بعض الحالات تكون إطارًا لإنشاء وكالات خاصَّة لمكافحة الفساد.

وغالبًا ما توفر القوانين حماية للمبلغين عن المخالفات، وتتطلب من الموظَّفين العُمُوميِّين الكشف عن دخولهم وممتلكاتهم. وبصرف النظر عن تعريف وحظر الأشكال المختلفة للفساد، في العادة تحدد تشريعات مكافحة الفساد قواعد أدلة محددة يمكن استخدامها لتسهيل التحقيق والضغط على تُهم الفساد، وتحدد صلاحيَّات المؤسسات والمسؤولين عن تنفيذ قانون مكافحة الفساد[1].

يشمل قانون منع الفساد لعام 1988، الذي أُقر في الهند، جرائمَ مثل: الرِّشْوَة، وسوء السلوك الإجرامي (بما في ذلك تكديس الأُصول غير المتناسبة) من قِبَل موظف عام، ويفرض عقوبات حكوميَّة مُسْبَقَة للمقاضاة. في عام 2011، صدَّقتِ الهند على اتفاقيَّة الأمم المتحدة لعام 2005 لمكافحة الفساد (UNCAC) ووافقت على مواءمة قوانينها المحليَّة معها.

وتعد اتفاقيَّة مكافحة الفساد تقديم الرِّشْوَة وأخذها، والإثراء غير المشروع، وحيازة أُصول غير متناسبة من قِبَل موظف عُمُومي، على أنها جرائم، وتعالج رِشْوَة الموظَّفين العُمُوميِّين الأجانب، والرِّشْوَة في القطاع الخاص.

في أغسطس/ آب 2013، تم تقديم مشروع قانون منع الفساد (المعدل) لعام 2013 إلى البرلمان الهندي لتعديل قانون 1988. وتنص «الأسباب الموجبة» الخاصَّة بمشروع القانون على أنها مواءمة مع اتفاقيَّة الأمم المتحدة لمكافحة الفساد[2].

أما القانون الأمريكي لمكافحة الفساد فيضع إطارًا لقوانين المدينة، والولاية، والقوانين الفيدراليَّة، لإصلاح النظام السياسي المعطل. ويعيد تشكيل قواعد السياسة الأمريكيَّة تشكيلًا أساسيًّا، ويعيد تنصيب دور الناس على أنهم أصحاب المصلحة الأهم في النظام السياسي.

---

(1) U4 Anti-Corruption Resource Center, International Good Practice in Anti-corruption Legislation (2010), *available at* https://www.u4.no/publications/international-good-practice-in-anti-corruption-legislation/.

(2) The Prevention of Corruption (Amendment) Bill (2013), *available at* https://www.prsindia.org/sites/default/files/bill_files/1376983957~~PCA_Bill_2013_0.pdf.

ويحتوي القانون على ثلاثة أهداف أساسيَّة: «أولًا، وقف الرِّشْوَة السياسيَّة بحيث لا يمكن للمصالح الخاصَّة استخدام عروض العمل والتبرعات للتأثير على السياسيِّين؛ ثانيًا، إنهاء استخدام الأموال السريَّة؛ كي يعرف الناس من يشتري السُّلطة السياسيَّة؛ ثالثًا، إصلاح الانتخابات الأمريكيَّة ليكون الشعب وليس المؤسسة السياسيَّة، هو المسيطر»[1].

القوانين والأنظمة الضمنيَّة

في العديد من البلدان، تنظم أحكام القانون المدني والجنائي الجرائم المتعلقة بالفساد من خلال تضمين تعريف لتلك الجرائم، ووضع أحكام الإنفاذ لها. وتتكون عادة من قائمة من الممارسات والسلوكيَّات التي تُعد غير قانونيَّة، وتنص على عقوبات وغرامات مناسبة، والتي يجب أن تكون بمثابة رادع لمسؤولين الذين قد يكونون فاسدين بدورهم[2]. وتشمل تلك الممارسات: الرِّشْوَة، والمحسوبيَّة، وتضارب المصالح، أو المحاباة في منح العقود، أو تقديم المزايا الحكوميَّة.

ونظرًا لأن المجرمين يجدون طرقًا أكثر إبداعًا للإثراء والالتفاف على القانون، تُفضل بعض البلدان وضع معيار عام يجرِّم على نطاق واسع «إساءة استخدام الوظيفة العامَّة لتحقيق مكاسب خاصَّة».

المثال الحاليُّ على كيفية تنظيم الفساد في القانون الجنائيِّ هو قانون العقوبات القَطَري رقم 11 لسنة 2004 المعدَّل بالقانون رقم 2 لسنة 2020، والذي ينظم أشكال الفساد مثل الرِّشْوَة، وتم تحديثه مع تجريم الرِّشْوَة الأجنبيَّة، بما يلي:

«الموظف الأجنبي الذي يعمل في مؤسسة عامَّة، أو في منظَّمة دوليَّة في الدولة، يُعاقب بالسجن لمدة أقصاها عشر سنوات وغرامة تبلغ ضعف الرِّشْوَة، في حال قَبِل الرِّشْوَة، أو ارتكب الجريمة لتسهيل التِّجارة الدوليَّة. علاوةً على ذلك، يُعفى الشخص الذي يُعطي رِشْوَة من العقوبة إذا أبلغ السُّلطات قبل إجراء التحقيق»[3].

بالإضافة إلى ذلك، تؤكد التعديلات الجديدة على معاقبة إساءة استخدام السُّلطة والنفوذ من قبل الموظَّفين الرسميِّين. وقد تم توسيع نطاق قانون العقوبات ليشمل أي جرائم ترتكب

---

(1) Represent.Us, مرجع سابق.

(2) U4 Anti-Corruption Resource Center, مرجع سابق.

(3) Law no. 2 of 2020, introducing some amendments to the Penal Code no. 11 of 2004 (Qatar).

خارج قَطَر، إذا كانت تلك الجرائم موجهة ضد أمن الدولة الداخلي أو الخارجي، أو إذا كانت جرائم تتعلق بالرِّشْوَة، أو اختلاس الأموال العامَّة، أو تزييف العملات أو المستندات الرسميَّة، أو الطوابع، أو تداول أي عملات مزوَّرة.

هناك آليَّة جديدة أخرى نشأت في القانون الجنائي في المملكة المتحدة وهي نظام الثروة غير المبرر (UWO)، والذي يمكن الرجوع إليه فيما يتعلق بأي ممتلكات تقدر قيمتها بأكثر من 50.000 جنيه إسترليني، أينما كانت موجودة في العالم، إذا اقتنعت المحكمة بأن هناك سببًا معقولًا للاعتقاد وأسبابًا معقولة للاشتباه، في أن الشخص لن يتمكن من الحصول على تلك الممتلكات من دخله الذي يحصل عليه ضمن القانون من مصادر معروفة. وما إن يصدر الأمر بالمساءلة، يُمنح الشخص فترة زمنيَّة محدودة للرد. ويمكن الاستناد إلى عدم الرد في إجراءات الاسترداد المدني بموجب قانون عائدات الجريمة لعام 2002، ويقع على الشخص عبء بيِّنة إثبات أن الممتلكات ليست عائدات جريمة، بدلًا من مطالبة الدولة بإثبات ذلك.

بغض النظر عما إذا كانت إجراءات الاسترداد المدني قد بدأت، يمكن استخدام الرد لإبلاغ إدارات التحقيق الأخرى، بما في ذلك التحقيقات الجنائيَّة[1]. وهذه الآليَّة لديها القدرة على الحدِّ من عدد الممارسات الفاسدة التي تؤدي إلى مكاسبَ ماليَّة. باختصار، يلعب القانون الجنائي دورًا كبيرًا في مكافحة العديد من أشكال الفساد، حتى لو لم يتم الاستشهاد بكلمة «الفساد» مباشرةً.

يُنظم القانون المدني الفساد بطريقة غير مباشرة. ومع حصول الاعتراف بارتكاب جريمة جنائيَّة يتم منح تعويضات مدنيَّة؛ لذلك رغم أن القانون المدني لا ينظم الفساد مباشرةً، لكنه ينص على صلاحية العقد والتعويض عن الأضرار. وتشير الدعاوى المدنيَّة إلى الحاجة إلى بدائل أفضل للاسترداد[2]. يتعامل القانون المدني جزئيًّا مع الإثبات البيِّني وله تأثير على إثبات الفساد. ويتم تقديم الدليل على أساس مبدأ عام للولاء (الإنصاف)؛ ومن ثم يجب

(1) Neil Swift et al., Unexplained Wealth Orders, Peters & Peters (2017), 2017), https://www.petersandpeters.com/expertise/unexplained-wealth-orders/.

(2) Simon N.M. Young, Why Civil Actions Against Corruption? 16 J. Fin. Crim. 144, 144-159 (2009).

الحصول عليه وإنتاجه بطريقة عادلة. في سياق الفساد، تم توسيع تفسير هذه القاعدة[1]؛ لذلك، لا توجد في فرنسا، على سبيل المثال، قواعد في القانون المدني بشأن الفساد، ولكن وَفْقًا لقانون الإجراءات الجنائيَّة، يمكن للضحيَّة أن تحصل على تعويض مدني من محكمة القانون الجنائي بشروط معيَّنة.

يعتمد توفير سبل الانتصاف بموجب القانون المدني على القرار الذي تم التوصل إليه بموجب القانون الجنائي. والمطلوب من القانون المدني تعويض الأشخاص الذين أُصيبوا بأضرار نتيجة الفساد. وتستخدم قوانين غسيل الأموال للكشف عن جذور الفساد، بغض النظر عن شكله، أينما كان هناك فعل من أفعال الفساد الكبرى، يتم دائمًا غسيل العائدات لإخفاء مصدرها غير المشروع.

وتوضح وحدة البنك الدولي فيما يتعلق بالمفاهيم والتطبيقات العمليَّة للفساد وغسيل الأموال، أن «الفساد = مكاسب ماليَّة + منافع أخرى»؛ وبالتالي، فإن أعمال الفساد على النحو المحدد في اتفاقيَّة الأمم المتحدة لمكافحة الفساد، والسلوك الذي يهدف إلى إخفاء المصدر غير القانوني لهذه المكاسب ترتبط فيما بينها ارتباطًا جوهريًّا[2].

ومن الأمثلة التي توضح كيف تساعد قوانين غسل الأموال في مكافحة الفساد، القانون القَطَريّ رقم 20 لسنة 2019 بشأن «مكافحة غسيل الأموال وتمويل الإرهاب». يوضح هذا المثال كيف تتشابك قوانين مكافحة غسل الأموال مع جهود مكافحة الفساد، وكيف تكمل الأداتان بعضهما بعضًا. فالمادَّة 30 من القانون رقم 20 تشير إلى التنسيق مع هيئات مكافحة الفساد المختصَّة محليًّا ودوليًّا موضحة أن: «التنسيق مع هيئة الرقابة الإداريَّة والشفافيَّة في تنفيذ اتفاقيَّة الأمم المتحدة لمكافحة الفساد». ويحدد الفصل الثامن عن «الشفافيَّة والأشخاص المعنويَّة والترتيبات القانونيَّة»، المبادئ التي يجب احترامها من أجل تجنب الممارسات الفاسدة[3].

---

(1) Béatrice Jaluzot & Michaela Meiselles, Civil Law Consequences of Corruption and Bribery in FRANCE 225-38 (2009).

(2) World Bank, *Module 1: Corruption and Money Laundering: Concepts and Practical Applications*, http://pubdocs.worldbank.org/en/887011427730119189/AMLModule-1.pdf p.7-9 (last visited Nov. 4, 2019).

(3) Law no. 20 of 2019 on Combating Money Laundering and Terrorism Financing (Qatar), *available at* http://www.qfcra.com/en-us/whatwedo/AntiMoneyLaundering/Documents/Ref%201.%20AML%20CFT%20Law-Final%20-%20ENG.pdf.

قوانين غسل الأموال هي خط دفاع آخر لمنع مرتكبي الفساد من الإفلات من العقاب؛ إذ يختار معظم المجرمين إخفاء وغسل عائدات أعمالهم وممارساتهم الفاسدة. ويمكن أن تساعد إضافة طبقة دفاعيَّة أخرى في احتواء المشكلة الأكبر (الفساد في حدِّ ذاته)؛ لأن قوانين غسل الأموال تتعامل مع عائدات أعمال الفساد.

أدوات أخرى

من بين الوسائل القانونيَّة المختلفة المستخدمة لمكافحة الفساد، هناك أدوات أخرى محددة تؤدي المُهِمَّة نفسها، وتتمثل بجمعيَّات، ومنصَّات، وشبكات، ومبادرات، وفهارس. وبعيدًا عن كونها قائمة شاملة، فإن هذه الأمثلة هي أمثلة توضيحيَّة لاستراتيجيَّات مختلفة لمكافحة الفساد تم تبنيها دوليًّا.

1. **الرابطة الدوليَّة لسُلطات مكافحة الفساد (IAACA)**: منظَّمة مستقلة غير حكوميَّة وغير سياسيَّة لمكافحة الفساد، وتتألف من المؤسسات المسؤولة عن التحقيق، والملاحقة القضائيَّة، والوقاية من الفساد، في جميع أنحاء العالم. إنها المظلَّة التي تحتضن وكالات مكافحة الفساد (ACAs) في العالم.

تشارك أكثر من 140 دولة ومنطقة في الرابطة من خلال العضويَّة التنظيميَّة والفرديَّة. وقد تأسست رسميًّا بعد اجتماع عُقد في مكاتب الأمم المتحدة في فيينا، النمسا، في إبريل/ نيسان 2006. وتسلَّمت قطر رئاستها في عام 2015[1].

2. **المبادرة الأكاديميَّة لمكافحة الفساد (ACAD)**: تأسست في عام 2011 من قِبَل مكتب الأمم المتحدة المعني بالمخدرات والجريمة، وهي مقر مركزي للتثقيف في مجال مكافحة الفساد في جميع أنحاء العالم. يهدف هذا المشروع التعاوني إلى تعزيز التدريس والبحث في قضايا مكافحة الفساد من قِبَل مؤسسات التعليم العالي المستوى. ويجمع الأساتذة على المستوى العالمي والإقليمي، ويعزز التواصل، ويقدم موارد مجانيَّة عبر الإنترنت. وتشمل، في عدد من اللغات، مقالات أكاديميَّة، وأوراقًا ومنشوراتٍ تغطي مجموعة واسعة من مواضيع وقضايا مكافحة الفساد. وطورت الأكاديميَّة دورة جامعيَّة نموذجيَّة متعددة التخصصات مكونة من ثلاثة أرصدة جامعيَّة تركز على اتفاقيَّة الأمم المتحدة لمكافحة الفساد.

---

(1) International Association of Anti-Corruption Authorities [IAACA], https://www.linkedin.com/company/iaacanet (last visited Dec. 18, 2019).

وتُقدّم الدورة بجميع اللغات الرسميَّة المعتمدة لدى الأمم المتحدة، ويمكن تدريسها لتكون جزءًا من شهادة في القانون، أو الأعمال، أو العلوم الاجتماعيَّة، أو مُكمِّلًا لها[1]. وقد أُنشِئت نسخة عربيَّة من المبادرة الأكاديميَّة لمكافحة الفساد (ACAD) تغطي البلدان العربيَّة، وتؤدي واجبات مماثلة.

3. **الأكاديميَّة الدوليَّة لمكافحة الفساد (IACA)**: أطلقها كل من: مكتب الأمم المتحدة المعني بالمخدرات والجريمة (UNODC)، والإنتربول، والمكتب الأوروبي لمكافحة الاحتيال (OLAF)، وجمهوريَّة النمسا، وأصحاب المصلحة الآخرون. وهي منظَّمة دوليَّة ومؤسسة تعليميَّة لما بعد الشهادة الثانوية، ومقرها لوكسمبورغ. وتقدِّم الأكاديميَّة على أنها مركز امتياز دولي مبتكر وشهير عالميًّا، وتمكِّن المهنيِّين الذين يساهمون إلى حدٍّ كبير في مكافحة الفساد العالمي، وأصبحت المؤسسة التعليميَّة الرائدة في هذا المجال. هدفها من خلال التعليم، والبحث، والتعاون، التغلُّب على أوجه القصور الحاليَّة في المعرفة والممارسة في مجال مكافحة الفساد[2].

وتقدِّم الأكاديميَّة درجتي ماجستير، إحداهما الماجستير الدوليَّة في الامتثال لمكافحة الفساد والعمل الجماعي (IMACC)، مصمَّمة خصيصًا لمهن العمل الجماعي المنخرطة في قطاع الأعمال. وتعتمد الأكاديميَّة الدوليَّة لمكافحة الفساد نهجًا دوليًّا فريدًا، يلبي احتياجات مختلف أنحاء العالم والتنوع الإقليمي. إنه منهج متعدد التخصصات؛ مما يضمن أخذ جميع الجوانب الموضوعيَّة للفساد بما في ذلك الجوانب الأكاديميَّة والعمليَّة في الاعتبار بين القطاعات، وربط الممارسين بالباحثين، والقطاع العام بالقطاع الخاص، والأكاديميِّين مع المجتمع المدني. إنه منهج تكاملي، يوفر المعرفة والأدوات العمليَّة المطبقة في أجزاء مختلفة من العالم، ومستدام، ويقدِّم حُلولًا دائمة[3].

4. **المكتب الأوروبي لمكافحة الاحتيال (OLAF)**: إنه الهيئة الوحيدة في الاتحاد الأوروبي، الممولة منه، والمكلفة بالكشف عن الاحتيال والتحقيق فيه ووقفه.

---

(1) *Education,* UNODC, https://www.unodc.org/unodc/en/corruption/education.html (last visited Dec. 18, 2019).

(2) *About Us,* Int'l Anti-Corruption Academy [IACA], https://www.iaca.int/who-weare/about-us/faq.html (last visited Nov. 2, 2019).

(3) المرجع السابق.

تركز هذه الهيئة على تطوير السياسة وإجراء تحقيقات مستقلة في الاحتيال والفساد الذي يشمل أموال الاتحاد الأوروبي، لاستعادة الثقة في مؤسساته. ويتمتع المكتب بصلاحيَّات التحقيق في الأمور المتعلقة بالاحتيال، والفساد، والجرائم الأخرى، التي تؤثر على المصالح الماليَّة للاتحاد الأوروبي ونفقاته.

وفئات الإنفاق الرئيسيَّة هي: الصناديق الهيكليَّة، والسياسة الزراعيَّة، وصناديق التنمية الريفيَّة، والإنفاق المباشر، والمساعدات الخارجيَّة، وبعض عائدات الاتحاد الأوروبي، لا سيما الرسوم الجمركيَّة، والتحقيق في شبهات سوء السلوك الجسيم من قِبَل موظفي الاتحاد الأوروبي وأعضاء مؤسسات الاتحاد الأوروبي.

وقد أثبت المكتب الأوروبي لمكافحة الاحتيال فعَّاليته عبر قصص نجاحه؛ إذ أجرى تحقيقات في مجموعة واسعة من المخالفات، منها: الاختلاس، والمطالبات الاحتياليَّة، وسوء السلوك في إجراءات المشتريات العامَّة، والاحتيال الجمركي[1]. واعتمد المكتب نهجًا فعَّالًا آخرَ تمثل في إجراءات صندوق برنامج هرقل، التي تهدف إلى منع الاحتيال والفساد ومكافحتهما، ومكافحة الأنشطة غير القانونيَّة الأخرى التي تؤثر على المصالح الماليَّة للاتحاد الأوروبي. وتشمل الإجراءات المُؤهِّلة للحصول على التمويل: دعم التحقيق الفني والتشغيلي، وأنشطة التدريب والبحث المختصَّة، التي تنفذ عن طريق المنح والعقود.

5. **شبكة الشركاء الأوروبيِّين ضد الفساد (EPAC)**: أُطلقت في عام 2001 تحت رعاية الرئاسة البلجيكيَّة للاتحاد الأوروبي. وهي شبكة مستقلة غير رسميَّة تضم أكثر من سبعين سُلطة لمكافحة للفساد وهيئة رقابة على الشرطة، من الدول الأعضاء في مجلس أوروبا. وينتمي أعضاء الشبكة إلى أُصول متنوعة، ولديهم أنواع مختلفة من التخصصات، وأشكال قانونيَّة عديدة. والمكتب الأوروبي لمكافحة الاحتيال عضو في الشبكة، في حين أن دولة كوسوفو تتمتع بوضع عضو مراقب.

توفر شبكة الشركاء الأوروبيِّين ضد الفساد وسيلة للممارسين لتبادل الخبرات، وتحديد الفرص، والتعاون عبر الحدود الوطنيَّة في تطوير استراتيجيَّات مشتركة ومعايير مهنيَّة عالية.

---

(1) Eur. Comm'n Reg. 883/2013, OLAF Regulation (Sept. 11, 2013), *available at* https://eur-lex.europa.eu/legal-content/EN/TXT/?uri=CELEX%3A02013R0883-20170101.

6. **استراتيجيَّة مكافحة الفساد لمهنة المحاماة:** مبادرة عالميَّة تعمل على زيادة الوعي بين المهنيِّين القانونيِّين بخصوص أدوات مكافحة الفساد الدوليَّة الحاليَّة، وتزود المحامين بالأدوات والمعرفة اللازمة لتحديد، ومعالجة، وحل التهديدات المحتملة لنزاهة مهنة المحاماة، الناجمة عن الفساد.

ظهر المشروع إلى حيز الوجود من خلال ثلاث هيئات مؤثِّرة ذات صلة بمكافحة الفساد: رابطة المحامين الدوليَّة (IBA)، بالتعاون مع منظَّمة التعاون الاقتصادي والتنمية (OECD)، ومكتب الأمم المتحدة المعني بالمخدرات والجريمة (UNODC). ويقدم المشروع نظرة شاملة حيال طرق إدارة مخاطر الفساد؛ من أجل تلبية مطالب ومتطلبات العملاء، وهو الدور الذي يلعبه المحامون في مكافحة الفساد الدولي، وكيف تنطبق الصكوك الدوليَّة والتشريعات خارج الإقليم على الممارسة القانونيَّة.

من النتائج الرئيسيَّة لهذا المشروع صدور المنشورات التالية: «مخاطر وتهديدات الفساد ومهنة المحاماة»[1]، «الامتثال لمكافحة الفساد والمهن القانونيَّة»، و«منظور العمل»[2]، و«دليل أخلاقيَّات مكافحة الفساد والامتثال للأعمال التجاريَّة»[3].

وصل البرنامج العالمي لمكافحة الفساد من أجل فعَّاليَّة التنمية التابع لبرنامج الأمم المتحدة الإنمائي (PACDE) إلى نهايته في 31 ديسمبر/ كانون الأول 2013[4]، وخلفته المبادرة العالميَّة لمكافحة الفساد (GAIN) التابعة لبرنامج الأمم المتحدة الإنمائي في عام 2014.

7. **المبادرة العالميَّة لمكافحة الفساد (GAIN):** لديها خمسة أهداف رئيسيَّة: دمج حلول مكافحة الفساد في تقديم الخدمات، وتعزيز قدرة الدولة والمؤسسات على تنفيذ اتفاقيَّة مكافحة الفساد ومنع الفساد، والتخفيف من مخاطر الفساد في تمويل المناخ وإدارة الموارد الطبيعيَّة، وتعزيز المشاركة المدنيَّة وتمكين الشباب والنساء

---

(1) OECD, Risks and Threats of Corruption and the Legal Profession (2010).

(2) OECD, Anti-Corruption Compliance and the Legal Profession –The Client Perspective (2013).

(3) OECD, Anti-Corruption Ethics and Compliance Handbook for Business (2013).

(4) UNDP, UNDP Global Thematic Program on Anti-Corruption for Development Effectiveness (PACDE), https://www.undp.org/content/dam/aplaws/publication/en/publications/democratic-governance/dg-publications-for-website/pacde-global-programme-on-anti-corruption/PACDE_brochure_white.pdf (last visited Dec. 4, 2019).

من أجل زيادة الشفافيَّة والمُساءلة على المستويين الوطني والمحلي، وتحسين الإدارة القائمة على النتائج والفعَّاليَّة المؤسسيَّة في مكافحة الفساد.

وتتضمن استراتيجيَّة المبادرة ما يلي:

- توسيع جدول الأعمال السياسي والمعياري لمكافحة الفساد في خُطط التنمية، عبر دمج مكافحة الفساد في تقديم الخدمات والقطاعات الأخرى، مثل تغير المناخ والصناعات الاستخراجيَّة.
- تعزيز قدرات الدولة والمؤسسات (إلى جانب العرض بمكافحة الفساد) لمنع الفساد ومكافحته، والعمل مع الوزارات التنفيذيَّة ومؤسسات الرقابة، بما في ذلك البرلمانيُّون.
- تعزيز المشاركة المدنيَّة والمساءلة الاجتماعيَّة (إلى جانب الطلب بمكافحة الفساد)؛ عبر تمكين الشباب والنساء ومشاركة المجتمع المدني ووسائل الإعلام.
- تحسين الإدارة القائمة على النتائج والفعَّاليَّة المؤسسيَّة؛ من أجل التنفيذ الفعَّال لمبادرات مكافحة الفساد ورصد نتائجها[1].

8. **مبادرة الاتحاد الأوروبي لمكافحة الفساد (EUACI)**: تعد أكبر برنامج دعم للاتحاد الأوروبي في مجال مكافحة الفساد في أوكرانيا، ويتم تمويله وتنفيذه بالتعاون مع وزارة الشؤون الخارجيَّة في الدنمارك، ويعزز الجهود الموجهة لمساعدة حملة مكافحة الفساد في أوكرانيا.

يتمثل الهدف العام للتمويل من الاتحاد الأوروبي والدنمارك بتحسين تنفيذ سياسة مكافحة الفساد؛ وبالتالي المساهمة في نهاية المطاف في الحدِّ من الفساد. يهدف البرنامج إلى تعزيز قدرة مؤسسات مكافحة الفساد المنشأة حديثًا، وتعزيز الرقابة الخارجيَّة على عمليَّة الإصلاح. ويتألف البرنامج من ثلاثة مكوِّنات رئيسيَّة:

1. تعزيز القدرات التشغيليَّة وصنع السياسات لمؤسسات الدولة التي تحاول منع الفساد ومكافحته.
2. تعزيز نظرة البرلمان إلى تنفيذ الإصلاح وقدرته على فحص وتحسين الإطار التشريعي الاستراتيجي.

---

(1) UNDP, UNDP Anti-Corruption Initiative (GAIN) 2014-2017 8 (2015), *available at* https://www.undp.org/content/undp/en/home/librarypage/democratic-governance/anti-corruption/undp-global-anti-corruption-initiative--gain--2014-2017.html.

3. تعزيز قدرات الهيئات المحليَّة والمجتمع المدني ووسائل الإعلام للمساهمة في مكافحة الفساد[1].

9. **مجموعة الدول المناهضة للفساد (GRECO)**: تجسد نهج مجلس أوروبا في مكافحة الفساد، الذي كان متعدد التخصصات دائمًا، ويتألف من ثلاثة عناصر مترابطة: وضع القواعد والمعايير الأوروبيَّة، ومراقبة الامتثال للمعايير، وتوفير سبل بناء القدرات للبلدان والمناطق الفرديَّة، عبر برامج التعاون الفني. وطوَّر مجلس أوروبا عددًا من الأدوات القانونيَّة متعددة الأوجه التي تتناول مسائل مثل: تجريم الفساد في القطاعين العام والخاص، والمسؤوليَّة والتعويض عن الأضرار الناجمة عن الفساد، وسلوك المسؤولين العُمُوميِّين، وتمويل الأحزاب السياسيَّة.

ومن الأمثلة على تلك الأدوات: اتفاقيَّة القانون الجنائي بشأن الفساد (CETS 173)[2] الموقَّعة في عام 1997، واتفاقيَّة القانون المدني بشأن الفساد (CETS 174)[3] الموقَّعة في عام 1999، والمبادئ التوجيهيَّة العشرون لمكافحة الفساد-القرار 24/ 97[4] في عام 1997، والبروتوكول الإضافي لاتفاقيَّة القانون الجنائي بشأن الفساد (CETS 191)[5]، وتوصية بشأن قواعد سلوك الموظَّفين العُمُوميِّين في عام 2000، وتوصية بشأن القواعد المشتركة لمكافحة الفساد في تمويل الأحزاب والحملات الانتخابيَّة رقم R(2000)10[6]. وتهدف تلك الأدوات إلى تحسين قُدرة الدول على مكافحة الفساد محليًّا، وعلى المستوى الدولي. وتتولى مجموعة الدول المناهضة للفساد (GRECO) مراقبة الامتثال للمعايير[7].

---

(1) Eur. Union Anti-Corruption Initiative, *The Primary Goal of EUACI in Ukraine*, https://euaci.eu/who-we-are/about-programme (last visited Dec. 4, 2019).

(2) Criminal Law Convention on Corruption, مرجع سابق.

(3) Civil Law Convention on Corruption, مرجع سابق.

(4) Council of Europe, Comm. of Ministers Res. 97/24 On the Twenty Guiding Principles against Corruption Resolution (1997).

(5) Additional Protocol to the Criminal Law Convention on Corruption, E.S.T 191(May 15, 2003).

(6) Council of Europe, Comm. of Ministers, Rec. No. R (2000) 10 on Codes of Conduct for Public Officials and Recommendation on Common Rules against Corruption in the Funding of Parties and Electoral Campaigns.

(7) *Council of Europe, The Fight against Corruption: A Priority for the Council of Europe*, https://www.coe.int/en/web/greco/about-greco/priority-for-the-coe (last visited Nov. 2, 2019).

10. **مبادرة استرداد الأُصول المسروقة (STAR)**: نتيجة شراكة بين مجموعة البنك الدولي ومكتب الأمم المتحدة المعني بالمخدرات والجريمة، وتدعم الجهود الدوليَّة لإنهاء الملاذات الآمنة للأموال الفاسدة. غالبًا ما يتم غسيل العائدات الماليَّة للفساد في المراكز الماليَّة العالميَّة، وتسبب التدفقات الإجراميَّة استنزافًا للخدمات الاجتماعيَّة وبرامج التنمية الاقتصاديَّة؛ مما يسهم في زيادة إفقار البلدان الفقيرة[1].

تعمل «ستار» مع البلدان النامية والمراكز الماليَّة لمنع غسيل عائدات الفساد، وتسهيل إعادة الأُصول المسروقة بطريقة منهجيَّة، وفي الوقت المناسب. وتوفر منصَّات للحوار والتعاون، وتسهل الاتصال بين مختلف الولايات القضائيَّة المشاركة في استرداد الأُصول، ولديها قاعدة بيانات عامَّة تتعقب جهود سُلطات النيابة العامَّة في أنحاء العالم عند ملاحقتها للأصول المكتسبة من الفساد. ولدى «ستار» قاعدة بيانات لتجميع وتنظيم المعلومات المتعلقة بقضايا الفساد النشط سواء القضايا الجارية، أو تلك التي اكتملت، والتي تنطوي على استرداد الأُصول الدوليَّة[2].

11. **منظَّمة الشاهد العالمي (Global Witness)**: منظَّمة غير حكوميَّة دوليَّة، تأسست في عام 1993 لحماية حقوق الإنسان والبيئة عبر مواجهة الفساد بلا خوف، وتحدي الأنظمة التي تمكِّنه. وتدعو منظَّمة الشاهد العالمي إلى عالم أفضل يتحدى الفساد وتسود فيه المساءلة، حيث يمكن للجميع أن يزدهروا داخل حدود كوكب الأرض، وتتصرف الحكومات من أجل المصلحة العامَّة.

يؤكد العمل الرائد لمنظَّمة الشاهد العالمي على الصِّلة بين الموارد الطبيعيَّة، والصراع، والفساد. وتحقق وتنظم حملات لمنع النزاعات المتعلقة بالموارد والفساد، وما يرتبط بهما من انتهاكات لحقوق الإنسان والبيئة. تهدف المنظَّمة سواء من التحقيقات أو اجتماعات الضغط رفيعة المستوى، إلى المشاركة على كل المستويات بهدف إحداث الفرق وتحقيق التغيير. وكشفت منظَّمة الشاهد العالمي، منذ حملتها الأولى لإغلاق صناعة قطع الأخشاب غير القانونيَّة للخمير الحمر في كمبوديا، الحقيقة حول الألماس الدموي (Blood diamonds)،

---

(1) Jean-Pierre Brun and others, Asset Recovery Handbook: A Guide for Practitioners, stolen asset recovery initiative, World Bank, UNODC, 2011.

(2) Stolen Asset Recovery Initiative (StAR), *StAR Asset Recovery Watch Database & Settlements Database*, https://star.worldbank.org/corruption-cases/?db=All (last visited Dec. 4, 2019).

وساعدت في جلب تريليونات من عائدات النفط والغاز والتعدين إلى العلن. وتم تسليط الضوء على عمليّات القتل الوحشيّة المرتكبة بحق أولئك الذين يدافعون عن أراضيهم ضد الاستيلاء القسري من قبل الشركات والحكومات على حدٍّ سواء. وقامت المنظَّمة بحملة من أجل وضع حدٍّ لاستخدام الشركات المجهولة (Anonymous companies)، وأكثر من ذلك بكثير[1].

وترى منظَّمة الشاهد العالمي أن الطريقة الوحيدة لحماية حقوق الناس في الأرض، وتوفر سبل العيش لهم، ونيل الحصة العادلة من ثرواتهم الوطنيّة، تكمن في المطالبة باعتماد شفافيّة تامّة في قطاع الموارد، وضمان إدارة مستدامة وعادلة للموارد، ومنع النظام المالي الدولي من دعم الفساد المرتبط بالموارد[2].

12. **النزاهة الماليّة العالميّة (GFI)**: مؤسسة فكريّة مقرها واشنطن العاصمة، وتنتج تحليلات عالية الجودة عن التدفقات الماليّة غير المشروعة، وتقدم المشورة لحكومات البلدان النامية بشأن حلول السياسات الفعَّالة، وتعزز تدابير الشفافيّة العمليّة في النظام المالي الدولي كوسيلة لتحقيق التنمية والأمن العالميين.

وتركز المؤسسة على عدد من القضايا الأساسيّة المتعلقة بالفساد، مثل: غسيل الأموال، والجرائم الانتقاليّة، والتدفقات الماليّة غير المشروعة، والاحتيال التجاري، والشركات المجهولة، والملاذات الضريبيّة، والسريّة المصرفيّة. وتهدف إلى معالجة الأضرار الناجمة عن تضليل التِّجارة، والجريمة عبر الوطنيّة، والتهرب الضريبي، والفساد[3].

13. **مبادرة المنتدى الاقتصادي العالمي للشراكة ضد الفساد (PACI)**: هي جدول الأعمال العالمي لمكافحة الفساد، تدعم المبادرات الإقليميّة وتسهل المشاريع الصناعيّة للعمل الجماعي.

لقد أخذ المنتدى على عاتقه مسؤوليّة تنكب القيادة علنًا في مكافحة الفساد، وتعزيز التزام الشركات بالنزاهة والقيم والأخلاق، وتوفير ميزة تنافسية للشركات بأن يصبح الخيار المفضل للعملاء والمستهلكين المهتمِّين بالأخلاق. وإن أحد أكبر التحديات التي تواجه حركة

(1) *About Us,* Global Witness, https://www.globalwitness.org/en/about-us/ (last visited Nov. 2, 2019).

(2) Global Witness, Skoll Found., http://skoll.org/organization/global-witness/(last visited Nov. 2, 2019).

(3) *About Us,* Global Financial Integrity, https://gfintegrity.org/about/ (last visited Dec. 4, 2019).

مكافحة الفساد يتمثل بتشجيع العمل الجماعي لإعادة بناء الثقة في الأعمال والمؤسسات. لا يمكن إنكار أن الممارسات الفاسدة تختلف عبر الأنظمة السياسيَّة والصناعيَّة؛ وبناءً على ذلك، تتضمن أنشطة المنتدى أفضل الممارسات الدوليَّة المتميزة التي تعتمد على الحلول وتتطلع إلى المستقبل.

مبادرة المنتدى الاقتصادي العالمي للشراكة ضد الفساد هي المبادرة الأولى لمكافحة الفساد بقيادة رئيس تنفيذي. ومن خلال العمل جنبًا إلى جنب مع المنظَّمات الدوليَّة والأكاديميِّين والمؤسسات الحكوميَّة، تتصدر المبادرة طليعة ممارسات الصناعة لإعادة بناء وتعزيز الثقة بالأعمال والمؤسسات[1].

14. مركز مكافحة الفساد في الكومنولث الإفريقي (CAACC): أُنشِئ في بوتسوانا في عام 2013؛ بهدف دعم الدول الأعضاء في مكافحة مخالفات المشتريات، والرِّشْوَة، وغسيل الأموال، والجرائم الماليَّة الأخرى. إنه هيئة تجمع سُلطات مكافحة الفساد من اثنتي عشرة دولة ذات ثروة مشتركة في المنطقة الإفريقيَّة. ويستخدم مركز مكافحة الفساد في الكومنولث الإفريقي سُلطته الجماعيَّة لتعزيز النمو، وتحفيز الاستثمار في اقتصادات أعضائه، من خلال مكافحة النشاط المالي غير المشروع، ويربط بين المسؤولين الحكوميِّين والمهنيِّين والممارسين، ويوفر لهم المساعدة التقنيَّة والقانونيَّة لتقديم حلول مصممة خصيصًا لاحتياجات البلدان الأعضاء[2].

ويوجه المركز جهود مؤسسات القطاع العام، والمشرِّعين، والقُضاة، ووكالات الإنفاذ، في الدول الأعضاء في الكومنولث لتعزيز وحماية سيادة القانون، والحكم الرشيد، والديمقراطيَّة، وحقوق الإنسان. ويساعد في تطوير وتنفيذ استراتيجيَّات مكافحة الفساد بالتعاون مع المجتمع المدني وقطاع الأعمال. وتنبع فعَّاليَّة المركز من نطاقه الواسع، الذي يتراوح بين صياغة التشريعات وضمان حماية صناعات الموارد الطبيعيَّة الجديدة والناشئة

---

(1) PACI Vanguard, Partnering Against Corruption Initiative (PACI) (2018), *available at* http://www3.weforum.org/docs/WEF_PACI_Vanguard.pdf.

(2) Andrew Maramwidze et al., *By Fighting Illicit Financial Activity, the Commonwealth Africa Anti-Corruption Centre Aims to Promote Growth and Stimulate Investment in Its Members' Economies*, AACA (Jun. 1, 2018), https://www.accaglobal.com/my/en/member/member/accounting-business/2018/06/insights/commonwealthafrica.html.

من إساءة الاستخدام؛ وصولًا إلى دعم نزاهة الرياضة من خلال مساعدة البلدان على القضاء على الرِّشْوَة والتلاعب بنتائج المباريات[1].

هناك عدد من أدوات مكافحة الفساد التي تنتج نتائجَ قابلة للقياس، مثل: المؤشرات، والإحصاءات، والمقاييس، ويجب أن تكون قادرة على إظهار ما يحدث على أرض الواقع. وينتقد بعض الناس مثل تلك الأدوات؛ لأنها تستند إلى حد كبير على الآراء، والتي قد لا تكون محايدة. ويعتقد بعضهم الآخر أن بإمكان طرق القياس تزويد التشريعيِّين والإصلاحيِّين بالإرشادات فيما يتعلق بالتغييرات التي يجب إجراؤها.

فيما يلي أمثلة على تلك الأدوات، التي تشمل: مؤشر مدركات الفساد (CPI)، ومقياس الفساد العالمي (GCB)، ومقياس التحكم في حوكمة الفساد (CC).

1. **مؤشر مدركات الفساد (CPI)**: مؤشر مركَّب يقوم بتجميع البيانات من عدد من المصادر المختلفة، وتوفر تلك المصادر تصورات الخبراء ورجال الأعمال في الدولة، عن مستوى الفساد في القطاع العامِّ[2]. وتم تعريف مؤشر مدركات الفساد بحسب قاموس كمبريدج بأنه قائمة بدول العالم، توضح مقدار الفساد الذي يعتقد أنه موجود بين المسؤولين الحكوميِّين والسياسيِّين، ويتم نشر القائمة من قِبَل منظَّمة الشفافيَّة الدوليَّة[3].

ويستند مؤشر مدركات الفساد إلى ثلاثة عشر مصدرًا يجمع تقييم الخبراء ومديري الأعمال حول أشكال معيَّنة من السلوك الفاسد في القطاع العامِّ مثل: الرِّشْوَة، وتحويل الأموال العامَّة، واستخدام المناصب العامَّة لمكاسب خاصَّة، والمحسوبيَّات في الخدمة المدنيَّة، والاستيلاء على الدولة[4]. وكلما ارتفعت الدرجة، كانت النتيجة أفضل. يتدرج مقياس مؤشر مدركات الفساد من صفر إلى

---

(1) *The Commonwealth Tackling Corruption*, The Commonwealth, https://thecommonwealth.org/tacklingcorruption (last visited Dec. 4, 2019).

(2) Corruption Perception Index, Honk Kong Ind. Comm'n Against Corruption (2019), https://www.icac.org.hk/en/intl-persp/survey/corruption-perceptionsindex/index.html.

(3) *Corruption Perception Index,* Cambridge Dictionary, https://dictionary.cambridge.org/dictionary/english/corruption-perceptions-index, (last visited Dec. 4, 2019).

(4) Marcos Álvarez-Díaz and others, Corruption Perceptions Index 2017 Statistical Assessment, EU, JRC Technical reports, 2018.

مائة؛ إذ يساوي الصفر أعلى مستوى للفساد المتصوَّر، والمائة تساوي أدنى مستوى للفساد المتصوَّر[1]. وينشر هذا المؤشر نتائجه سنويًّا.

2. **مقياس الفساد العالمي: (GCB)** يوفر معلومات عن تصورات الفساد من قِبَل عامَّة الناس، على عكس مؤشر مدركات الفساد الذي يركز حصريًّا على تصورات النُّخَب (رجال الأعمال والخبراء). تم إنشاؤه من قِبَل منظَّمة الشفافيَّة الدوليَّة أيضًا، ويستطلع جمهورًا أوسعَ، ويتفاعل مباشرة مع الناس ويطلُب منهم مشاركة خبراتهم وآرائهم عن أي مدى يتعيَّن على البلدان أن تذهب في مكافحة الفساد[2].

ويُعد المسح الإحصائي الأكبر في العالم الذي يسأل المواطنين عن تجربتهم الشخصيَّة المباشرة مع الفساد في حياتهم اليوميَّة[3]. وتشمل عينة الأسئلة إذا كانوا قد دفعوا رِشْوَة مقابل خدمات عامَّة ربما حصلوا عليها. وسُئِل المستجيبون عما إذا كان «للفساد تأثير: غير مهم/ مُهِمّ إلى حدٍّ ما/ مُهِمّ جدًّا، على الحياة الشخصيَّة والعائليَّة، وعلى بيئة الأعمال، وعلى الحياة السياسيَّة»[4]. وفي أوروبا وآسيا الوسطى، سُئِل المستجوبون عند قياس مؤشر الفساد العالمي عما إذا كانت أسرتهم قد دفعت رِشْوَة مقابل أيٍّ من الخدمات العامَّة الثمانية[5].

(3) **مقياس التحكم في حوكمة الفساد (CC)**: يُعد واحدًا من ستة مؤشرات للحوكمة العالميَّة (WGI)[6]. ومؤشرات الحوكمة العالميَّة مشروع بحثي طويل الأمد لتطوير مؤشرات الحوكمة عبر البلاد. وتتكون من ستة مؤشرات مركبة واسعة الأبعاد للحوكمة تغطي أكثر من 200 دولة منذ عام 1996: الصوت، والمساءلة، والاستقرار

---

(1) المرجع السابق.

(2) Alexander Hamilton & Craig Hammer, Can We Measure the Power of the Grabbing Hand? A Comparative Analysis of Different Indicators of Corruption 20 (World Bank Econ. Dev. Data Group, Policy Research Working Paper 8299, 2018).

(3) *Global Corruption Barometer: Citizens' Voices from Around the World*, Transparency Int'l (2017), https://www.transparency.org/news/feature/global_corruption_barometer_citizens_voices_from_around_the_world [hereinafter *Global Corruption Index*].

(4) Hamilton & Hammer, مرجع سابق, at 21.

(5) *Global Corruption Index,* مرجع سابق.

(6) *See* Daniel Kaufmann et al., The Worldwide Governance Indicators: Methodology and Analytical Issues 2 (2010).

السياسي، وغياب العنف والإرهاب، وفعَّاليَّة الحكومة، والجودة التنظيميَّة، وسيادة القانون، ومكافحة الفساد. تستند هذه المؤشرات إلى عدة مئات من المتغيرات التي تم الحصول عليها من 31 مصدرًا مختلفًا للبيانات، وتلتقط تصورات الحوكمة كما ذكرها المشاركون في الاستقصاء، والمنظَّمات غير الحكوميَّة، ومقدِّمي المعلومات التجاريَّة، ومنظَّمات القطاع العام، في جميع أنحاء العالم.

ويلتقط مقياس التحكم في حوكمة الفساد التصوُّرات عن مدى ممارسة السُّلطة العامَّة لتحقيق مكاسب خاصَّة، بما في ذلك أشكال الفساد الصغير والكبير، وكذلك «الاستيلاء على الدولة» من قِبَل النُّخَب والمصالح الخاصَّة. ومثلما هي الحال مع مؤشر مدركات الفساد، صفر هو أدنى مرتبة للفساد، ومائة هي أعلى مرتبة. وتمت الإشارة بعبارات عامَّة إلى أداة مُهِمَّة لمكافحة الفساد، هي اتفاقيَّة الأمم المتحدة لمكافحة الفساد (UNCAC).

الفصل الثالث
اتفاقيَّة الأمم المتحدة لمكافحة الفساد (UNCAC)

«إنني سعيد جدًّا لأنه أصبح لدينا الآن صكٌّ جديدٌ لمعالجة هذا الشر على الصعيد العالمي».

كوفي عنان، الأمين العام للأمم المتحدة 1997-2006،

في تصديره لاتفاقيَّة الأمم المتحدة لمكافحة الفساد[1].

تعد اتفاقيَّة الأمم المتحدة لمكافحة الفساد الصك الدولي الوحيد المُلزم قانونًا الذي يتناول الفساد. إنها الأم أو الوصي على جميع قوانين مكافحة الفساد.

في تصدير الاتفاقيَّة المذكورة، أورد الأمين العام للأمم المتحدة في ذلك الوقت، كوفي عنان، ما يلي:

«إن الفساد وباء غادر يترتب عليه نطاق واسع من الآثار الضارَّة في المجتمعات. فهو يقوِّض الديمقراطيَّة وسيادة القانون، ويؤدي إلى ارتكاب انتهاكات لحقوق الإنسان، وتشويه الأسواق، وتدهور نوعيَّة الحياة، ويتيح ازدهار الجريمة المنظَّمة والإرهاب، وغير ذلك من التهديدات لازدهار الأمن البشري. وتوجد هذه الظاهرة الخبيثة في جميع البلدان، كبيرها وصغيرها، غنيها وفقيرها، إلا أن آثارها في العالم النامي أكثر ما تكون تدميرًا. ويُضر الفساد بالفقراء بصورة غير متناسبة، بتحويل الأموال المُعدَّة للتنمية، وتقويض قدرة الحكومة على تقديم الخدمات الأساسيَّة، ويؤدي إلى التحيُّز والظلم، ويثبط الاستثمار الأجنبي والمعونة الأجنبيَّة. والفساد عامل رئيسي في تدهور الأداء الاقتصادي، وعقبة كبرى في طريق التنمية وتخفيف حدَّة الفقر»[2].

وهذا يوضح أهميَّة إصدار صك شامل مثل اتفاقيَّة الأمم المتحدة لمكافحة الفساد. علاوة على ذلك، كان أحد الأهداف الرئيسيَّة لوجود صك ملزم قائم بذاته هو خلق شعور

---

(1) اتفاقيَّة الأمم المتحدة لمكافحة الفساد: ص 4.

(2) اتفاقيَّة الأمم المتحدة لمكافحة الفساد: ص 3.

بالمسؤوليَّة لجميع الأطراف المعنيَّة والهيئات المختصَّة، بغض النظر عن وضعهم القانوني (لأن المنظَّمات غير الحكوميَّة والمجتمع المدني مشاركون أيضًا)، للتعاون والمشاركة في الحدِّ من السلوك الفاسد بأكثر الطرق فعَّاليَّة.

تقدم اتفاقيَّة الأمم المتحدة لمكافحة الفساد خدماتها إلى مختلف أصحاب المصلحة، مثل الأمم المتحدة نفسها، والحكومات الوطنيَّة، والهيئات المستقلة، والقطاعين العام والخاص، والمنظَّمات غير الحكوميَّة، والمجتمع المدني، والمواطنين؛ لذلك فهي تشمل الجميع. وتجدر الإشارة أيضًا إلى أن مكتب الأمم المتحدة المعني بالمخدرات والجريمة (UNODC) يعمل بوصفه أمانة عامَّة لاتفاقيَّة الأمم المتحدة لمكافحة الفساد، وتحديدًا الفرع المعني بالفساد والجريمة الاقتصاديَّة (CEB) في شعبة شؤون المعاهدات (DTA).

إن الصك القانوني الدولي يعد نقطة مرجعية يمكن على أساسها صياغة القوانين. وكما ذكرت اللجنة المخصصة لاتفاقيَّة الأمم المتحدة لمكافحة الفساد في ذلك الوقت:

«تقدم الاتفاقيَّة مجموعة شاملة من المعايير والتدابير والقواعد التي يمكن أن تطبقها جميع الدول من أجل تعزيز نظمها القانونيَّة والتنظيميَّة لمكافحة الفساد»[1].

إن اتفاقيَّة مكافحة الفساد هي أداة شاملة لمكافحة الفساد، تؤكد طبيعة الفساد العابرة للحدود، وتوفر تدابير وقائيَّة وعقابيَّة. وتتبنى الاتفاقيَّة موقفًا مرنًا في صياغة أحكامها؛ إذ إن بعض التدابير تنطوي على التزام لاعتمادها، فترد عبارة «يجب على الدول الأطراف (States Parties shall)» في موادِّها الثالثة والرابعة وبعض بنود مادتها الخامسة؛ ما يعني أنها إلزاميَّة[2]. أما بعض تدابيرها الأخرى، فتحتوي على شروط موصى بها بشدة، أو اختياريَّة، وترد في بعض بنود موادها السابعة والثامنة والرابعة عشرة عبارة «يجب النظر في اعتماد (shall consider adopting)»؛ ما يعني أنها اختياريَّة[3]. (انظر ملحق اتفاقيَّة الأمم المتحدة لمكافحة الفساد).

---

(1) Dimitri Vlassis, United Nations Convention against Corruption overview of its contents and future action, resource material series No.66. p 118.

(2) Where this phrasing “States Parties shall...” means mandatory. UNCAC arts. 3, 4, 5(1)-(4).

(3) Where this phrasing “shall consider adopting…” means Optional. *Id.* arts. 7(2)(3), 8(4)(6), 14(2)(3).

من المُهِمّ أن نُدرك أنه على الرغم من أن اتفاقيَّة الأمم المتحدة لمكافحة الفساد هي صكٌّ ملزم قانونًا، إلا أنها مصنفة على أنها اتفاقيَّة وليست قانونًا. والمثير للدهشة أنه على الرغم من كونها الأداة الدوليَّة الوحيدة المخصصة صراحة لمحاربة الفساد، إلا أنها لا تعرِّف الفساد بحدِّ ذاته. وبدلًا من ذلك، تحدد أعمال الفساد، بما في ذلك الرِّشْوَة، والاختلاس، وغسيل الأموال، والإخفاء، وعرقلة سير العدالة.

وتتكون الاتفاقيَّة من 71 مادة في ثمانية فصول، مع أحكام موضوعيَّة تُبرز مجموعة من الموضوعات المُهِمَّة. وتضمنت الفصول الثمانية ما يلي: الفصل الأول عن «أحكام عامَّة»، الفصل الثاني عن «التدابير الوقائيَّة»، الفصل الثالث يتناول «التجريم وإنفاذ القانون»، الفصل الرابع حول «التعاون الدولي»، الفصل الخامس يخص «استرداد الأُصول»، الفصل السادس عن «المساعدة الفنيَّة وتبادل المعلومات»، الفصل السابع عن «آليات التنفيذ»، والفصل الثامن «أحكام ختاميَّة».

3.1 الفصل 1 من اتفاقيَّة الأمم المتحدة لمكافحة الفساد

يغطي الفصل الأول من اتفاقيَّة الأمم المتحدة لمكافحة الفساد، في موادِّه الأربع، الشروط العامَّة، واستخدام المصطلحات، ونطاق التطبيق، وحماية السيادة. وتبدو المادَّة الأولى بمثابة تلخيص للأحكام العامَّة للاتفاقيَّة، ويتضح من نصها الغرض من إصدار الاتفاقيَّة في ثلاث نقاط رئيسيَّة[1]:

أ. ترويج وتدعيم التدابير الرامية إلى منع ومكافحة الفساد بصورة أكفأ وأنجع.

ب ترويج وتيسير ودعم التعاون الدولي والمساعدة التقنيَّة في مجال منع ومكافحة الفساد، بما في ذلك مجال استرداد الموجودات.

ج. تعزيز النزاهة والمساءلة والإدارة السليمة للشؤون العُمُوميَّة والممتلكات العُمُوميَّة.

ونلاحظ أن هذه المادَّة من الاتفاقيَّة تغطي جميع المستويات ذات الصِّلة بمكافحة الفساد، بدءًا من التدابير القائمة بالفعل، وتعزيزها وضمان فعَّاليتها؛ وصولًا إلى تعزيز التعاون الدولي.

---

(1) المرجع السابق، المادة 1.

يمنع هذا العنصر الأخير عائدات الفساد من عبور الحدود والهرب، ويُحدِث التعاون الدولي فرقًا كبيرًا في تنظيم مثل تلك الحوادث، وتسهيل استرداد الأُصول، وإعادتها إلى أصحابها الشَّرعيِّين؛ لذلك، تؤكد اتفاقيَّة الأمم المتحدة لمكافحة الفساد على تلك المسألة؛ إدراكًا لأهميتها الحيويَّة. ومن الضروري تعزيز ثقافة القيم، وهو الجانب الذي أشارت إليه الاتفاقيَّة عند ذكر مسألتي النزاهة والمساءلة. إن التعريف البسيط للنزاهة يُظهر قيمتها الثمينة، فقد جاء في تعريفها (بحسب قاموس كمبريدج) على أنها صفة الصدق، وامتلاك مبادئ أخلاقيَّة قويَّة مع رفض تغييرها[1]؛ لذا هي صفة ذات قيمة عالية يصعب تغييرها.

تخيل لو كان الجميع ملتزمين بسمات عالميَّة عُليا مثل النزاهة في جميع جوانب الحياة، ونفذوا جميع الواجبات بنزاهة، فماذا ستكون النتيجة؟ وماذا عن تطبيق المساءلة أيضًا؟ وهي المرادف الواضح للمسؤوليَّة. ومع ذلك، إنها أعمق بكثير مما يبدو في سياق مكافحة الفساد. كونك مسؤولًا من ذاتك، فإن استخدام الانضباط الذاتي ضروري لتحسين نفسك، ومع الالتزام بالانضباط الذاتي يصبح المرء أفضل نسخة إنسانيَّة ممكنة في جميع المواجهات. وإذا تحقق ذلك، فمن المؤكد أن الباقي سيتطوَّر بنجاح. وإذا كان لدى الأفراد شعور حقيقي بالنزاهة، وكانوا مسؤولين، فإن الإدارة السليمة في القطاع العامِّ ستأخذ مجراها الطبيعي.

في المادَّة الثانية، اختارت اتفاقيَّة الأمم المتحدة لمكافحة الفساد تعريف المصطلحات الحاسمة التي يجب فهمها في ضوء الاتفاقيَّة. وتحدد اتفاقيَّة الأمم المتحدة لمكافحة الفساد المصطلحات الأساسيَّة، مثل الموظف العُمُومي، والموظَّف العُمُومي الأجنبي، وموظف مُؤسسة دوليَّة عُمُوميَّة، والممتلكات، والعائدات الإجراميَّة، والتجميد أو الحجز، والمصادرة، والجُرم الأصلي، والتسليم المراقب؛ من أجل ضمان فَهْم دقيق لأحكام اتفاقيَّة مكافحة الفساد. ونستعرض ما جاء في المادَّة من مصطلحات والمعاني المقصودة منها:

أ. يقصد بتعبير «**موظف عُمُومي**»:

1. **أي شخص يشغل منصبًا تشريعيًّا أو تنفيذيًّا أو إداريًّا أو قضائيًّا لدى دولة طرف، سواء أكان معيَّنًا أم مُنتخبًا، دائمًا أم مؤقتًا، مدفوع الأجر أم غير مدفوع الأجر، بصرف النظر عن أقدمية ذلك الشخص.**

---

(1) *Integrity*, Cambridge Dictionary, https://dictionary.cambridge.org/dictionary/english/integrity (last visited Dec. 4, 2019).

2. **أي شخص آخر يؤدي وظيفة عُمُوميَّة، بما في ذلك لصالح جهاز عُمُومي أو مُنشأة عُمُوميَّة، أو يقدم خدمة عُمُوميَّة، حسب التعريف الوارد في القانون الداخلي للدولة الطرف وحسب ما هو مطبق في المجال القانوني ذي الصِّلة لدى تلك الدولة الطرف.**

3. **أي شخص آخر معترف بأنه «موظف عُمُومي» في القانون الداخلي للدولة الطرف. بيد أنه لأغراض بعض التدابير المعنيَّة الواردة في الفصل الثاني من هذه الاتفاقيَّة، يجوز أن يُقصد بتعبير «موظف عُمُومي» أي شخص يؤدي وظيفة عُمُوميَّة، أو يقدم خدمة عُمُوميَّة حسب التعريف الوارد في القانون الداخلي للدولة الطرف، وحسب ما هو مطبق في المجال المعني من قانون تلك الدولة الطرف[1].**

ب. يقصد بتعبير «**موظف عُمُومي أجنبي**»:

أي شخص يشغل منصبًا تشريعيًّا أو تنفيذيًّا أو إداريًّا أو قضائيًّا لدى بلد أجنبي، سواء أكان معيَّنًا أو منتخبًا. وأي شخص يمارس وظيفة عُمُوميَّة لصالح بلد أجنبي، بما في ذلك لصالح جهاز عُمُومي أو منشأة عُمُوميَّة[2].

ج. يقصد بتعبير «**موظف مؤسسة دوليَّة عُمُوميَّة**»:

مستخدم مدني دولي، أو أي شخص تأذن له مؤسسة من هذا القبيل بأن يتصرف نيابةً عنها[3].

د. يقصد بتعبير «**الممتلكات**»:

الموجودات بكل أنواعها، سواء كانت ماديَّة أم غير ماديَّة، منقولة أم غير منقولة، ملموسة أم غير ملموسة، والمستندات، أو الصكوك القانونيَّة التي تُثبت ملكيَّة تلك الموجودات أو وجود حق فيها[4].

---

(1) اتفاقيَّة الأمم المتحدة لمكافحة الفساد، المادة 2(a).

(2) المرجع السابق، المادة 2(b).

(3) المرجع السابق، المادة 2(c).

(4) المرجع السابق، المادة 2(d).

هـ. يقصد بتعبير «**العائدات الإجراميَّة**»:

أي ممتلكات متأتية أو مُتحصل عليها، بشكل مباشر أو غير مباشر، من ارتكاب جُرم[1].

ح. يقصد بتعبير «**التجميد**» أو «**الحجز**»:

فرض حظر مؤقت على إحالة الممتلكات، أو تبديلها، أو التصرف فيها، أو نقلها، أو تولي عهدة الممتلكات، أو السيطرة عليها مؤقتًا؛ بناءً على أمر صادر عن محكمة أو سُلطة مختصَّة أخرى[2].

ط. يقصد بتعبير «**المصادرة**»:

التي تشمل التجريد حيثما انطبق، الحرمان الدائم من الممتلكات بأمر صادر عن محكمة، أو سُلطة مختصَّة أخرى[3].

ي. يقصد بتعبير «**الجُرم الأصلي**»:

أي جُرم تأتتْ منه عائدات يمكن أن تصبح موضوعَ جُرم حسب التعريف الوارد في المادَّة 23 من هذه الاتفاقيَّة[4].

ك. يقصد بتعبير «**التسليم المراقب**»:

السماح لشحنات غير مشروعة أو مشبوهة بالخروج من إقليم دولة أو أكثر، أو المرور عبره، أو دخوله بعلم من سُلطاتها المعنيَّة وتحت مراقبتها؛ بغية التحري عن جُرمٍ ما وكشف هُوِيَّة الأشخاص الضالعين في ارتكابه[5].

تُولي اتفاقيَّة مكافحة الفساد قدرًا كبيرًا من الاهتمام للجانب الإجرائي من حالات الفساد. وتشير إلى ذلك في فصلها الأول، لا سيما المادَّة الثالثة، التي تحدد نطاق تطبيق اتفاقيَّة الأمم

(1) المرجع السابق، المادة 2(d).
(2) المرجع السابق، المادة 2(f).
(3) المرجع السابق، المادة 2(g).
(4) المرجع السابق، المادة 2(h).
(5) المرجع السابق، المادة 2(i).

المتحدة لمكافحة الفساد ليشمل جميع عمليَّات التوقيف الإجرائيَّة، بما في ذلك المنع، و لتحقيق، ومقاضاة الفساد، والتجميد، والحجز، والمصادرة، وإعادة عائدات الجرائم.

أما في المادَّة الرابعة من الفصل الأول، فتؤكد اتفاقيَّة الأمم المتحدة لمكافحة الفساد فكرة صون سيادة الدول الأطراف، والامتناع عن التدخل في الشؤون الداخليَّة للدول الأخرى؛ ما يسمح للعدالة بأن تأخذ مجراها الطبيعي في كل بلد، بما يتماشى مع البيئة التنظيميَّة الحاليَّة، ويخلق مساحةً أكبر للطُّرق المبتكرة لدمج أحكام اتفاقيَّة الأمم المتحدة لمكافحة الفساد. ولا يوجد مكان لعمليَّات زرع اصطناعيَّة للممارسات القانونيَّة الأجنبيَّة التي لا تتناسب مع الواقع المحلي على الأرض.

3.2 الفصل 2 من اتفاقيَّة الأمم المتحدة لمكافحة الفساد

بالعودة إلى فكرة التدابير الوقائيَّة (المُسْبَقَة) التي سبق ذكرها، ما الذي يجب فعله قبل حدوث الفساد؟ كيف يمكن الوقاية منه؟ لقد شكلت التدابير الوقائيَّة لمنع وقوع الفساد، محور التركيز الرئيسي للفصل 2، وتستهدف المواد 5–14 من الفصل الثاني من اتفاقيَّة مكافحة الفساد مجموعة من التدابير الوقائيَّة، تغطي جميع المراحل والقطاعات وعددًا من المجالات: العامَّة، والخاصَّة، والقضائيَّة، والنيابة العامَّة، والمجتمع المدني، والأفراد، والمشتريات، وغسل الأموال. بالإضافة إلى ذلك، هناك سياسات وإجراءات وقائيَّة خاصَّة وصلاحيَّات مختصَّة بمراقبة الإجراء بأكمله، مع إضافة أنه ينبغي إجراء تقييم شامل للبيئة التنظيميَّة الحاليَّة للبلد المعني؛ بهدف تحديد مدى ملاءمتها لمنع الفساد ومحاربته.

وتشجع الاتفاقيَّة التعاون مع المنظَّمات الدوليَّة والإقليميَّة؛ من أجل تعزيز وتطوير التدابير، وكل ذلك عملًا بالمادَّة 5. وتتابع اتفاقيَّة الأمم المتحدة لمكافحة الفساد هذا المنطق في المادَّة 6، التي تنص على ضرورة وجود هيئة أو هيئات، للقيام بالمسؤوليَّات المنصوص عليها في المادَّة 5، مع التركيز على تبادل المعرفة والوعي بمكافحة الفساد. وتركز الاتفاقيَّة في المادَّة 7، في تناولها للقطاع العامِّ جنبًا إلى جنب مع تطبيق قيم النزاهة والصدق والمسؤوليَّة، على رأس المال البشري تركيزًا كليًّا، بدءًا من إجراءات التوظيف، ومعايير الاختيار، والتوظيف، والاحتفاظ بالموظَّفين، والتدريب، والتناوب، والأجر الكافي، والترقية، وجداول الأجور العادلة، والتدابير التأديبيَّة، والتقاعد، والأهم من ذلك، آليَّات

إبلاغ السُلطات المختصَّة عن أعمال الفساد. وتنص على وجوب أن يتلقى الموظف العام التدريب المناسب لتعزيز وعيه بمخاطر الفساد. وينطبق الأمر على من يشغلون مناصب عامَّة منتخبة وأحزابًا سياسيَّة أيضًا.

من بين الاستراتيجيَّات الأخرى؛ ومن أجل مضاعفة تأثير تدابير اتفاقيَّة الأمم المتحدة لمكافحة الفساد في القطاع العامّ، يتعين على الدول الأطراف في الاتفاقيَّة إصدار مدونات سلوك للموظفين العُمُوميِّين: «الأداء الصحيح والمشرِّف والسليم للوظائف العُمُوميَّة»، كما هو مذكور في المادَّة 8 في الفصل الثاني[1].

وفي أنظمة المشتريات العامَّة وإدارة الماليَّة العامَّة، تنص الاتفاقيَّة على أن كلتيهما يجب أن يقوما على أساس الشفافيَّة، والمنافسة، والمعايير الموضوعيَّة في صنع القرار. وشرحت الاتفاقيَّة هذا النهج شرحًا أوسع في نص المادَّة 9. وكان غرس ثقافة الشفافيَّة محركًا رئيسيًّا لطموحات اتفاقيَّة الأمم المتحدة لمكافحة الفساد. وهذا مذكور في المادَّة 10، التي تعزز الوصول إلى المعلومات حول عمل الإدارة العامَّة، مثل تنظيمها، وعملها، وعمليَّات صنع القرار، مع إتاحة التقارير الدوريَّة حول مخاطر الفساد للجمهور. وتحث المادَّة 10 كذلك على تبسيط الإجراءات الإداريَّة؛ لتسهيل وصول الجمهور إلى سُلطات صنع القرار المختصَّة، كما هو مذكور في الفقرة (ب) من المادَّة 10.

قد يتوقع المرء أن تُولي اتفاقيَّة مكافحة الفساد اهتمامًا خاصًّا لقطاعي القضاء والادِّعاء؛ لأنهما مؤثران، ومع ذلك يكونان عُرضة للفساد. ونصت الاتفاقيَّة في المادَّة 11 على ضرورة وضع مدونة لقواعد السلوك لأعضاء السُلطة القضائيَّة، وينطبق الأمر نفسه على أجهزة النيابة العامَّة[2].

وبما يتعلق بالقطاع الخاص، تُوصي اتفاقيَّة الأمم المتحدة لمكافحة الفساد بآليات تدقيق لتعزيز الأخلاق والنزاهة والشفافيَّة في القطاع الخاص. وتدعو إلى فرض عقوبات مدنيَّة، أو إداريَّة، أو جنائيَّة على عدم الامتثال لهذه التدابير. ويندرج ذلك كله في المادَّة 12 من الاتفاقيَّة، لا سيما الفقرة 2 (هـ) التي تتناول مفهوم تضارب المصالح؛ إذ يجوز أن تتضمن التدابير الرامية إلى تحقيق تلك الغايات ما يلي:

---

(1) المرجع السابق.

(2) المرجع السابق، المادة 11.

«منع تضارب المصالح بفرض قيود، حسب الاقتضاء ولفترة زمنيَّة معقولة، على ممارسة الموظَّفين العُمُوميِّين السابقين أنشطة مهنيَّة، أو على عمل الموظَّفين العُمُوميِّين في القطاع الخاصِّ بعد استقالتهم أو تقاعدهم، عندما تكون لتلك الأنشطة أو ذلك العمل صلة مباشرة بالوظائف التي تولاها أولئك الموظَّفون العُمُوميون أو أشرفوا عليها أثناء مدة خدمتهم»[1].

من وجهة نظر هيكليَّة، تتناول اتفاقيَّة مكافحة الفساد إنشاء الشركات ومؤسسات القطاع الخاص، وتدعو إلى تحديد هُوِيَّة قانونيَّة واضحة وشفَّافة، وإجراءات تنظيميَّة مناسبة، مثل الإعانات والتراخيص التي تمنحها السُّلطات العامَّة للأنشطة التجاريَّة. ويؤكد كذلك على أهميَّة الدفاتر والسجلات، والكشف عن البيانات الماليَّة، ومعايير المحاسبة والمراجعة؛ من أجل منع السجلات أو المعاملات غير المسجلة في الدفاتر. وتشير المادَّة 12 في فقرتها الرابعة إلى التلاعب الذي يحدث في مجال الضرائب، مع إمكانية حصول الرِّشْوَة المقنعة، على سبيل المثال، «على كل دولة ألا تسمح باقتطاع النفقات التي تمثل رشاوى من الوعاء الضريبي؛ لأن الرشاوى هي من أركان الأفعال المجرمة[2] وَفْقًا للمادتين 15 و16».

في بعض الأحيان، لا يكون للنهج المنهجي نفس التأثير الذي يحدثه المجتمع. في هذه الحالة يجب طرح السؤال: ما الهدف من إصدار قانون أو تصميم سياسة؟ والإجابات البسيطة: تنظيم أشكال معيَّنة من السلوك، وإعطاء حقوق معيَّنة مع حماية تلك الحقوق. ومع ذلك، ماذا لو كان للأشخاص الذين يمارسون الفساد دور فاعل في التفعيل، أو المساهمة، أو المشاركة في القانون وصنع القرار؟ وهذا ما تناولته المادَّة 13 من اتفاقيَّة مكافحة الفساد، وفي فقرتها الأولى تحديدًا، التي تُعرِّف «الشعب» بوضوح على أنه «أفراد وجماعات لا ينتمون إلى القطاع العام، مثل المجتمع الأهلي والمنظَّمات غير الحكوميَّة ومنظَّمات المجتمع المحلي»[3]. وتوضح هذا الأمر توضيحًا أفضل، وتدعو إلى المشاركة الفعَّالة لهؤلاء الأشخاص، سواء في منع الفساد، أو مكافحته، أو زيادة الوعي العامِّ به.

---

(1) المرجع السابق، المادة 12(e).

(2) المرجع السابق، المادة 12(4).

(3) المرجع السابق، المادة 13(1).

وفي فقرات المادَّة 13 الأخرى، نجد أن الاتفاقيَّة تمنح حق وصول الجمهور إلى المعلومات، وتشجع المشاركة في البرامج التعليميَّة المتعلقة بالفساد؛ لذلك أصبح هذا الموضوع جزءًا من المناهج المدرسيَّة والجامعيَّة، وصار الوصول مضمونًا إلى هيئات مكافحة الفساد ذات الصِّلة المذكورة سابقًا في الاتفاقيَّة. وبطبيعة الحال، فإن القيود المفروضة على هذه الحريات موضوعة لتجنب الأطراف السائبة والأنشطة الخارجة عن السيطرة. وتنص المادَّة 13 في الفقرة (د) على هذا الشرط: «احترام وتعزيز وحماية حرية التماس المعلومات المتعلقة بالفساد وتلقيها ونشرها وتعميمها. ويجوز إخضاع تلك الحريَّة لقيود معينة، شريطة أن تقتصر هذه القيود على ما ينص عليه القانون وما هو ضروري: لمراعاة حقوق الآخرين أو سمعتهم، لحماية الأمن الوطني، أو النظام العامِّ، أو لصون صحة الناس، أو أخلاقهم»[1].

وشكَّل غرس ثقافة الشفافيَّة محركًا رئيسيًّا لطموحات اتفاقيَّة الأمم المتحدة لمكافحة الفساد. وذلك مذكور في المادَّة 10، التي تعزز الوصول إلى المعلومات المتعلقة بعمل الإدارة العامَّة، مثل تنظيمها وعملها وعمليَّات صنع القرار فيها، مع إتاحة تقارير دوريَّة عن مخاطر الفساد للجمهور. وتحث المادَّة كذلك على تبسيط الإجراءات الإداريَّة؛ لتسهيل وصول الجمهور إلى السُّلطات المختصَّة بصنع القرار، كما هو مذكور في القسم (ب) من المادَّة 10[2].

من ناحية الوقاية، وهي الجانب الذي نال التركيز الرئيسي في الفصل 2 من اتفاقيَّة الأمم المتحدة لمكافحة الفساد، كان الهدف منها استهداف مجالات اهتمام محددة، مثل الماليَّة العامَّة، والمشتريات، وغسل الأموال. ففي أنظمة المشتريات العامَّة وإدارة الماليَّة العامَّة، تنص الاتفاقيَّة على وجوب أن تتأسس كلتاهما على أسس الشفافيَّة والمنافسة والمعايير الموضوعيَّة في صنع القرار. تم شرح هذا النهج شرحًا أوسع في نص المادَّة 9[3].

وفي مجال الماليَّة العامَّة، يذكر أنه ينبغي اعتماد إجراءات الموازنة الوطنيَّة. في ما يخص مجال المشتريات العامَّة، يجب الإعلان عن إجراءات الشراء وشروط المشاركة وتوزيعها مسبقًا وبطريقة واضحة. بالنسبة لغسيل الأموال وعلاقاته التاريخيَّة بالفساد التي ورد ذكرها مرات عدة في الأقسام السابقة من هذا الكتاب، وقبل ذكر ما تقوله اتفاقيَّة الأمم المتحدة لمكافحة الفساد بشأن غسيل الأموال، يجب تعريفه أولًا كالتالي:

---

(1) المرجع السابق.

(2) المرجع السابق، المادة 10(b).

(3) المرجع السابق، المادة 9.

«غسل الأموال هو معالجة العائدات الإجراميَّة لإخفاء مصدرها غير القانوني. هذه العمليَّة ذات أهميَّة حاسمة؛ لأنها تُمكِّن المجرم من التمتع بهذه الأرباح دون تعريض مصدرها للخطر»[1].

تخصص اتفاقيَّة الأمم المتحدة لمكافحة الفساد تدبيرًا وقائيًّا منفصلًا لغسيل الأموال، نتابع طريقته في فصول أخرى. ويكفي تحديد التدابير الوقائيَّة لتبرير وإثبات وجود غسيل أموال؛ وبالتالي، في المادَّة 14، أشارت الاتفاقيَّة إلى أهميَّة إنشاء نظام قضائي ورقابي شامل لمكافحة غسيل الأموال، مع وجوب أن يكون ذلك النظام قادرًا على اكتشاف ومراقبة حركة النقد والأدوات المناسبة القابلة للتداول عبر الحدود. وتتناول المادَّة 14[2] جميع الفاعلين المعنيِّين، بما في ذلك البنوك والمؤسسات الماليَّة غير المصرفيَّة. وتطالب الاتفاقيَّة المؤسسات الماليَّة ومحوِّلي الأموال، التدقيق في تحويلات الأموال بعناية أكبر، والاحتفاظ بالمعلومات المتعلقة بجميع مراحل سلسلة الدفع.

ويضمن الفصل 2 وضع السياسات والإجراءات الوقائيَّة الفعَّالة وَفْقًا لأحكام اتفاقيَّة الأمم المتحدة لمكافحة الفساد، مع إضافة أنه ينبغي إجراء تقييم شامل للبيئة التنظيميَّة الآنية للبلد المعني؛ بهدف تحديد مدى ملاءمتها لمنع الفساد ومكافحته. بالإضافة إلى ذلك، تشجع التعاون مع المنظَّمات الدوليَّة والإقليميَّة؛ من أجل تعزيز التدابير وتطويرها، وكل ذلك عملًا بالمادَّة 5[3] من الاتفاقيَّة، ويُتبع ذلك منطقيًّا في المادَّة 6[4] التي تنص على ضرورة وجود هيئة أو هيئات للوفاء بالمسؤوليَّات المحددة في المادَّة 5، مع التركيز على تبادل المعرفة والوعي بمكافحة الفساد.

3.3 الفصل 3 من اتفاقيَّة الأمم المتحدة لمكافحة الفساد

يتحول الفصل الثالث من اتفاقيَّة الأمم المتحدة لمكافحة الفساد من أحكام توجيهيَّة

---

(1) *What Is Money Laundering*, FATF, https://www.fatf-gafi.org/faq/moneylaundering/(last visited Nov. 2, 2019).

(2) اتفاقيَّة الأمم المتحدة لمكافحة الفساد، المادة 14.

(3) المرجع السابق، المادة 5.

(4) المرجع السابق، المادة 6.

إلى ميدان التنفيذ: التجريم وإنفاذ القانون. في المواد 15-42، تبدأ الاتفاقيَّة بإدراج الجرائم المتعلقة بالفساد، ثم تقترح آليَّات لإنفاذ القانون والعقوبات، وتنص أخيرًا على مزيدٍ من الحماية من الانتقام الذي قد يرتكبه الفاسدون؛ إذ إنه أمر لا مفر منه في بعض قضايا الفساد. وقبل تفحص القائمة، لا بد من تحديد مصطلحات معينة:

1. الرِّشْوَة:

«المحاولة لجعل شخص ما يؤدي عملًا من أجلك عن طريق منحه أموالًا، أو هدايا، أو أي شيء آخر يريده»[1].

2. الاختلاس:

«جريمة سرقة المال العام»[2].

3. التأثير التجاري:

«الحالة التي يُسيء فيها الشخص استخدام نفوذه على عمليَّة صنع القرار لصالح طرف ثالث (شخص، أو مؤسسة، أو حكومة) مقابل ولائه، أو ماله، أو أي ميزة أخرى ماديَّة، أو غير جوهريَّة، وغير مستحقة»[3].

4. إساءة استخدام الوظائف:

«تحدث إساءة استخدام الوظائف عندما يستخدم الموظف أو صاحب العمل منصبه لأداء عمل غير قانوني، أو فعل ليس لديه/ لديها سُلطة قانونيَّة للقيام به؛ لمتابعة عمل خاص يعود عليه بالكسب، وعادةً ما ينتج عنه منفعة أو ضرر للآخرين. يمكن أن يشكل الفشل في التصرف إساءة استخدام الوظائف أيضًا»[4].

5. الإثراء غير المشروع:

وفقًا لاتفاقيَّة الأمم المتحدة لمكافحة الفساد، إنه «تعمُّد موظف عُمُومي الإثراء غير

---

(1) Bribery, Meaning of bribery, Cambridge Dictionary.
(2) PECULATUS definition & legal meaning, the law dictionary.
(3) Christian, *Trading in Influence*, AALEP (Apr. 2, 2015), http://www.aalep.eu/trading-influence.
(4) *Abuse of Function*, GAIN Integrity, https://www.ganintegrity.com/portal/corruption-dictionary/ (last visited Nov. 4, 2019).

المشروع؛ أي زيادة موجوداته زيادة كبيرة لا يستطيع تعليلها بصورة معقولة قياسًا إلى دخله المشروع»[1].

6. عائدات الجريمة:

تعرفها اتفاقيَّة الأمم المتحدة لمكافحة الفساد على أنها **«أي ممتلكات متأتية، أو مُتحصل عليها، بشكل مباشر، أو غير مباشر، من ارتكاب جُرم»**[2].

7. الإخفاء:

«الكتمان غير المبرر، أو تمويه حقيقة، أو ظرف، أو تأهيل، من قِبَل طرف واحد من طرفي العقد، بدلًا من إبلاغه إلى الطرف الآخر بعدالة وحسن نيَّة. ويقوم الطرف الذي أخفى الحقيقة باستدراج الطرف الآخر إلى تعهد لم يكن ليقوم به لو عرف الحقيقة المخفيَّة»[3]، وذلك بحسب التعريف الوارد في قاموس بلاك القانوني.

8. إعاقة العدالة:

إنها **«عدم الامتثال للنظام القانوني بالتدخل في: (1) إدارة القانون، أو الإجراءات؛ (2) عدم الإفصاح الكامل عن المعلومات أو تزوير البيانات؛ (3) إلحاق الضرر برجل أمن، أو مُحلَّف، أو شاهد»**[4].

ويسرد الفصل 3 من اتفاقيَّة الأمم المتحدة لمحاربة الفساد، في موادِّه (25-15) الجرائم المتعلقة بالفساد، والتي يجب على الدول الأطراف النظر في تجريمها، وهي: (1) رِشْوَة الموظَّفين العُمُوميِّين الوطنيِّين[5]، (2) رِشْوَة الموظَّفين العُمُوميِّين الأجانب وموظفي المؤسسات الدوليَّة العُمُوميَّة[6]، (3) الاختلاس أو الاحتيال أو غير ذلك من

---

(1) اتفاقيَّة الأمم المتحدة لمكافحة الفساد، المادة 20.

(2) المرجع السابق، المادة 2(e).

(3) Black's Law Dictionary (9th ed. 2009).

(4) المرجع السابق (defining obstruction of justice).

(5) اتفاقيَّة الأمم المتحدة لمكافحة الفساد، المادة 15.

(6) المرجع السابق، المادة 16.

عمليَّات تحويل الممتلكات من قِبَل موظف عُمُومي[1]، (4) المتاجرة بالنفوذ[2]، (5) إساءة استغلال الوظائف[3]، (6) الإثراء غير المشروع[4]، (7) الرِّشْوَة في القطاع الخاص[5]، (8) اختلاس الممتلكات في القطاع الخاص[6]، (9) غسل عائدات الجريمة[7]، (10) الإخفاء[8]، (11) إعاقة سير العدالة[9].

ويقترح الفصل 3 آليَّات وعقوبات إنفاذ القانون، مشددًا على «مسؤوليَّة الأشخاص الاعتباريِّين، داعيًا إلى أوسع مسؤوليَّة ممكنة لأن مسؤوليَّة الأشخاص الاعتباريِّين قد تكون جنائيَّة أو مدنيَّة أو إداريَّة»[10]؛ وَفْقًا للمادة 26. وتقيد الاتفاقيَّة أي شخص يحاول الانخراط في أي نوع من ممارسات الفساد عبر التحديد الدقيق لجميع المصطلحات القانونيَّة ذات الصِّلة، دون ترك مجال للمطالبة بالحصانة؛ وبالتالي، يتم تنظيم المصطلحات التالية: المشاركة والشروع[11] (المادَّة 27)، المعرفة والنية والغرض بوصفها عناصرَ للجريمة [12] (المادَّة 28)، قانون التقادم[13] (المادَّة 29)، الملاحقة القضائيَّة والإقرار والعقوبات[14] (المادَّة 30)، الولاية القضائيَّة[15] (المادَّة 42). ويسلط الفصل الثالث الضوء على عقوبات أخرى مثل التجميد والحجز والمصادرة[16] (المادَّة 31).

وكما ذكرنا سابقًا، ترتبط العديد من قضايا الفساد بالانتقام؛ لذلك، تنظم المادَّة 32 حماية

---

(1) المرجع السابق، المادة 17.
(2) المرجع السابق، المادة 18.
(3) المرجع السابق، المادة 19.
(4) المرجع السابق، المادة 20.
(5) المرجع السابق، المادة 21.
(6) المرجع السابق، المادة 22.
(7) المرجع السابق، المادة 23.
(8) المرجع السابق، المادة 24.
(9) المرجع السابق، المادة 25.
(10) المرجع السابق، المادة 26.
(11) المرجع السابق، المادة 27.
(12) المرجع السابق، المادة 28.
(13) المرجع السابق، المادة 29.
(14) المرجع السابق، المادة 30.
(15) المرجع السابق، المادة 42.
(16) المرجع السابق، المادة 31.

الشهود، والخبراء، والضحايا[1]، وتنص المادَّة 33 على حماية المُبلِّغين، المعروفين باسم المُبلِّغين[2] عن المخالفات أيضًا. وتشمل الحماية المقدمة: الحماية الماديَّة وإعادة التوطين؛ من أجل الوقاية من المعاملة غير المبررة، والانتقام المحتمل أو التخويف. إلى جانب تلك الأحكام، تمنح الاتفاقيَة الضحيَّة (المادَّة 35) «الحق في رفع دعوى قضائيَّة ضد المسؤولين عن إحداث ذلك الضرر بغية الحصول على تعويض»[3].

وللتأكد من التطبيق الفعَّال لجميع التدابير المذكورة أعلاه، تشدد الاتفاقيَة في المادَّة 36 على ضرورة وجود سُلطة مؤسسيَّة، ومستقلَّة، ومختصَّة تتمتع بصلاحيَّات إنفاذ القانون[4]؛ ومن أجل الحدِّ من الجرائم المتعلقة بالفساد، فإن الاتفاقيَّة تسلط الضوء على أهميَّة التعاون متعدد القطاعات بين سُلطات إنفاذ القانون[5] (المادَّة 37) والسُّلطات الوطنيَّة[6] (المادَّة 38)، وبين السُّلطات الوطنيَّة والقطاع الخاص[7](المادَّة 39). ويجب أن تعمل كلٌّ من أحكام السريَّة المصرفيَّة والسجلات الجنائيَّة بوصفها وسيلة للمساعدة في الحصول على إدانات للجرائم المتعلقة بالفساد؛ ومن ثم تدعو في المادَّة 40 إلى: «الآليَّات المناسبة المتاحة داخل نظامها القانوني المحلي للتغلب على العقبات التي قد تنشأ عن تطبيق قوانين السريَّة المصرفيَّة»[8].

وتشير الاتفاقيَّة في المادَّة 40 إلى أنه ينبغي إصدار إدانات سابقة لمرتكب الجريمة المزعوم، بغض النظر عن موقعها، المتاحة للاستخدام في الإجراءات الجنائيَّة التي تتناول «جريمة مقررة وَفْقًا لهذه الاتفاقيَّة»[9].

---

(1) المرجع السابق، المادة 32.
(2) المرجع السابق، المادة 33.
(3) المرجع السابق، المادة 35.
(4) المرجع السابق، المادة 36.
(5) المرجع السابق، المادة 37.
(6) المرجع السابق، المادة 38.
(7) المرجع السابق، المادة 39.
(8) المرجع السابق، المادة 40.
(9) المرجع السابق، المادة 41.

3.4 الفصل 4 من اتفاقيَّة الأمم المتحدة لمكافحة الفساد

منذ بداية هذا الكتاب، استعرضنا حالات تصف الفساد وعائداته على أنها متحولة وعابرة للحدود بطبيعتها؛ لذلك، حصل الربط بين الفساد وغسيل الأموال، وقد وضعتِ المنظَّمات العالميَّة التي تكافح الفساد هذه الفكرة في الاعتبار دائمًا، عند إنشاء أي أداة جديدة، أو إصدار سياسات تصحيحيَّة. في الواقع، قبل وجود اتفاقيَّة الأمم المتحدة لمكافحة الفساد، كان الاعتراف بالصِّلة بين الفساد والأنشطة عبر الوطنيَّة (عبر الحدود) متضمنًا في البيانات الرسميَّة لاتفاقيَّة الأمم المتحدة لمكافحة الجريمة المنظَّمة عبر الوطنيَّة، والعديد من هيئات الأمم المتحدة الأخرى؛ لذلك، كان تخصيص فصل كامل في اتفاقيَّة مكافحة الفساد للتعاون الدولي ضروريًّا لتجنب التقصير عندما يتعلق الأمر بالإنفاذ. ويأتي التعاون الدولي في المسائل الجنائيَّة بأشكال عديدة: تسليم المجرمين، ونقل الأشخاص المحكوم عليهم، والمساعدة القانونيَّة المتبادلة، ونقل الإجراءات الجنائيَّة، والتعاون في إنفاذ القانون، والتحقيقات المشتركة، وأساليب التحقيق الخاصَّة.

إذا اختلس موظف عام، أو موظف في القطاع العامِّ، بعض الأموال ونقلها إلى خارج الدولة إلى حساب مصرفي أجنبي، أو اشترى عقارات في بلد آخر، فكيف يمكن استرداد هذه الأُصول المسروقة؟ ما الذي يمكن فعله عندما تترك العائدات المتعلقة بالفساد مصدرها؟ كيف يتعامل الفاسد مع ذلك؟ كيف يمكن لاتفاقيَّة مكافحة الفساد أن تساعد في معالجة المشكلة؟ تتناول المواد (43–50) من الفصل 4 مجموعات متنوعة من القضايا. المادَّة 43 في جزئيها بمثابة دعوة للدول الأطراف «للنظر في مساعدة بعضها بعضًا في التحقيقات والإجراءات المتعلقة بالمسائل المدنيَّة والإداريَّة المتعلقة بالفساد»[1]. ويشير الجزء الأول من المادَّة إلى المسائل المدنيَّة والإداريَّة، بينما يخصص الجزء الثاني للمسائل الجنائيَّة.

من الواضح أن الفساد ليس بالأمر الهين وأن عواقبه الوخيمة تستحق أقسى عقوبة ممكنة؛ لذلك في القسم الثاني من المادَّة 43، تؤكد اتفاقيَّة الأمم المتحدة لمكافحة الفساد على مسألة ازدواجية الجريمة؛ مما يعني: «أن الفعل أو الإغفال عنه يجب أن يعد إجراميًّا

(1) المرجع السابق، المادة 43.

في دولتين، إحداهما هي الدولة التي تحصل فيها محاكمة الجريمة»[1]. هذا يؤثر بدوره على تسليم المجرمين، والذي ينطبق عندما يشكل الفعل المعني جريمة جنائيَّة بموجب قوانين كلٍّ من الدولتين. في هذه الحالة بالذات، تتحقق ازدواجية التجريم، سواء كانت الجرائم تنتمي إلى نفس الفئة في كلا الطرفين، أو حتى إذا كانت من فئة معينة[2].

وتتناول المادَّة 44 من الاتفاقيَّة موضوع تسليم المجرمين. وبحسب قاموس كمبريدج، التسليم هو «فعل إعادة شخص ما للمحاكمة إلى دولة أخرى، حيث تم اتهامه بارتكاب فعل غير قانوني»[3]. وتنظم اتفاقيَّة الأمم المتحدة لمكافحة الفساد تسليم المجرمين تنظيمًا شاملاً، في محاولة منها لإدراج جميع القضايا الممكنة لمنع التهرب، حتى لو نتج عن العديد منها علامات استفهام جَمَّة. ومن بين الحالات التي ارتكبت فيها العديد من الجرائم، وكانت واحدة فقط تتعلق بالمادَّة 44، أو إذا اعتُبرت الجريمة تنطوي على مسألة ماليَّة. وإذا لم تكن هناك معاهدة لتسليم المجرمين بين الطرفين، يبقى من الممكن اعتبار اتفاقيَّة الأمم المتحدة لمكافحة الفساد (المادَّة 44، الفقرة 5) «الأساس القانوني للتسليم فيما يخص أي جُرم تنطبق عليه هذه المادَّة»[4].

بالإضافة إلى ما سبق، تسمح اتفاقيَّة الأمم المتحدة لمكافحة الفساد وَفْقَ المادَّة 45 بـ:

«نقل الأشخاص الذين يُحكم عليهم بعقوبة الحبس، أو بأشكال أخرى من الحرمان من الحريَّة؛ لارتكابهم أفعالًا مجرَّمة وَفْقًا لهذه الاتفاقيَّة، إلى أراضيهم لكي يُكملوا مدة عقوبتهم هناك»[5].

وتشجع اتفاقيَّة الأمم المتحدة لمكافحة الفساد الدول الأطراف على تحقيق ذلك، عبر اتفاقيَّات ثنائيَّة أو متعددة الأطراف. وإذا كانت هناك عدة ولايات قضائيَّة، فيسمح بنقل الإجراءات الجنائيَّة بموجب أحكام الاتفاقيَّة الواردة في المادَّة 47، «بهدف تركيز تلك

---

(1) Van den Wyngaert, Double Criminality as a Requirement to Jurisdiction, in Double Criminality, Studies in International Criminal Law 43-56 (Nils Jareborg ed., 1989).

(2) اتفاقيَّة الأمم المتحدة لمكافحة الفساد، المادة 43.

(3) Extradition, Cambridge Dictionary, https://dictionary.cambridge.org/dictionary/english/extradition (last visited Dec. 4, 2019).

(4) اتفاقيَّة الأمم المتحدة لمكافحة الفساد، المادة 44(5).

(5) المرجع السابق، المادة 45.

الملاحقة، في الحالات التي يعتبر فيها ذلك النقل في صالح حسن سير العدالة، وخصوصًا عندما يتعلق الأمر بعدة ولايات قضائيَّة»[1].

وتعتمد اتفاقيَّة الأمم المتحدة لمكافحة الفساد نهجًا شاملًا في المساعدة المتبادلة. وتشدد على أنه ينبغي إجراؤها على أوسع نطاق ممكن، وتؤكد كذلك أنه ينبغي تقديم هذه المساعدة إلى أقصى حدٍّ في التحقيقات والملاحقات والإجراءات القضائيَّة، وتوضح الأشكال التي قد تتخذها تبعًا للمادة 46 في الفقرة 3: «(أ) الحصول على أدلة أو أقوال أشخاص. (ب) تبليغ المستندات القضائيَّة. (ج) تنفيذ عمليّات التفتيش والحجز والتجميد. (د) فحص الأشياء والمواقع. (هـ) تقديم المعلومات والمواد والأدلة وتقييمات الخبراء. (و) تقديم أُصول المستندات والسجلات ذات الصِّلة، أو نسخ مصدَّقة عنها. (ز) تحديد العائدات الإجراميَّة أو اقتفاء أثرها لأغراض إثباتيَّة. (ح) تيسير مثول الأشخاص طواعية في الدولة الطرف الطالبة. (ط) استبانة عائدات الجريمة وَفْقًا لأحكام الفصل الخامس وتجميدها واقتفاء أثرها. (ي) استرداد الموجودات»[2].

توضح الاتفاقيَّة أيضًا في المادَّة 46، وتحديدًا في بنود الفقرة 15، الجانب الهيكلي لهذه الآليَّة، بما في ذلك بيان ما يجب أن يحتويه طلب المساعدة المتبادلة: «(أ) هُوِيَّة السُّلطة مقدمة الطلب. (ب) موضوع وطبيعة التحقيق، أو الملاحقة أو الإجراء القضائي الذي يتعلق به الطلب، واسم ووظائف السُّلطة التي تتولى التحقيق، أو الملاحقة، أو الإجراء القضائي. (ج) ملخص للوقائع ذات الصِّلة بالموضوع، باستثناء ما يتعلق بالطلبات المقدمة لغرض تبليغ مستندات قضائيَّة. (د) وصف للمساعدة الملتمسة وتفاصيل أي إجراءات معيَّنة تود الدولة الطرف الطالبة اتباعها»[3].

وتسرد أسباب تأجيل ورفض المساعدة المتبادلة، ومن الأمثلة على ذلك: «(1) بسبب تعارضها مع تحقيقات، أو ملاحقات، أو إجراءات قضائيَّة جارية[4] (الفقرة 25 من المادَّة 46). (2) تنفيذ الطلب قد يمس بسيادتها، أو أمنها، أو نظامها العام، أو مصالحها الأساسيَّة الأخرى (الفقرة 21 (ب) من المادَّة 46)»[5].

---

(1) المرجع السابق، المادة 47.

(2) المرجع السابق، المادة 46(3)(a)-(c).

(3) المرجع السابق، المادة 46(15)(a)-(d).

(4) المرجع السابق، المادة (25).

(5) المرجع السابق، المادة 46(21)(b).

من منظور إنفاذ القانون، يمكن لهذه الأحكام إما أن تأخذ اتفاقيَة الأمم المتحدة لمكافحة الفساد إلى مستوى مختلف، أو تبقيها مجرد أوراق غير فعّالة في العالم الحقيقي؛ لذلك، من المُهِمّ إبراز الأحكام بين عناصر التعاون الدولي. وإنفاذ القانون هو: «**التأكد فعلًا من الامتثال لقوانين منطقة ما**»[1]، بحسب قاموس كمبريدج. ويتم تحقيق ذلك باستخدام وسائل مختلفة، مثل المشاركة الفعّالة بالمعلومات، وتبادل الموظّفين وغيرهم من الخبراء، والتعاون المباشر بين وكالات الإنفاذ، وإجراء التحقيقات المشتركة والتحقيقات الخاصّة مع التسليم المراقب[2] (سبق وأوردنا في هذا الفصل تعريفًا لمصطلح التسليم المراقب في الفصل 2 من الاتفاقيَة، وهو: أسلوب السماح للشحنات غير المشروعة، أو المشبوهة بالمرور من أو عبر أو إلى أراضي دولة أو أكثر، بعلم سُلطاتها المختصّة وتحت إشرافها؛ بهدف التحقيق بارتكاب جريمة وتحديد الأشخاص المتورطين في ارتكابها)، ويجري النوعان من التحقيقات المشتركة على أساس كل حالة على حِدَة، مع ضمان الاحترام الكامل لسيادة الدولة الطرف التي يجري التحقيق فيها[3]. وتنص اتفاقيَة مكافحة الفساد على أهميَّة حماية السيادة، في أحكامها العامَّة في الفصل 1 (المادَّة 4).

3.5 الفصل 5 من اتفاقيَة الأمم المتحدة لمكافحة الفساد

يقدم الفصل الخامس إجابة أخرى على السؤال المتعلق بكيفية استرداد الأُصول لمسروقة ونقلها إلى حساب مصرفي أجنبي داخل بلد المنشأ أو عبر الحدود الدوليَّة. وفي لمواد 51–59 من الفصل 5، تنظم اتفاقيَة الأمم المتحدة لمكافحة الفساد استرداد الأُصول (أو الممتلكات) قبل حدوث العمل الفاسد عن طريق الوقاية، وبعد حدوثه، مع ضرورة تسمية الجهات المعنيَّة بهذا الإجراء (سبق وأوردنا في هذا الفصل تعريفًا لمصطلح الممتلكات في الفصل 2 من الاتفاقيَة)[4].

يشدد القسم الوقائي من اتفاقيَة الأمم المتحدة لمكافحة الفساد على ضرورة تعزيز أنظمة التدقيق والإفصاح وَفْقًا للقانون المحلي للدولة الطرف المعنيَّة، وتنص المادَّة 51 في الفقرة

---

(1) *Law Enforcement,* Cambridge Dictionary, https://dictionary.cambridge.org/dictionary/english/law-enforcement (last visited Dec. 4, 2019).

(2) اتفاقيَة الأمم المتحدة لمكافحة الفساد، المادة 2(i).

(3) المرجع السابق، المادة 49.

(4) المرجع السابق، المادة 2(d) (defining property).

1 على إلزام المؤسسات الماليَّة «بأن تتحقق من هُوِيَّة الزبائن وبأن تتخذ خطوات معقولة لتحديد هُوِيَّة المالكين المنتفعين للأموال المودَعة في حسابات عالية القيمة»[1]. علاوة على ذلك، عندما يتم تكليف الأفراد، أو كان قد تم تكليفهم في السابق، بوظائف عامَّة بارزة، يجب زيادة التدقيق. ويمتد هذا ليشمل عائلات الأفراد المعنيِّين والمقربين منهم. في المادَّة 52[2] في الفقرتين 5-6، تدعو الاتفاقيَّة إلى إيجاد أنظمة قويَّة للإقرار المالي تتطلب من الموظَّفين العُمُوميِّين الكشف عن أُصولهم وحساباتهم الماليَّة، بغض النظر عن موقعهم، مع وجوب تطبيق العقوبات في حالة عدم الامتثال. تثبت هذه الإجراءات أن العدالة عمياء تطبق القانون على كل من يخالفه بغض النظر عن أية اعتبارات أخرى.

هناك إجراء آخر اتخذته اتفاقيَّة مكافحة الفساد في الفصل الخامس لمنع غسل الأموال، وهو التنظيم ضد البنوك الوهميَّة. وتُعرِّف مجموعة العمل المالي (FATF)، المنظَّمة الرئيسيَّة التي تقود جهود مكافحة غسل الأموال حول العالم، البنوك الوهميَّة على النحو التالي:

«البنك الوهمي يعني البنك الذي ليس له وجود مادي في الدولة التي تم تأسيسه فيها والترخيص له، وغير منتسب إلى مجموعة ماليَّة منظَّمة تخضع لإشراف موحد فعَّال. الوجود المادي للبنك يعني العقل والإدارة الهادفين الموجودين داخل البلد. أما وجود وكيل محلي أو موظفين من مستوى وظيفي منخفض، فلا يعد وجودًا ماديًّا للبنك»[3].

لا تفوت اتفاقيَّة الأمم المتحدة لمكافحة الفساد أهميَّة مثل هذه الظواهر؛ وبالتالي تطالب الدول الأطراف، ولا سيما هيئاتها التنظيميَّة والرقابية، بحظر إنشاء البنوك الوهميَّة والامتناع عن التعامل معها.

بعد وقوع الضرر، فإن السؤال الذي يجب طرحه: ما الحلول التي تقدمها اتفاقيَّة الأمم المتحدة لمكافحة الفساد؟ الجواب يكمن في نص المادَّة 53 وتدابيرها للاسترداد المباشر للممتلكات؛ أي مصادرتها (سبق وأوردنا في هذا الفصل تعريفًا لمصطلح المصادرة في

---

(1) المرجع السابق، المادة 51(1).

(2) المرجع السابق، المادة (6)-(5)52.

(3) Financial Action Task Force, International Standards on Combating Money Laundering and the Financing of Terrorism & Proliferation – The FATF Recommendations 124 (2019).

الفصل 2 من الاتفاقيَّة). وتمنح الاتفاقيَّة المتضرر ما يلي: «(أ) أن تتخذ ما قد يلزم من تدابير للسماح لدولة طرف أخرى برفع دعوى مدنيَّة[1] أمام محاكمها لتثبيت حق في ممتلكات اكتُسِبت عن طريق ارتكاب فعل مجرَّم وَفْقًا لهذه الاتفاقيَّة، أو لتثبيت ملكيَّة تلك الممتلكات. (ب) أن تتخذ ما قد يلزم من تدابير تأذن لمحاكمها بأن تأمر من ارتكب أفعالًا مجرَّمة وَفْقًا لهذه الاتفاقيَّة بدفع تعويض[2] لدولة طرف أخرى تضررت من تلك الجرائم. (ج) أن تتخذ ما قد يلزم من تدابير تأذن لمحاكمها أو لسُلطاتها المختصَّة، عندما يتعين عليها اتخاذ قرار بشأن المصادرة[3]، بأن تعترف بمطالبة دولة طرف أخرى ممتلكات اكتُسِبت بارتكاب فعل مجرَّم وَفْقًا لهذه الاتفاقيَّة، باعتبارها مالكة شرعيَّة لها»[4].

وإذا كانت الحلول التي تقدمها اتفاقيَّة مكافحة الفساد، كما هو مذكور أعلاه موجودة، فمن المُهِمّ معرفة كيفية تنفيذها، لا سيما إذا كانت الأُصول قد تركت منشأها، فما هي آليَّات إعادتها إلى أصحابها الشَّرعيِّين؟ يَرِدُ الجواب في المادَّة 54 التي تبحث آليَّات استرداد الممتلكات عن طريق المصادرة على أساس التعاون الدولي[5].

ومن شروط ذلك، أن يكون هناك أساس معقول للمصادرة؛ إذ يُسمح للسُّلطات بحظر نقل الممتلكات، أو تبديلها، أو التصرف فيها، أو نقلها مؤقتًا، أو يمكنها أن تتولى مؤقتًا الوصاية على الممتلكات أو السيطرة عليها على أساس أمر مصادرة صادر عن المحكمة، أو عن سُلطة مختصَّة أخرى[6] (سبق وأوردنا في هذا الفصل تعريفًا لمصطلح التجميد أو الحجز في المادَّة 2 من الاتفاقيَّة). قد تؤدي التدابير الإضافيَّة إلى الحفاظ على الممتلكات بمصادرتها، على أساس اعتقال أجنبي أو تهمة جنائيَّة مرتبطة بشراء تلك الممتلكات[7].

هل هذا كافٍ لتنفيذ حلول استرداد الأُصول بالكامل؟ من الواضح تمامًا أن التعاون الدولي أمر حيوي للاسترداد الفعَّال للأُصول، كما تمت الإشارة إليه في الفصل 4. إن التعاون الدولي أمر بالغ الأهميَّة لاستمرار الأمور. وتنظم المادَّة 55 جميع تفاصيل إجراءات التعاون

---

(1) اتفاقيَّة الأمم المتحدة لمكافحة الفساد، المادة 53(a).

(2) المرجع السابق، المادة 53(b).

(3) المرجع السابق، المادة 53(c).

(4) المرجع السابق، المادة 2(g) (defining confiscation).

(5) المرجع السابق، المادة 54.

(6) المرجع السابق، المادة 2(f) (defining “freezing” or “seizure”).

(7) المرجع السابق، المادة 45.

الدولي التي تسهل المصادرة. مثال على أحد هذه التفاصيل يرد ضمن الفقرة (أ)، عن مشاركة المعلومات ذات الصِّلة للتنفيذ، وتشير إلى:

«وصف للممتلكات المراد مصادرتها بما في ذلك مكان الممتلكات وقيمتها المقدرة، حيثما تكون ذات صلة، وبيانًا بالوقائع التي استندت إليها الدولة الطرف الطالبة يكفي لتمكين الدولة الطرف متلقية الطلب من استصدار الأمر في إطار قانونها الداخلي»[1].

وتنص الفقرة 7 من المادَّة 55، على أسباب رفض التعاون، على سبيل المثال عدم وجود أدلة كافية في حينها، أو إذا كانت الممتلكات ذات **قيمة دُنيا**[2] لا يعتد بها. ووفقًا للمادة 56، يُسمح بالتعاون الخاصِّ المشروط في ظروف الكشف عن معلومات عن عائدات الجرائم التي:

«قد تُساعد الدولة الطرف المتلقية في بدء أو إجراء تحقيقات، أو ملاحقات، أو إجراءات قضائيَّة، أو قد تؤدي إلى طلب تلك الدولة الطرف بموجب هذا الفصل من الاتفاقيَّة»[3].

سؤال نهائي مُهِمٌّ يجب طرحه: ماذا يحدث بعد مصادرة الممتلكات؟ أين ينتهي بها الأمر؟ الجواب البسيط: «إعادتها إلى أصحابها الشَّرعيِّين السابقين». ومع ذلك، فإن الإجابة عن هذا السؤال تتناولها بالتفصيل أحكام المادَّة 57 التي تنظم إعادة الأُصول والتصرف فيها، مع ضمان وإضفاء المزيد من الشرعيَّة على جميع الوسائل والجهود[4]. وتطلب اتفاقيَّة الأمم المتحدة لمكافحة الفساد من الدول الأطراف (كما هو مذكور في الفصل 4، المادتين 58 و59)[5] ما يلي: أولاً، ضمان تعاون دولي فعَّال من خلال الاتفاقات الثنائيَّة أو متعددة الأطراف. ثانيًا، إنشاء وحدة استخبارات ماليَّة (FIU) مسؤولة عن تلقي وتحليل ونشر التقارير عن المعاملات الماليَّة المشبوهة[6]، وتبليغ السُلطات المختصَّة بذلك.

---

(1) المرجع السابق، المادة 55(3)(b).
(2) المرجع السابق، المادة 55(7).
(3) المرجع السابق، المادة 56.
(4) المرجع السابق، المادة 57.
(5) المرجع السابق، المادة 59.
(6) المرجع السابق، المادة 58.

3.6 الفصل 6 من اتفاقيَّة الأمم المتحدة لمكافحة الفساد

يجب طرح سؤال مُهِمٍّ هنا: كيف يمكن ضمان أن يكون الشخص المسؤول عن تطبيق كل ما تقدمه اتفاقيَّة مكافحة الفساد قادرًا ومؤهلًا؟ لقد تناولت اتفاقيَّة الأمم المتحدة لمكافحة الفساد هذا الأمر على وجه التحديد؛ لتجنب إهدار النتائج المرجوَّة من هذا النظام العالمي. وتتضمن الاتفاقيَّة أحكامًا معيَّنة (في المواد 60، 61، 62) لضمان تحقيق أقصى إمكانات هذه الدول أو الأفراد. من بين التدابير، تطلب الاتفاقيَّة من الدول الأطراف تطوير برامج تدريب محدَّدة لموظفيها المسؤولين عن منع الفساد ومكافحته[1].

وتؤكد اتفاقيَّة الأمم المتحدة لمكافحة الفساد على جانب المساعدة الفنيَّة، لا سيما لصالح البلدان النامية، في خططها وبرامجها [2] في الفقرة 2 من المادَّة 60؛ وتبرز الحاجة إلى دعم الأنشطة التشغيليَّة والتدريبيَّة في المنظَّمات الدوليَّة والإقليميَّة وَفْقًا للاتفاقات، أو الترتيبات ذات الصِّلة [3] وذلك في الفقرة 3 من المادَّة ذاتها؛ وتشجع الدول الأطراف على تبني نهج طوعي للمساهمة الماليَّة لمكتب الأمم المتحدة المعني بالمخدرات والجريمة والبلدان النامية، والبلدان التي تمر بمرحلة انتقاليَّة؛ من أجل تنفيذ اتفاقيَّة الأمم المتحدة لمكافحة الفساد على أفضل وجه في تلك المناطق.

تكرس اتفاقيَّة الأمم المتحدة لمكافحة الفساد بنودًا لضبط التعاون الدولي من زاوية إدارة المعلومات، في المادَّة 61. وتتعلق هذه المادَّة بجمع، وتبادل، وتحليل المعلومات المتعلقة بالفساد. وتحدد البنود الثلاثة في المادَّة كيفية تحليل المعلومات، مع مراعاة الاتجاهات داخل الإقليم المعني، وإجراء مزيد من التدقيق عليها تبعًا للظروف التي تُرتكب فيها جرائم الفساد[4]. وتركز المادَّة 61 في بندها الثاني على المعلومات المتعلقة بالفساد، مثل الإحصاءات، وتحث على مشاركة الخبرة التحليليَّة بين المنظَّمات الدوليَّة والإقليميَّة. ويهدف ذلك إلى المساعدة في تطوير تعريفات ومعايير ومنهجيات مشتركة، فضلًا عن جمع المعلومات بشأن أفضل الممارسات لمنع الفساد ومكافحته[5].

---

(1) المرجع السابق، المادة (1)60.

(2) المرجع السابق، المادة (2)60.

(3) المرجع السابق، المادة (3)60.

(4) المرجع السابق، المادة (1)61.

(5) المرجع السابق، المادة (2)61.

ونظرًا لحجم الفساد بوصفه مشكلة، ونظرًا لتأثيره السلبي على المجتمع عُمُومًا، لا سيما على التنمية المستدامة، تضع اتفاقيَّة مكافحة الفساد تدابيرَ أخرى لضمان التنفيذ المثمر للاتفاقيَّة، مع التركيز على التنمية الاقتصاديَّة والمساعدة التقنيَّة. في هذا السياق، يمكن ملاحظة أن هناك من ناحية دولًا أطرافًا ودولًا متقدمة، ومن ناحية أخرى، هناك دول نامية واقتصادات تمر بمرحلة انتقاليَّة. وتشجع اتفاقيَّة الأمم المتحدة لمكافحة الفساد في المادَّة 62 الدول الأطراف على التعاون على مختلف المستويات؛ لتعزيز المساعدة الماليَّة، والماديَّة، والتقنيَّة، المقدمة إلى البلدان النامية والاقتصادات التي تمر بمرحلة انتقاليَّة؛ بهدف تعزيز قدراتها على منع الفساد ومكافحته[1].

3.7 الفصل 7 من اتفاقيَّة الأمم المتحدة لمكافحة الفساد

نُعيد طرح السؤال المنطقي ذاته الذي سبق وطرحناه في الفصل السابق: كيف يمكن تقييم اتفاقيَّة مكافحة الفساد بالكامل؟ وما ضمان تنفيذها؟ ومثلما رأينا أن الفصل 6 يتعلق بالأفراد المعنيِّين والدول الأطراف، إلا أننا نجد أن الفصل 7 يتناول الاتفاقيَّة نفسها. وإذا حدد الفصل 6 شروط تضمن تنفيذ أحكام الاتفاقيَّة في الدول الأطراف، فمَنْ سيضمن أن العمليَّة برمتها ستكون منسقة ومتناغمة؟

تتناول المادتان 63 و64 من الفصل 7 ذلك من خلال آليتين: الآليَّة الأولى، مؤتمر الدول الأطراف في اتفاقيَّة الأمم المتحدة لمكافحة الفساد (CoSP)[2]، هو الهيئة الرئيسيَّة لصنع سياسات الاتفاقيَّة. ويدعم المؤتمر الدول الأطراف والموقعين في تنفيذهم للاتفاقيَّة، ويقدم إرشادات لمكتب الأمم المتحدة المعني بالمخدرات والجريمة (UNODC) لتطوير وتنفيذ أنشطة مكافحة الفساد. وينعقد المؤتمر مرة كل سنتين ويتخذ قرارات ومقررات تنفيذًا لتفويضه. وقد أُنشئ لتعزيز استعراض آليَّات التنفيذ التي وضعها مكتب الأمم المتحدة المعني بالمخدرات والجريمة بصفته أمانة اتفاقيَّة الأمم المتحدة لمكافحة الفساد[3].

---

(1) المرجع السابق، المادة 62.

(2) Conference of the States Parties to the United Nations Convention against Corruption (COSP), united nations office on drugs and crime, regular sessions, https://www.unodc.org/unodc/en/corruption/COSP/conference-ofthe-states-parties.html (last visited Dec. 20, 2019).

(3) اتفاقيَّة الأمم المتحدة لمكافحة الفساد، المادة 63.

والآليَّة الثانية، هي الأمانة التي تلعب دورًا نشطًا في توفير الخدمات اللازمة لمؤتمر الدول الأطراف في اتفاقيَّة الأمم المتحدة لمكافحة الفساد. وقد ورد ذكر مهام الأمانة في المادَّة 64 [1] على النحو التالي: (1) العمل بوصفها سكرتارية لمؤتمر الدول الأطراف. (2) دعم آليَّة استعراض التنفيذ. (3) تقديم المساعدة التقنيَّة وتطوير الأدوات.

3.8 الفصل 8 من اتفاقيَّة الأمم المتحدة لمكافحة الفساد

تدعو الأحكام النهائيَّة في الفصل الأخير من اتفاقيَّة الأمم المتحدة لمكافحة الفساد، وما يتضمنه من مواد (65-71) الدول الأطراف إلى اعتماد جميع التدابير التشريعيَّة والإداريَّة اللازمة؛ وَفْقًا للمبادئ الأساسيَّة للقوانين المحليَّة؛ لضمان تنفيذ الالتزامات الناشئة عن الاتفاقيَّة. علاوة على ذلك، تشجع الدول الأطراف على حل النزاعات التي قد تنشأ، من خلال التفاوض، ثم التحكيم، وأخيرًا عبر محكمة العدل الدوليَّة؛ وَفْقًا لشروط المادَّة 66 [2]. ويمكن للدول (الفقرتان 3 و4 من المادَّة 66) أن تختار عدم المشاركة في هذه الإجراءات، وأن تسحب تحفُّظاتها في أي وقت أيضًا، طالما أن الأمين العام للأمم المتحدة قد أُخطِر بالانسحاب[3].

وتشمل الموضوعات الأخرى التي يغطيها الفصل 8 أحكامًا بشأن التوقيع، والتصديق، والقبول، والموافقة، والانضمام [4] (المادَّة 67) ودخول كل ذلك حيز النفاذ. إن البند الذي يغطِّي بدء النفاذ دقيق للغاية، ويحدث ذلك في اليوم التسعين بعد تاريخ إيداع الصك الثلاثين من صكوك التصديق، أو القبول، أو الإقرار، أو الانضمام[5] (المادَّة 68). ويصبح التعديل ملزمًا بعد انقضاء خمس سنوات على بدء نفاذ الاتفاقيَّة[6]، ويجوز للدولة الطرف أن تقترح تعديلًا لها وتحيله إلى الأمين العام للأمم المتحدة (المادَّة 69). يجوز لأي دولة

---

(1) المرجع السابق، المادة 64.

(2) المرجع السابق، المادة 66.

(3) المرجع السابق، المادة (4)-(3)66.

(4) المرجع السابق، المادة 67.

(5) المرجع السابق، المادة 68.

(6) المرجع السابق، المادة 69.

طرف أن تنسحب من هذه الاتفاقيَّة بتوجيه إشعار كتابي إلى الأمين العام للأمم المتحدة[1]، ويصبح هذا الانسحاب نافذًا بعد سنة واحدة من تاريخ استلام الأمين العام ذلك الإشعار (المادَّة 70). وتشير المادَّة 71 في فقرتها الأولى إلى أن الوديع The depositary[2] هو الأمين العام للأمم المتحدة، ويشار في الفقرة الثانية إلى أن الاتفاقيَّة متاحة باللغات الرسميَّة الست[3] للأمم المتحدة، وهي: العربيَّة، والصينيَّة، والإنجليزيَّة، والفرنسيَّة، والروسيَّة، والإسبانيَّة:

1. اتفاقيَّة الأمم المتحدة لمكافحة الفساد
2. 联合国反腐败公约
3. United Nations Convention against Corruption
4. CONVENTION DES NATIONS UNIES CONTRE LA CORRUPTION
5. Конвенция Организации Объединенных Наций против коррупции
6. CONVENCIÓN DE LAS NACIONES UNIDAS CONTRA LA CORRUPTION

---

(1) المرجع السابق، المادة 70.

(2) المرجع السابق، المادة 71(1).

(3) المرجع السابق، المادة 71(2).

الفصل الرابع
الفساد في التعليم

يعرض الكتاب في هذا الفصل بعض التوضيحات عن صور الفساد الموجود في الحياة اليوميَّة، مع التركيز على ثلاثة قطاعات معيَّنة مرتبطة بالتَّجْرِبَة اليوميَّة للأشخاص: أولًا؛ بسبب التفضيل الشخصي للمؤلفة. ثانيًا؛ لأن معظم البشر يتعرضون أو يستخدمون عناصرَ من تلك القطاعات في حياتهم اليوميَّة. ثالثًا؛ لأنها قطاعات مُهِمَّة للغاية لأسباب عديدة؛ ولأن الفساد فيها يستنزف ميزانيَّات الدول التي يجب أن تلعب دورًا محوريًّا في الحفاظ على تقدم الإنسان وتنميته نحو عالم أفضل. رابعًا، تستحق قطاعات أخرى مثل الأعمال والرياضة كتابًا مخصصًا لكل منهما؛ نظرًا لأن قضايا الفساد فيها تنطوي على عدد كبير من التفاصيل التي يجب معالجتها بدقة.

وسواء تعلق الأمر بالتعليم، أو الصِّحَّة، أو حقوق الإنسان، هناك ثلاث جهات فاعلة أساسيَّة لكل قطاع: المقدِّم/ المؤدي/ المتلقي.

«لكل شخص الحق في التعليم»

المادَّة 26 من الإعلان العالمي لحقوق الإنسان

على الرغم من أن قطاع التعليم يجب أن يعني منطقيًّا التمسك بالمعايير الشريفة والصالحة، إلا أنه في الواقع مليءٌ بالعديد من الممارسات الفاسدة. والتعليم أساس كل شيء، وهو حق عالمي[1]، ومحرك رئيسي للتنمية البشريَّة والاقتصاديَّة[2] ومسهل التفاعل لمعظم البشر؛ فالتعليم يولد المعرفة ويزرع النظم التي تعتمد عليها العديد من القطاعات

(1) G.A. Res. 217 (III) A, Universal Declaration of Human Rights art. 26 (Dec.10, 1948).

(2) *Education,* Transparency Int'l, https://www.transparency.org/topic/detail/education(last visited Dec. 20, 2019).

الأخرى. إنه يشكل الإنسانيَّة. ولا يعمل التعليم على تسهيل المعرفة العامَّة للناس حول العالم من حولهم فقط، ولكنه يسمح لهم بإنشاء هُوِيَّة لأنفسهم ولأمتهم أيضًا[1].

إن نظام التعليم كناية عن مجموعة من «المؤسسات والإجراءات والعمليَّات التي تؤثر على الوضع التعليمي للمواطنين على المديين القصير والطويل»[2]. وإذا تم تشكيل المؤسسات والإجراءات والعمليَّات وتنفيذها تنفيذًا عادلًا، سيكون للتعليم تأثير إيجابي وتكويني على الفرد.

«جذور التربية مريرة، لكن ثمارها حلوة»

أرسطو

ولكن ماذا لو كانت الثمرة مُرَّة أيضًا؟ ماذا لو كان هناك خلل في النظام؟ وهل يُفسد ذلك المتعلمين؟

يعتمد التعليم على عدد من العناصر والمكونات الرئيسيَّة، وهي: موفرو خدمات التعليم: (المدارس، والجامعات، والعاملون في المجال التربوي، والموظَّفون الإداريون، والمعلمون، والأكاديميون)؛ ومتلقو خدمات التعليم: (المستخدمون النهائيون وهم الطلاب والجمهور المحدد). ويستعرض هذا الفصل، حالتين لكل مكوِّن؛ بناءً على الفرضية الأساسيَّة التالية: إذا كان نظام التعليم نظيفًا (خاليًا من الفساد)؛ فإن النتائج البشريَّة تكون نظيفة هي الأخرى. وإذا لم يكن الأمر كذلك، فسيتبع ذلك العديد من العواقب غير المرغوب فيها، وستنجم عنه مشاكل أكبر.

«التعليم دون قيم، مهما كان مفيدًا، يبدو بالأحرى أنه يجعل الإنسان شيطانًا أكثر ذكاءً»

كلايف ستابلز لويس

«من الفساد في شراء الموارد المدرسيَّة إلى المحسوبيَّة في استخدام المعلمين، إلى شراء وبيع الألقاب الأكاديميَّة وحتى التلاعب بنتائج البحوث، يمكن التعرف على مخاطر فساد كبرى في كل مرحلة تعليميَّة وفي كل النظم البحثيَّة»[3].

---

(1) Eric Uslaner & Bo Rothstein, All for One: Equality, Corruption, and Social Trust 228 (2006).

(2) Mark Moore, Creating Efficient, Effective, and Just Educational Systems through Multi- Sector Strategies of Reform (Oxford Univ. RISE Working Paper 15/004, 2015).

(3) Transparency Int'l, مرجع سابق.

هكذا يصف تقرير الفساد العالمي الصادر عن منظَّمة الشفافيَّة العالميَّة في عام 2013 الفساد في التعليم، ويُعد هذا التقرير مرجعًا مفيدًا يسرد عددًا من حالات الفساد الواقعيَّة المثيرة للاهتمام في قطاعات التعليم حول العالم. وسيتم توظيف التقرير المذكور في هذا الفصل لتسليط الضوء على الحالات المرتبطة بكل جهة فاعلة، وبكل مكوّن من مكونات نظام التعليم.

4.1 مقدِّمو خدمات التعليم

واستنادًا إلى تقرير الفساد في التعليم، المشار إليه سابقًا، يتجلى السلوك الفاسد لمقدمي خدمات التعليم مثل: المدارس، والجامعات في أشكال مختلفة، بما في ذلك الرشاوى لقبول طلبات التسجيل، واختلاس أموال الأبحاث، وسرقة الموارد من ميزانيَّات التعليم، وسرقة الكتب، وبيع اللوازم بدلًا من توزيعها المجاني[1]، وتجارة المقاعد المدرسيَّة. ويجدر التركيز هنا على اثنتين من ظواهر السلوك الفاسد: القبول غير العادل، والتلاعب بالأموال.

4.1.1 التلاعب في قبول طلب التسجيل

تم تعريف الفساد في الفصول السابقة بأنه تفضيل المصلحة الخاصَّة على المصلحة العامَّة. يحدث ذلك في التعليم ضمن مراحل مختلفة من عمليَّة قبول الطلاب، وأحيانًا بناءً على دوافعَ مختلفة. قد يتم قبول بعض الطلاب مقابل رِشْوَة، أو نتيجة لمحاباة الأقارب، أو تبعًا للمكانة الاجتماعيَّة للنُّخبة. وقد يتم رفض طلاب آخرين على أساس العِرْق، أو اللون، أو الجنس. بكل بساطة، يمكن شراء القبول دون أي اعتبار للمؤهلات؛ من أجل الحصول على مزايا ماليَّة أو مزايا أخرى. لقد فقد العديد من مقدمي خدمة التعليم سمعتهم ومصداقيتهم بسبب مثل تلك القرارات غير المبررة والتعسفيَّة والمريبة. يحدث هذا الشكل من الفساد في بهو المؤسسات التي تقدم ما يُفترض أن يكون حقًّا عالميًّا ممنوحًا للجميع.

في نيجيريا (ص 304 من التقرير)، على سبيل المثال، يتقدم مليون طالب لامتحانات القبول في الجامعات، ومع ذلك لا يتوفر سوى 300.000 مقعد متاح في الجامعات العامَّة. لا شك في أن الوصول المحدود إلى التعليم قد ساهم في استخدام الرشاوى والعلاقات

---

(1) *Education*, مرجع سابق.

الشخصيَّة للحصول على الأماكن المرغوبة في الجامعات، وورد في التقرير ذاته أن بعض مسؤولي القبول يعملون مع وكلاء للحصول على الرشاوى من الطلاب، أما أولئك الطلاب الذين ليس لديهم القدرة أو الرغبة في اللجوء إلى الفساد، فإنهم يواجهون ضياع الفرص والبطالة[1].

وتجدر الإشارة إلى أنه، في وقت من الأوقات، أتيح في الولايات المتحدة الأمريكيَّة نظام تعليم يسمح بمنح موظفي التوظيف في المدارس حوافز ماليَّة على أساس عدد الطلاب الذين تمكنوا من تسجيلهم، وأشار التقرير إلى أن العمل بالتدبير المذكور استمر إلى حين حظر الكونغرس تلك الحوافز[2] في عام 1992.

من الشائع للأسف، في الوقت الحاضر، أن معظم المؤسسات التعليميَّة تسعى إلى جني الأموال، بدلًا من تقديم التعليم الجيد، وهذا يُقوِّض نوعيَّة الطلاب المقبولين؛ وبالتالي نوعيَّة الخريجين. ويتزايد عدد التحقيقات في مؤهلات حاملي الشهادات المزيَّفة، ويتم الإبلاغ عن فضائح القبول، والقاسم المشترك هو المال، سواء لجهة استخدام بعض الخريجين المال لشراء شهادة، أو اعتماد بعض الطلاب المحتملين على دفع المال مقابل الالتحاق بمؤسسة تعليميَّة ما. من الناحية القانونيَّة، يحظر القانون الجنائي تلك الأفعال[3].

بالنظر إلى ما يحدث، من وجهة نظر مجردة، هناك عمليَّة دفع أموال مقابل شيء غير قانوني يتم تقديمه. بالطبع، إذا كان التعليم يحصَّل عبر القنوات الشرعيَّة العاديَّة، فإن أي شخص يرغب في الحصول على درجة علميَّة يجب أن يؤدي ما هو ضروري لذلك (الدراسة، النجاح في الامتحان). إن للمؤسسات التعليميَّة الفاسدة (غير معترف بشهاداتها أو وهميَّة) اسمًا مستعارًا؛ إذ يطلق عليها مسمى «مطاحن الدبلوم» (diploma mill) وتُعرَّف على النحو التالي: «شركة تمنح مؤهلات تعليميَّة للأشخاص مقابل المال، دون اضطرار الشخص إلى إنجاز أي دراسة، أو الجزء اليسير من الدراسة»[4].

---

(1) *Nigerian Universities Demand Bribes for Admission*, Global Post (May 11, 2012); Transparency Int'l, مرجع سابق.

(2) المرجع السابق، ص 163.

(3) To use academic degrees without authorization, under the German Criminal Code § 132a.

(4) *Diploma Mills,* Cambridge Dictionary, https://dictionary.cambridge.org/dictionary/english/diploma-mill (last visited Dec. 4, 2019).

كل من يريد الحصول على القبول في «مطاحن الدبلوم» تلك، يحتاج فقط إلى اجتياز الحد الأدنى من متطلبات القبول. وفي الوقت الحاضر، هناك عدد من المؤسسات التي يعتمد وجودها بالكامل على منح الشهادات مقابل المال. لإثبات ذلك، يتعين على المرء إدخال جملة «شراء درجة علميَّة» في محركات البحث عبر الإنترنت، وقبل كتابة الجملة بالكامل، سيبدأ المحرك في اقتراح خيارات لإكمالها، وسيظهر عدد هائل من النتائج.

4.1.2 التلاعب بأموال التعليم

بما أن القبول الجائر يحدث في بهو مقدم خدمة التعليم، فإن السؤال الآن: ماذا يحدث داخل نظام ذلك المقدِّم؟ غالبًا ما يصلق الحكم على النظام التعليمي إثر نتائجه: كيفية أداء الطلاب، ومدى ارتفاع معايير البحث، ومدى جودة تجهيزات المؤسسات، ومدى استعداد تلك المؤسسات لأداء واجباتها.

إذا كان كل ما ذكر يفي بالمعيار المشترك، يمكن عندئذ تقييم النظام في البداية وتكوين فكرة عن كفاءته. ولكن ماذا لو كان دون المستوى؟ ماذا لو كانت النتائج لا تعكس الميزانيَّة المخصصة للتعليم الجيد؟ الجواب يكمن في التلاعب في الأموال. وإذا كان الفساد قد اخترق نسيج النظام التعيمي، فقد يؤدي إلى تدهور مستوى التعليم على مدى أجيال، ناهيك عن الآثار الفرعية الأخرى، التي تجعل الناس ينخرطون في أنشطة رديفة أخرى لتأمين حاجتهم الأساسيَّة من التعليم.

4.1.3 الاختلاس من صندوق البحوث

كشف المكتب الأوروبي لمكافحة الاحتيال (OLAF) والشرطة الماليَّة الإيطاليَّة عن عمليَّة احتيال معقدة استهدفت تمويلًا من الاتحاد الأوروبي للأجهزة البحريَّة. وأصدر المكتب المذكور بيانًا صحفيًّا رقم 01/ 2018، في 16 فبراير/ شباط 2018 عن مجريات القضيَّة، وكيفية التوصل إلى وضع حد لمخطط احتيال معقد حصل من خلاله اختلاس أكثر من 1.4 مليون يورو من أموال الاتحاد الأوروبي، المخصصة لصناعة نماذج حوامات الاستجابة للطوارئ hovercraft.

شملت تحقيقات عمليَّة قلعة الورق Paper Castle operation (كما اصطلح على تسميتها) عدة دول أعضاء في الاتحاد الأوروبي، واعتمدت على التعاون الوثيق بين المكتب الأوروبي لمكافحة الاحتيال والشرطة الماليَّة في إيطاليا. وكشف المكتب الأوروبي لمكافحة الاحتيال عن مخطط الاحتيال المعقد كجزء من تحقيقاته في

المخالفات المزعومة في مشروع البحث والابتكار الممنوح لاتحاد شركات أوروبيَّة؛ إذ جرى تكليف اتحاد الشركات الذي تقوده إيطاليا، مع شركاء في فرنسا ورومانيا والمملكة المتحدة، بإنشاء نموذجين أوليين للحوامات لاستخدامهما كمركبات بحريَّة للطوارئ، قادرة على الوصول إلى المناطق النائية في حالة وقوع حوادث بيئيَّة.

وعند الفحوصات التي أجريت في الموقع في إيطاليا بواسطة المكتب الأوروبي لمكافحة الاحتيال والشرطة الماليَّة، اكتشف محققو المكتب الأوروبي مكونات مختلفة مفككة لحوامة واحدة، بالإضافة إلى حوامة أخرى أنجز العمل عليها بعد الموعد النهائي للمشروع. وصار من الواضح أنه؛ من أجل الحصول على أموال الاتحاد الأوروبي، شهد الشركاء الإيطاليون زورًا على أن الظروف الهيكليَّة والاقتصاديَّة المطلوبة لتنفيذ المشروع متاحة. وكشفت أنشطة التحقيق التي أجراها مكتب مكافحة الإرهاب في المملكة المتحدة أن الشريك البريطاني وهمي وكان موجودًا على الورق فقط، وأن الشركة الوهميَّة أنشأها وادعى امتلاكها في الواقع الشركاءُ الإيطاليون أنفسُهم.

ولمحاكاة التطوير الفعلي للمشروع وتحويل الأموال، عمد هؤلاء إلى تسجيل تكاليف وهميَّة. عمليًّا، إن مجرد الحصول على أموال الاتحاد الأوروبي، استخدم المستفيدون الإيطاليون أدوات محاسبيَّة لسرقة الأموال، وتزوير المستندات التي تشير إلى النفقات المزيَّفة. وأظهر تحليل شامل لأكثر من 12.000 معاملة ماليَّة ومدفوعات تتعلق بالمشروع، أن جزءًا من أموال الاتحاد الأوروبي التي تلقاها الشركاء الإيطاليون والبريطانيون استخدم لتسديد رهن عقاري يخص ملكيَّة قلعة مرهونة تواجه الحجز والمصادرة.

وأكد المكتب الأوروبي لمكافحة الاحتيال أن القلعة مملوكة رسميًّا لشركة بريطانيَّة مختلفة عن تلك المنضمة إلى اتحاد الشركات الأوروبيَّة، أسسها في الأصل زوجان إيطاليان، ولكنها الآن مملوكة لشركة أمريكيَّة في ولاية ديلاوير. وكشفت المزيد من التحقيقات عن أن الزوجين الإيطاليين أنشآ وامتلكا الشركة الأمريكيَّة المذكورة. وأنهى المكتب الأوروبي تحقيقه في نوفمبر/ تشرين الثاني 2017 بإصدار توصيتين قضائيتين إلى مكتب المدعي العام في جنوة (إيطاليا) وإلى شرطة مدينة لندن في المملكة المتحدة، وتوصية ماليَّة للمديرية العامَّة للبحث والابتكار التابعة للمفوضيَّة الأوروبيَّة. من جهتها، أجرت الشرطة الماليَّة الإيطاليَّة التحقيق مع الأشخاص المعنيِّين بشأن الاختلاس والاحتيال

ضد الاتحاد الأوروبي، والمحاسبة المزوَّرة، والإفلاس الاحتيالي، والبيانات الاحتياليَّة. وتُعد عمليَّة قلعة الورق شهادة على نتائج التعاون الوثيق والمستمر بين المكتب الأوروبي لمكافحة الاحتيال والشرطة الماليَّة، وقوات الشرطة في الدول الأعضاء في الاتحاد الأوروبي. إن طبيعة التحقيقات العابرة للحدود الوطنيَّة، تعني أن المكتب الأوروبي لمكافحة الاحتيال، لعب دورًا حاسمًا من البداية إلى النهاية، وامتلك القدرة على تحديد النشاط الاحتيالي المعقد الذي امتد عبر العديد من الدول الأعضاء، ووضْع حدٍّ له (اختلاس تمويل الأبحاث - البيان الصحفي رقم 01/ 2018، 16 فبراير 2018، من OLAF1)[1].

4.2 العاملون في مجال التعليم

ويتناول التقرير العالمي للفساد عن التعليم، المشار إليه سابقًا، تجليَّات السلوك الفاسد للقائمين في التعليم، مثل الموظَّفين الإداريِّين والأكاديميِّين، في أشكال مختلفة، بما في ذلك ممارسة التعليم باستخدام درجات مزوَّرة أو مزيَّفة، واعتماد الخداع الأكاديمي، وتعيين المعلمين والمحاضرين عن طريق العلاقات الأسريَّة ودون مؤهلات. ويمكن شراء الدرجات العلميَّة أيضًا، ويُجبر بعضُ المعلمين الطلاب على دفع رسوم دراسيَّة إضافيَّة خارج الفصل الدراسي[2]. ومن بين تلك الأشكال من الفساد، سنناقش مسألة الدرجات العلميَّة المزوَّرة، ومطاحن الدبلوم، والتعيِّينات غير العادلة، والانتحال.

4.2.1 الدرجات العلميَّة المزوَّرة

تُعد ألمانيا واحدة من الدول الوحيدة التي تظهر مؤهل شهادة الدكتوراه في جوازات السفر وبطاقات الهُوِيَّة[3]. واستشهد تقرير الفساد العالمي في التعليم بالعديد من الحالات المثيرة للاهتمام تتعلق بالدرجات العلميَّة المزيَّفة، ومنها ما يلي:

---

(1) Eur. Anti-Fraud Office, *OLAF and Guardia Di Finanza Unravel Complex Scam with EU Funds for Nautical Devices* (Feb. 16, 2018), https://ec.europa.eu/antifraud/media-corner/news/16-02-2018/olaf-and-guardia-di-finanza-unravelcomplex-scam-eu-funds-nautical_en.

(2) *Education*, مرجع سابق.

(3) Transparency Int'l, مرجع سابق, at 179 (citing *Nicht ohne meinen Doktortitel,* Süddeutsche.de (Germany) (Jul. 14, 2011).

«في عام 2010، اضطر السياسي الألماني والعضو في البرلمان الألماني، ديتر جاسبر، إلى دفع غرامة قدرها 5000 يورو (6159 دولارًا أمريكيًّا)؛ لأنه أساء استخدام لقبه، وادَّعى حصوله على درجة الدكتوراه في الاقتصاد غير المعترف بها رسميًّا في ألمانيا[1]. وقدم البرلماني جاسبر اعترافًا كاملاً، بعد أن أبدى ندمه، بخصوص درجة الدكتوراه التي نالها من جامعة تيوفن الحرَّة Freie Universität Teufen (أحد مطاحن الدبلوم)، وهي مؤسسة سابقة في سويسرا (أُوقف عملها أواخر عام 2009) يزعم أنها باعت شهادات أكاديميَّة[2]. ويشار إلى أن البرلماني المذكور رفض الاستقالة من عضويَّة البرلمان، على الرغم من أنه استخدم درجة الدكتوراه الباطلة في حملته الانتخابيَّة.

وفي عام 2011، أشير إلى حالة فساد أخرى تتعلق بأستاذ سابق في معهد تاريخ الطب في جامعة فورتسبورغ الألمانيَّة، يُشتبه في أنه أشرف على عشرات أطروحات الدكتوراه ودعمها، قبل تقاعده في عام 2005. ووفقًا للتقارير (أدرجت نتائجها في تقرير الفساد العالمي عن التعليم ص 184)، كانت الأطروحات من نحو 35 صفحة فقط، وتحتوي على عمل بحثي شحيح أجراه طلاب الدكتوراه المعنيون[3]. ويشتبه في قيام الأستاذ السابق بكتابة أجزاء من تلك الأطروحات، ويُعتقد أنه قَبِل تبرعات طلاب الدكتوراه لجمعيَّاته غير الهادفة للربح[4]. وقد دفع بالفعل غرامة معتدلة؛ لأنه قبض 6000 يورو (7390 دولارًا أمريكيًّا) من استشاري عرَّفه على أطباء يسعون للحصول على درجة الدكتوراه من المعهد[5]. وجادل خبيران من جامعتين أخريين

---

(1) *CDU-Politiker muss Geldstrafe zahlen*, Stern.de (Germany) (May 7, 2010. Jasper had to pay only the above mentioned moderate fine because he made a full confession and showed regret. He refused to resign as a Member of Parliament, however, although he had used his void doctoral degree in the electoral campaign. *See id.* referencing Doktortitel ist falsch, das Diplom nicht, Emsdettenervolkszeitung. de (Germany) (Nov. 3, 2010).

(2) المرجع السابق. (The 'Freie Universität Teufen' terminated its business at the end of 2009).

(3) المرجع السابق. (referencing Alfred Forchel and Matthias Frosch, interview by Olaf Przybilla, Süddeutsche Zeitung, Germany, 'Die Doktorfabrik', 28/29 May 2011).

(4) المرجع السابق. (referencing Süddeutsche Zeitung, Germany, 'Die Angst vor dem Déjà-vu', 31 March 2011).

(5) المرجع السابق.

بأن العديد من أطروحات الدكتوراه المذكورة لم تستوفِ الحد الأدنى من المعايير العلميَّة، وحاولت جامعة فورتسبورغ حرمان الخريجين المعنيِّين من شهاداتهم[1]. وتبنت الجامعة أخيرًا لوائح أنظمة جديدة للدكتوراه في كلية الطب التابعة لها[2].

4.2.2 التوظيف غير المنصف والتعيِّينات غير العادلة

المسار الطبيعي لطلب الوظيفة هو أن يتقدم المرء إلى وظيفة شاغرة يعلن عنها علنًا، مع تحديد جميع متطلباتها ضمن المعقول وبوضوح. في الوقت الحاضر، أصبحت العمليَّة أكثر تقدمًا؛ إذ توجد منصَّات خاصَّة للبحث عن عمل، وقنوات احترافيَّة متنوعة توفر الوصول السهل للباحثين عن عمل. ومع ذلك، تظهر بعض المخاوف لدى الخريجين الجدد والأشخاص المؤهلين الآخرين الذين يرغبون في ملء الوظائف الشاغرة المعلن عنها. لماذا لا يتم الاتصال بهم، أو لماذا لا توجد استجابة من أصحاب العمل المحتملين؟ لماذا لا تسير الأمور وَفْقًا للنظام؟ من الذي ينتهي إلى ملء هذه الوظائف الشاغرة؟ لماذا يملأ الوظائف أولئك الذين لا ينبغي لهم الحصول عليها؟ الجواب البسيط هو: المحسوبيَّة، أو ضغوط المكانة الاجتماعيَّة.

إن مبدأ محاباة الأقارب مشتق من الكلمة اللاتينية "nepos"، والتي تعني ابن أخ، أو أحفاد[3]؛ وذلك وَفْقًا لبرنامج «ووردسميث» للمصطلحات. ويرد فيه أيضًا أن «المحاباة تمنح للأقارب بغض النظر عن الجدارة». علاوة على ذلك، يربط تعريف قاموس «زوها شين» ربطًا صريحًا المحسوبيَّة بالوظائف، كما هي الحال فيما يلي: «المحسوبيَّة التي تظهر للأقارب أو الأصدقاء المقربين من قِبَل مَنْ هم في السُّلطة عبر منحهم وظائف»[4].

بسبب الروابط العائليَّة، تغدو الروابط الأسريَّة التفسير المعقول والبارز لقرارات التوظيف المتخذة، بصرف النظر عن مؤهلات المتقدمين للوظيفة، وقد يُفترض أن المؤهلات لا صلة

---

(1) المرجع السابق. (referencing Frankfurter Allgemeine Zeitung (Germany), 'Ramschware Dr. med.', 26 October 2011; Mainpost.de (Germany), 'Doktortitel-Affäre: Uni Würzburg will Titel aberkennen', 13 October 2011).

(2) المرجع السابق. (referencing Promotionsordnung für die Medizinische Fakultät der Julius-Maximilians-Universität Würzburg vom 10. June 2011).

(3) *Nepotism*, Wordsmith, https://wordsmith.org/words/nepotism.html (last visited Dec. 21, 2019).

(4) Xuhua Chen, An English dictionary with AB Index and Frequency 413 (2010)(defining nepotism).

لها بعمليَّة التوظيف وليست أساسيَّة[1]. ومع ذلك، يُظهر البحث باستمرار أن مستوى المعلِّم وجودة تعليمه من أهم أسباب نجاح الطالب[2].

وفقًا لمنظَّمة الشفافيَّة الدوليَّة، تُعد جميع أشكال المحاباة والمحسوبيَّة فسادًا، وهكذا يعدها الحس السليم أيضًا. وتحدد المنظَّمة المحسوبيَّة، في معجم مكافحة الفساد، على النحو التالي:

«إنها شكل من التحيُّز قائم على المعارف والعلاقات المألوفة، حيث يستغل شخص ما في منصب رسمي سُلطته ونفوذه لتوفير وظيفة أو خدمة لأحد أفراد الأسرة أو الأصدقاء، على الرغم من أنه قد لا يكون مؤهلًا، أو لا يستحق ذلك[3]».

نستعرض مثالًا من النظام التعليمي التركي موجود في معظم البلدان الأخرى:

«يذكر المعلمون أن المحسوبيَّة تُختبر إلى حدٍّ كبير في مديرية التعليم في المحافظة، وكذلك في وزارة التربية الوطنيَّة. يشير المعلمون إلى أن ممارسة المحسوبيَّة تحصل في تعيين المعلمين في المدارس. من اللافت أيضًا أن تكون المحسوبيَّة موجودة في اختيار المعلمين للانضمام إلى الندوات والدورات في أثناء الخدمة، على الرغم من أن لجميع المعلمين الحق في المشاركة في الندوات والدورات[4]».

تلك الأفعال مثال واضح على الفساد؛ لأن إجراء مثل هذه التعيِّينات يحرم الأشخاص المؤهلين والمستحقين من الفرص. يجب تقدير هؤلاء الأفراد والاستفادة منهم؛ إذ إنهم كرسوا حياتهم للدراسة المتعمقة في مجالهم العلمي المحدد؛ لتمريرها إلى الأجيال القادمة. إنه الجانب الذي يجب أن ينظر إليه لدى مختصي التوعية وأن يُصار إلى تقديرهم.

---

(1) A. Darioly & R.E. Riggio, Nepotism in Hiring Leaders: Is there Stigmatization of Relatives? 73 Swiss J. Psych., no. 4, 2014, at 243.

(2) Frank Adamson & Linda Darling-Hammond, Addressing the Inequitable Distribution of Teachers: What It Will Take to Get Qualified, Effective Teachers in All Communities (2011).

(3) *Nepotism*, Transparency Int'l, https://www.transparency.org/glossary/term/nepotism (last visited Dec. 21, 2019).

(4) Ismail Aydogan, Favoritism in the Turkish Educational System: Nepotism, Cronyism and Patronage, 4 Educ. Pol'y Analysis & Strategic Res., no. 1, 2009, at 14.

والتعليم يقوده الفضول والشغف للمعرفة. فإذا كان الشخص الذي يعلِّم الآخرين لا يمتلك المعرفة، فماذا تكون النتيجة؟ يجب أن يسود الْفَهْم لتلك المخاطر وتجنبها رغم إغراءات المال، والسُّلطة، والمزايا الأخرى. لكن عندما يطرق الفساد باب أي عمل، أو قرار، أو قطاع، ويبدأ عمله المؤذي الصامت، وبالتكاثر سريعًا. قد يبدأ بالتوظيفات غير العادلة ويمتد إلى مرحلة ما بعد التعيِّين؛ مما يعني أنه يمس الترقية أيضًا. وتؤدي مثل تلك الأعمال إلى دربٍ طويل من الآثار السَّلبيَّة.

عندما يحصل شخص غير مؤهل على الوظيفة، وبعد إدخاله في النظام، يصبح أساس دخوله باطلًا، وتزداد الآثار الباطلة ظهورًا ونموًّا، مثل ترقية ذاك الشخص، أو منحه مكافآت ومزايا أخرى. سيكون لذلك عواقب سَلبيَّة ويخلق إحباطًا في جو العمل، والتأثير السلبي سيكون أكبر، ولن يقتصر على بيئة العمل السامَّة فقط. تزرع تلك الإجراءات نموذجًا جديدًا للأجيال الشابَّة؛ مما يجعلها تعتقد أن الأمور يجب أن تجري بتلك الطريقة. نتيجة لذلك؛ يتم إنشاء «البشر المختصرين» (Short cut humans)، الذين ينتهجون طرق الوصول السريعة إلى أهدافهم، وليست بالضرورة السليمة، أو القانونيَّة، أو الأخلاقيَّة.

هنا مثال على ذلك في مجال التعليم العالي في إيطاليا:

«كان رؤساء أقسام جامعات إيطاليَّة، المعروفون باسم الباروني أو البارونات، يمنحون المؤهلات بناءً على تبادل الامتيازات، أو لخدمة المصالح الخاصَّة أو المهنيَّة، وليس على أساس الجدارة. واعتبارًا من عام 2017، كان إجمالي 59 شخصًا قيد التحقيق، ووُضع سبعة منهم قيد الإقامة الجبريَّة بتهمة الفساد، ومُنع 22 شخصًا من شغل مناصب أكاديميَّة مدة 12 شهرًا[1]».

من الضروري اتخاذ إجراءات فوريَّة للحفاظ على نسبة صحيَّة من العاملين الجادِّين في مقابل الكسالى. هناك العديد من الإصلاحات السياسيَّة والقوانين التي أصدرت حديثًا، وساهمت في مكافحة الممارسات الفاسدة، ولكن عندما يقول الأفراد لا لمثل هذه الأعمال، فمن الممكن لهذا الموقف فقط أن يقلب اللعبة ويحدث فرقًا كبيرًا.

(1) Monica Kirya, Corruption in Universities: Paths to Integrity in the Higher Education Subsector 11 (2019), *available at* https://www.u4.no/publications/corruption-in-universities-paths-to-integrity-in-the-higher-education-subsector (citing C. Edwards).

4.2.3 السرقة الأدبيَّة

يشمل هذا الشكل من الفساد مقدمي خدمات التعليم والمتلقين له، وكلاهما لديه أسباب لارتكاب السرقة الأدبيَّة التي لها جذور عديدة. ويرتبط نشر المقالات العلميَّة بالتقدم في المسار الأكاديمي، وهو دافع للمعلمين كي يلجؤوا إلى الانتحال. ومن وجهة نظر الباحث أو الطالب، تسهل معرفة سبب حدوث ذلك. كثير من الناس يرون أن الانتحال جريمة أكاديميَّة تؤدي إلى تدهور إبداع الفرد، وقد تم الاعتراف بالصِّلة بين الفساد والسرقة الأدبيَّة من قِبَل العديد من العلماء والمنظَّمات[1]. فيما يلي بعض الملاحظات على الموضوع:

شراء أوراق أكاديميَّة: ينظر إلى «التأليف المشترك» (Gifted authorship) على أنه أكثر أشكال الانتحال وضوحًا، ويرجع ذلك في جزء كبير منه إلى حقيقة أن «مصانع المقالات» متاحة عبر الإنترنت في أي لحظة. إن السُّوق الرماديَّة للأعمال الأكاديميَّة موجودة على الإنترنت دون أي تغطية، في عشرات المواقع التي تفتخر باحترافها وتقاليدها.

العديد من مظاهر تلك الأعمال وُثِّقت في جميع أنحاء العالم، فعلى سبيل المثال:

«أبلغت الوكالة النمساويَّة لنزاهة البحث عن عدة حالات فساد حديثة، بما في ذلك تقديم مزدوج للاقتراح نفسه أو تضارب في التأليف المشترك. كانت الحالة الأخيرة عبارة عن تعارض بين طالبة دكتوراه ومشرفها؛ مما جعل من المستحيل عليها الدفاع عن أطروحتها في النمسا-من تقرير استطلاع 2016: ممارسات النزاهة البحثيَّة في المنظَّمات الأعضاء في العلوم في أوروبا»[2].

باختصار، يُعد فعل الانتحال شكلًا من أشكال الفساد. ومن المُهِمّ للغاية بالنسبة للأكاديميِّين، وغيرهم، أن يكونوا دائمًا على دراية بالمخاطر عند إنشاء أي نوع من المحتوى. يجب أن يكونوا أصليِّين وأن يمتنعوا عن أخذ ما ليس لهم دون الإقرار المناسب بالعمل المأخوذ من الآخرين.

---

(1) Organizational Immunity to Corruption: Building Theoretical and Research Foundations 126 (Agata Stachowicz Stanusch ed., 2010).

(2) Elena Denisova-Schmidt, European Higher Education Area: The Impact of Past and Future Policies 65 (2018).

4.3 مُتلقو خدمات التعليم

يتجلى السلوك الفاسد لمتلقي خدمات التعليم، مثل الطلاب، في أشكال مختلفة. ونعرض شكلين من تلك الأشكال التي وردت في تقرير الفساد العالمي في التعليم المذكور سابقًا وهما: الغش، وشراء الدرجات العلميَّة[1].

4.3.1 الغش وشراء الدرجات العلميَّة

الغش بحسب قاموس كمبريدج هو «التصرف بطريقة غير شريفة من أجل الحصول على ما تريد»[2]. والغش شكل من أشكال الفساد يمارسه أولئك الذين لديهم عقليَّة «أي شيءٍ للمضي قدمًا». ولسوء الحظ، تم تطبيع هذا المفهوم ونسجه في ثقافات مختلفة حول العالم.

لقد حصل الاعتراف بالغش واحتقاره من جميع جوانبه عبر التاريخ البشري، وهنا ينصب التركيز على نوع الغش الذي يحدث عندما يصل الناس إلى خط النهاية دون السير في المسار بأكمله، باستخدام الاختصار والطرق الملتوية. الغش الذي يحدث بتلك الطريقة، يُعد فسادًا لأنه يشكل خيانة للثقة. إن خرق الثقة مرارًا وتكرارًا سيؤدي حتمًا إلى تدريب عضلات الفساد وتنميتها. لسوء الحظ إن «أولئك الذين يغشون في الدراسة، يجلبون معهم ثقافة الغش في كل مكان»[3].

قبل التطوُّر الرقمي، «كان الغش يُرتكب عبر وسائل مثل أوراق الغش، وهي عبارة عن أوراق صغيرة جدًّا مكتوبة بخط اليد، أو مطبوعة، يُمكن إخفاؤها في راحة اليد، أو تحت الملابس»[4].

في الوقت الحاضر، طوَّر الناس طرقًا مبتكرة للغش، ومنها على سبيل المثال، استخدام الهواتف، وأجهزة التسجيل، وروابط الويب، وما إلى ذلك.

---

(1) *Corruption by topic – Education*, Transparency Int'l, https://www.transparency.org/topic/detail/education (last visited Dec. 27, 2019).

(2) *Cheat,* Cambridge Dictionary, https://dictionary.cambridge.org/dictionary/english/cheat (last visited Dec. 27, 2019).

(3) Mesharch W. Katusiime, Exam Cheating a Form of Corruption, PML Daily, Oct. 17, 2019, https://www.pmldaily.com/oped/2019/10/mesharch-w-katusiime-exam-cheating-a-form-of-corruption.html.

(4) Elena Denisova-Schmidt, Academic Dishonesty or Corrupt Values: The Case of Russia, 28 Feb. 2015, *available at* https://anticorrp.eu/wp-content/uploads/2015/03/Russia.pdf.

ويُمكن شراء الدرجات العلميَّة بطرق مختلفة، فقد يطلب المعلم من الطلاب المال مقابل زيادة الدرجة، وقد يقبل آخرون الهدايا. سواء استُخدمت الطريقتان الأولى أو الثانية، فكلتاهما غير قانونيَّة وتُعدان جُرْمًا. إنهما شكل من أشكال الرِّشْوَة، التي تعد بدورها شكلًا من أشكال الفساد.

ولكي نكون أكثر وضوحًا، نعرض ما ورد أيضًا في تقرير منظَّمة الشفافيَّة العالميَّة عن الفساد في التعليم؛ إذ يشير إلى أن الرِّشْوَة:

«عرض ميزة، أو الوعد بها، أو منحها، أو قبولها، أو التماسها، كحافز لعمل غير قانوني، أو غير أخلاقي، أو خرق للثقة. يُمكن أن تتخذ الحوافز شكل أموال، أو هدايا، أو قروض، أو رسوم، أو مكافآت، أو مزايا أخرى (ضرائب، أو خدمات، أو تبرعات... إلخ)»[1].

كيف يُمكن منع ذلك في سيناريوهات الحياة الواقعيَّة؟ يجب على المرء أن يفهم أن الدرجات العلميَّة ليست مُسعَّرة، ومن حيث المبدأ، لا يكون مطلوبًا من الطالب ولا يكون مُلزَمًا بالدفع مقابل درجته. بل على الطالب أن يبذل الوقت والجهد في الدراسة والتحضير للامتحانات. ويجب عدم استخدام الأموال والهدايا والخدمات على الإطلاق في هذا المجال. وإذا كان الأمر كذلك، فيجب عندئذ التلويح بعلم أحمر لمنع حدوث مثل تلك الأفعال.

الحالة التالية هي مثال على أن الغش وشراء الدرجات يُشكلان أفعال فساد:

«أعلن المدعي العام الأمريكي لمنطقة ماساتشوستس يوم الثلاثاء 12 مارس/ آذار 2019، أن مكتبه رفع اتهامات جنائيَّة ضد خمسين شخصًا في فضيحة ضخمة لقبول طلبات جامعيَّة. في المخطط الأول، زُعم أن الآباء دفعوا مبالغ ماليَّة لصالح وليام سينغر لمساعدة أولادهم على الغش في امتحانات القبول في الجامعات (اختبار الكلية الأمريكيَّة ACT، واختبار القدرات الدراسيَّة SAT)، وأن سينغر طلب من الوالدين تغيير مركز اختبار أولادهم إلى واحد من مركزي اختبار مُحددين، حيث أقام علاقات مع مديري الاختبار فيها، الذين يقبلون الرشاوى لتسهيل الغش.

(1) *What is Bribery,* Transparency Int'l, https://www.antibriberyguidance.org/guidance/5-what-bribery/guidance (last visited Dec. 28, 2019).

بعد ذلك، كان سينغر يطلب من مارك ريدل، المستشار في مدرسة خاصَّة في فلوريدا، السفر إلى مركز الاختبار، بزعم «مراقبة» الطلاب الذين يؤدون الامتحان. ويوجه ريدل الطلاب إلى الإجابات الصحيحة، أو يغير إجاباتهم بعد انتهائهم من تقديم الامتحان؛ لضمان حصولهم على درجة الاختبار التي يرغب فيها أولياء الأمور. في العادة، يدفع الآباء إلى سينغر ما بين 15.000 دولار و75.000 دولار أمريكي لكل اختبار من هذا القبيل، ويدفع سينغر إلى ريدل 10.000 دولار عن كل طالب. تضمن المخطط الثاني رِشْوَة سينغر للمدربين الرياضيِّين في الكلية لاختيار الطلاب كرياضيِّين معينين (مما يُسهل قبول طلباتهم) على الرغم من أن الطلاب قد يكونون غير مؤهلين. كان المخطط يتم غالبًا بالتعاون بين أولياء الأمور وسنغر وشركائه، فيقومون بتزوير المستندات وملفات التعريف؛ لكي تُبرز زورًا أن الطلاب نجوم رياضيون في مدارسهم الثانوية. ودفع الآباء المبالغ الماليَّة إما لصالح مؤسسة سنغر في بعض الحالات، أو مباشرةً إلى البرامج الرياضيَّة في الجامعات في حالات أخرى. بعد ذلك، كان سنغر يدفع للمدربين مُباشرة، أو يسدد مدفوعات لأقسام الرياضة في الجامعة، أو الأندية الرياضيَّة الخاصَّة التي يديرها المدربون»[1].

وإلى جانب نموذج الغش السابق، يمكن شراء الدرجات العلميَّة. ولا بد من القول: إن التغاضي عن الغش سوف يأتي بنتائج عكسيَّة كمولِّد نموذجي للفساد:

«نتيجة التغاضي عن الغش تتمثل بتكاثر الأدعياء، وهو النوع الذي قد يغش للحصول على درجات التفوق والسجل الأكاديمي الممتاز، والذي من شأنه أن يُمهد الطريق للتعيين في الوظائف الجيِّدة بعد التخرج. وإن التغاضي عن الغش هو تربية المحتالين؛ أي الأشخاص الذين لن يُمانعوا في المستقبل في تزوير عقد للأشغال العامَّة، أو تحقيق الثراء بأي ثمن»[2].

(1) Randall Eliason, When Is Cheating a Crime? The College Admissions Case, Sidebars, Apr. 2, 2019, https://sidebarsblog.com/cheating-crime-college-admissions-case/.

(2) From Cheating Come Crooks, Pretenders, Philippine Daily Inquirer, Sept. 26, 2019, https://opinion.inquirer.net/124208/from-cheating-come-crooks-pretenders.

الفصل الخامس
فساد في الرعاية الصِّحيَّة

«المواطنون الأصحاء هم أعظم ثروة يمكن أن يمتلكها أي بلد».

وينستون تشرتشل

كما أشار تشرشل ضمنيًّا، هناك حاجة إلى البشر الأصحاء لجعل القطاعات تعمل بسلاسة.

لقد نال قطاع الصِّحَّة الاعتراف بأهميته على الصعيد العالمي. ويُشار إليه في الأهداف الإنمائيَّة للألفيَّة التابعة للأمم المتحدة (U.N.'s Millennium Development Goals). وهناك ثمانية أهداف، ثلاثة منها تتعلق بالصِّحَّة [1]، وهي كالتالي: الهدف الرابع: خفض معدل وَفَيات الأطفال. الهدف الخامس: تحسين الصِّحَّة الإنجابيَّة. الهدف السادس: وضع نهاية لأوبئة الإيدز والملاريا والأمراض المعدية الأخرى.

أما الهدف الثالث المتعلق بالتنمية المستدامة (SDG) للأمم المتحدة فينص على ما يلي:

«الصِّحَّة الجيِّدة والرفاه: ضمان حياة صحيَّة وتعزيز الرفاهية للجميع في جميع الأعمار، عبر التركيز على توفير تمويل أكثر كفاءة للأنظمة الصِّحيَّة، وتحسين الصرف الصحي، والنظافة، وزيادة فرص الوصول إلى الأطباء، والمزيد من النصائح حول طرق الحد من التلوث المحيط. إن إحراز تقدم كبير يمكِّن من المساعدة على إنقاذ حياة الملايين»[2].

إن وجود قطاع صحي يعمل جيدًا، هو عامل تغيير رئيسي في قواعد اللعبة، ولا يتم تقييم تأثيره بسهولة فحسب، بل يمكن أن يشعر الناس بفعَّاليته الملموسة.

---

(1) Goal 4: reduce child mortality, Goal 5: improve maternal health, Goal 6: combat HIV\AIDS, malaria and other diseases. Jillian Clare Kohler, UNDP, Fighting Corruption in the Health Sector. Methods, Tools and Good Practices 11 (2011).

(2) UNDP, Goal 3: Good Health and Well-being, UN.org.

طالما أن النظام الصحي يعمل في ظل ظروف عاديَّة من دون صدور أية شكاوى، فهذا يعني أن الأمور على ما يُرام. هذه هي الحال عادةً في جميع بلدان «الاقتصاد المريح» تقريبًا؛ ما يعني أن الجميع يمكنهم الوصول إلى خدمات الرعاية الصِّحيَّة ذات المستوى المعقول. لكن ماذا عن البلدان ذات الاقتصادات غير المستقرة والمضغوطة، وأحوالها أبعد ما تكون عن الاسترخاء؟ ماذا يحدث عند اختبار أنظمتها الصِّحيَّة؟

تكون الاختبارات والتَّجَارِب نتيجة أفعال بشريَّة أحيانًا، أو نتيجة ظروف خارجة عن إرادة الإنسان. مثل تلك الأفعال أو الأحداث تُسبب اضطرابًا، وتكشف عن نقاط ضعف في النظام الصحي، التي تصبح ملحوظة. وتُعد إدارة الفساد مشكلة خطيرة، والأمثلة على ذلك في نظام الرعاية الصِّحيَّة تشمل التلاعب بالميزانيَّات المخصصة للرعاية الصِّحيَّة، وخدمات التأمين التفضيليَّة غير المبررة، والموارد المحولة إلى غير وجهتها، والموظَّفين الصحيِّين ذوي الكفاءة المتدنية.

وعادة ما يكون الناتج الثانوي لمثل تلك الإجراءات فشل أنظمة الرعاية الصِّحيَّة:

«تُظهر استطلاعات البنك الدولي أنه في بعض البلدان، هناك نحو 80 في المائة من الصناديق الصِّحيَّة غير مدفوعة الأجر، لا تصل إلى المرافق المحليَّة أبدًا. ويمكن لوزراء الصِّحَّة ومديري المستشفيات أن يسرقوا ملايين الدولارات الأمريكيَّة من ميزانيَّات الصِّحَّة، أو يمكنهم قبول الرشاوى. تلك السلوكيَّات تشوه السياسة، وتحرم الناس من المستشفيات، والأدوية، والموظَّفين المؤهلين»[1].

في المقابل، لا يحصل التخطيط أو توقع الأحداث الخارجة عن سيطرة الإنسان. خذ الوباء الحالي (كورونا، كوفيد-19) كمثال وتأثيراته العنيفة على جميع القطاعات تقريبًا: التعليم، والاقتصاد، والسياسة. لقد أظهر التأثير الهائل لقطاع صحي قوي على القطاعات الأخرى، والآثار غير المرغوب فيها والمتفاقمة للخدمات الصِّحيَّة المتعثرة. عندما يلوث الفساد قطاع الصِّحَّة، تصبح حياة الناس على المحك. ولا يتعلق الأمر بمدى فقر أو ثراء بلد ما، فالفساد موجود ويحدث في كلتا الحالتين.

وترتبط معاناة البلدان بمدى نظافة أو فساد نظام الرعاية الصِّحيَّة لديها. في بعض الحالات، وبغض النظر عن الوضع الاقتصادي للبلد، يمكن أن يكون للموارد المحولة إلى

---

(1) Corruption by Topic – Health, Transparency Int'l, https://www.transparency.org/topic/detail/health (last visited Dec. 30, 2019).

غير وجهتها، تأثير مروِّع أكثر بكثير من أي عوامل أخرى. ومن الحقائق المؤسفة أن معظم الناس على مستوى العالم لا يتلقون رعاية صحيَّة مناسبة، وهناك تباين فيمن يتأثر بالفساد في قطاع الصِّحَّة. وأظهرت العديد من الدراسات الكميَّة والنوعيَّة أن النساء الفقيرات هن الأكثر تأثرًا بمستويات الفساد في القطاع الصحي[1].

«وجدت دراسة حديثة أجرتها منظَّمة العفو الدوليَّة عن صحة الأم، أن أحد الأسباب الرئيسيَّة لوفاة آلاف النساء الحوامل سنويًّا، بما في ذلك الوَفَيات في أثناء الولادة، يرجع إلى فساد المهنيِّين الصحيِّين»[2].

كيف يمكننا استخدام الأُصول القيِّمة التي ذكرها تشرشل في الاقتباس في بداية هذا القسم؟ مثل الفصل السابق الخاص بقطاع التعليم، سينصبُّ التركيز في هذا الفصل على ثلاثة عوامل أو «لاعبين»: مقدمو الرعاية الصِّحيَّة (المستشفيات، وهيئات التأمين الصحي، وشركات الأدوية، والوزارات الحكوميَّة)، مؤدو الرعاية الصِّحيَّة (الأطباء، والممرضات، وفنيو المختبرات)، المتلقون للرعاية الصِّحيَّة، أو المستخدمون النهائيون (المرضى).

5.1 مقدمو الرعاية الصِّحيَّة

سيقع الاختيار على المستشفيات كمثال مناسب؛ إذ تشمل الممارسات العديدة الفاسدة لمقدمي الرعاية الصِّحيَّة، تحويل الموارد إلى غير وجهتها الصحيحة لتحقيق مكاسب خاصَّة، واستغلال الناس وجعلهم مواضيع للتجَارِب السريريَّة لتحقيق مكاسب ماليَّة.

5.1.1 تحويل الموارد إلى غير وجهتها لتحقيق مكاسب خاصَّة

«تُقدر منظَّمة الصِّحَّة العالميَّة (WHO) أن الإنفاق العالمي على الرعاية الصِّحيَّة يبلغ نحو 4.7 تريليون دولار أمريكي؛ ما يترجم إلى ضياع نحو 260 مليار دولار على مستوى العالم بسبب الاحتيال والخطأ. ويشمل الاحتيال في نظام الرعاية الصِّحيَّة

(1) Kohler, مرجع سابق.

(2) المرجع السابق.

التلاعب بالرسوم التي يدفعها مستخدم الخدمة من قبل مُزوِّد الخدمة، أو فرض رسوم زائدة على وكالة التأمين الصحي من قبل الطبيب. وفي المستشفى، يمكن أن ينطوي ذلك على تحويل رسوم المرضى إلى غير وجهتها، أو التواطؤ بين مدير المستشفى ووكيل المشتريات»[1].

هذه الحقيقة المروِّعة تكمن تحت ستار الموارد المحوَّلة إلى غير وجهتها. وسواء كان الاحتيال أو الاختلاس طريقين يؤديان إلى روما، و«روما» هنا إشارة ساخرة إلى الهدف من مثل تلك الأعمال. وتؤدي هاتان الطريقتان إلى نظام رعاية صحيَّة مريضٍ مصابٍ بمرض الفساد. وعندما تخصص الحكومة مبلغًا معينًا من المال لقطاع الصِّحَّة؛ أي ما يسمى بميزانيَّة الصِّحَّة، فإنها تُفوِّض مؤسسة معيَّنة مُهِمَّة توجيه الأموال لخدمة الهدف النهائي المتمثِّل في وجود «نظام رعاية صحيَّة راسخ».

بموجب هذا الافتراض ينتهي دور الحكومة بتأمين الميزانيَّة، فتقدم الأموال ويُفرج عنها خارج نطاق المسؤوليَّة الحكوميَّة. ومع ذلك يشهد المرء سيناريو متكررًا للفشل في توفير رعاية صحيَّة جيدة. ألم يكن هناك ما يكفي من المال للقيام بذلك؟ أو ما المشكلة بالضبط؟ أين ذهب المال؟ ماذا يفعل مقدمو الخدمات الصِّحيَّة به؟ إذا لم يُستخدم المال، فأين هو؟ إذا أخذنا في الحسبان الأفراد الراغبين بالاستفادة من النظام، تصبح الأمور متشابكة[2].

يوضح أحد السيناريوهات من الحياة الواقعيَّة من وحدة رعاية الأطفال الخاصَّة في مستشفى اليرموك، بغداد، العراق، في عام 2005 ما يلي:

«على الرغم من إنفاق مئات الملايين من الدولارات على وزارة الصِّحَّة، فقد أدى الفساد المستشري إلى نقص الأدوية، وساعد في الحفاظ على معدلات وَفَيَات الأطفال وسوء التغذية مثلما كانت سائدة في عهد صدام حسين»[3].

ويطرح سيناريو آخر حال الفساد الواضح في كمبوديا:

---

(1) المرجع السابق، ص 24-25.

(2) William D. Savedoff & Karen Hussmann, Transparency Int'l., The Causes of Corruption in the Health Sector: A Focus on Healthcare System 8 (2006).

(3) المرجع السابق، ص 3.

«تعتمد على مئات الملايين من الدولارات سنويًّا من المساعدات الإنمائيَّة الخارجيَّة لدعم نظام الرعاية الصِّحيَّة، حيث تتزايد حالات السل المعروفة»[1].

5.1.2 استغلال الناس في التَّجَارِب السريريَّة لتحقيق مكاسب ماليَّة

قد يشارك كل من مقدمي الرعاية الصِّحيَّة العاملين في القطاع الصحي في ممارسة تلك التجَارِب. وتحدث عادةً في أثناء اختبار الأدوية الصيدلانيَّة، أو في أثناء العلاج الطبي للمرضى الذين يعانون من أمراض نادرة. ويكون المستهدفون في مثل تلك التَّجَارِب في الغالب المرضى الفقراء والأميين واليائسين، والذين يجازفون ويخاطرون بصحتهم أملًا في التحسن والشفاء:

«واستفادت العديد من الشركات متعددة الجنسيَّات من الأنظمة التنظيميَّة المواتية في الهند، لاستقطاب عدد كبير من الأفراد الأميِّين والفقراء، دون الحصول على موافقتهم المستنيرة الكافية؛ وبالتالي، تم إخضاعهم للعديد من التَّجَارِب غير الأخلاقيَّة»[2].

من المُهِمّ إبراز ما يلي:

«أن قطاع الأدوية يمثل نسبة كبيرة من الميزانيَّات الصِّحيَّة على مستوى العالم، ويتم إنفاق ما يقرب من خُمس ميزانيَّة الرعاية الصِّحيَّة بأكملها في دول منظَّمة التعاون الاقتصادي والتنمية (OECD) على الأدوية»[3].

علاوة على ذلك، هناك سوق سوداء تجند المرضى الأقل حظًّا والأشد ضعفًا، أولئك الذين هم على استعداد للتطوع في مثل تلك التَّجَارِب مقابل تعويض مالي. القليل منهم يعرفون أنه لا سبيل للتراجع ما إن تبدأ التَّجَارِب؛ لذلك، يتم الحصول على موافقتهم بأساليبَ ملتويةٍ وخبيثة. ويُعرَّف هؤلاء المرضى على أنهم:

«الأفراد الذين قد يتأثر استعدادهم للتطوع في تَجْرِبَة سريريَّة بسبب توقع غير ملائم، سواء كان مبررًا أم لا، أو بسبب المزايا المرتبطة بالمشاركة، أو خوفًا من انتقام

(1) المرجع السابق، ص 3-4.

(2) Kalindi Naik, Clinical Trials in India: History, Current Regulations, and Future Considerations iii (2017).

(3) OECD, Health at a Glance 2011: OECD Indicators 154 (2011).

كبار أعضاء التسلسل الهرمي في مجتمعهم في حالة رفض المشاركة. وتشمل الأمثلة على ذلك، المرضى المصابين بأمراض مستعصية، والأشخاص في دور رعاية المسنين، والأشخاص العاطلين عن العمل أو الفقراء، والمرضى في حالات الطوارئ، ومجموعات الأقليّات العرقيّة، والمشردين، والبدو، واللاجئين، والقُصَّر، وغير القادرين على منح الموافقة»[1].

ويُشغِّل تلك المكائد وكلاء مختلفون، وللأسف، أصبح الأطباء بعضًا منهم. وبما أنهم يُجندون المرضى، فإنهم يميلون إلى الانخراط في مثل تلك التَّجَارِب.

«توظف الشركات أطباء للعمل مستشارين ومتحدثين مدفوعي الأجر، في صناعة الأدوية ورعاية التَّجَارِب السريريَّة. وتدفع لهؤلاء الأطباء لتسجيل المرضى، وتقدم لهم منحًا غير مقيدة، وكل ذلك للمساعدة في مواءمة مصالح الأطباء مع شركات الأدوية غير الربحيَّة، والتأثير على القرارات التي يتخذها الأطباء»[2].

وينطبق الأمر نفسه على الباحثين في الطب الحيوي وفنيي المختبرات؛ إذ يمكنهم العمل وسطاء بين شركة الأدوية والضحيَّة المستهدفة، مقابل نوع من المكاسب طبعًا. من ناحية أخرى، يمكن للطبيب «الطموح» أن يساوم على المبادئ الطبيَّة الشريفة ويطالب بإنجاز طبي، بعد اختبار المنتجات الصيدلانيَّة غير المعتمدة على مرضاه، ولا حاجة إلى حافز خارجي لارتكاب مثل هذه الأعمال.

«في حين أن الحوافز الماليَّة قد تكون الأشد بروزًا، على الأقل في البداية، فإن الأطباء يذكرون مزايا أخرى مرتبطة بالبحوث التعاقدية: المكافأة الفكريَّة، وتحسين الوضع المهني، واستفادة مرضاهم ومجتمعاتهم»[3].

---

(1) Guidance for Industry E6 Good Clinical Practice: Consolidated Guidance, at 1.61. As cited, Maureen Bennett & Jan Murray, Conducting Clinical Trials in the US and Abroad: Navigating the Rising Tide of Regulation and Risk 13 (2009).

(2) Taryn Vian, Corruption and the Consequences for Public Health 141 (Guy Carrin ed., 2009).

(3) J.A. Fisher & C.A. Kalbaugh, *United States Private-Sector Physicians and Pharmaceutical Contract Research: A Qualitative Study*, 9 PLoS Med e1001271 (2011), *available at* https://journals.plos.org/plosmedicine/article?id=10.1371/journal.pmed.1001271.

مع التأكيد أن دوافع الأفراد يمكن أن تختلف، ولا ينبغي للمرء أن يظن أن المال هو الدافع الرئيسي دائمًا لارتكاب مثل تلك الأعمال غير القانونيَّة.

5.2 مؤدو الرعاية الصِّحيَّة

يبدو استخدام الأطباء مثالًا مناسبًا تحت هذا العنوان. وتشمل الممارسات الفاسدة العديدة التي يمارسها القائمون على الرعاية الصِّحيَّة، والمدفوعات غير الرسميَّة، والعمل في المخططات المشبوهة.

5.2.1 المدفوعات غير الرسميَّة والمخططات المشبوهة

ربطت الدراسات بين المدفوعات غير الرسميَّة والآثار السَّببيَّة على جودة وكفاءة وعدالة الرعاية الصِّحيَّة المقدمة[1].

إن المدفوعات غير الرسميَّة لا يدفعها المرضى وحدهم، بل يمكن أن تأتي من جهات أخرى، مثل الشركات المصنِّعة للأجهزة والمعدات. ويمثل المقتطف التالي من قضيَّة قانونيَّة، توضيحًا جيدًا:

«أثار المدعي العام الأمريكي لولاية نيوجيرسي في وزارة العدل مزاعم ضد أكبر خمس شركات لتصنيع أجهزة تقويم العظام بتهمة دفع رِشْوَة غير قانونيَّة للجراحين، وتهمة الادِّعاءات الكاذبة. ويُزعم أن الأطباء حصلوا على إجازات وهدايا وأتعاب (استشاريَّة) سنويَّة قدرت بنحو 200.000 دولار أمريكي مقابل موافقة الطبيب على اعتماد الغرسات الطبيَّة، أو استخدامها في العمليَّات الجراحيَّة»[2].

من الأمثلة على الإجراءات الأخرى غير المبررة، الإحالات غير الضروريَّة للاستشارات الخاصَّة، وتشكل هي الأخرى طريقة غير مباشرة للحصول على مدفوعات غير رسميَّة. قد يحيل الطبيب المريض إلى عيادته الخاصَّة، أو إلى عيادة زميل له، وهو شريك آخر مذنب. ولا يمكن إنكار أن مثل تلك الأعمال تعد بمثابة خيانة لشرف المهنة وعار عليها.

---

(1) M. Lewis, Informal Payments and the Financing of Health Care in Developing and Transition Countries, 26 Health Aff. 984 (2007).

(2) W. Healy & R. Peterson, Department of Justice Investigation of Orthopedic Industry, 91 J. Bone & Joint Surgery Am. 1791 (2009).

من ناحية أخرى، ليست كل ممارسة فاسدة مرتبطة بالمال أو الحافز، ففي بعض الأحيان، يحدث الفساد ويصار إلى إخفائه «تحت البساط»، ويعرف ذلك باسم «العمل في الظلام». ويعرِّف قاموس كمبريدج «العمل في الظلام» (Be in the Dark) بالقول: «عدم اطِّلاعك على الأمور التي قد يكون من المفيد معرفتها»[1].

يجب توجيه لائحة اتهام ضد الطبيب الذي يرتكب خطأً طبيًّا، ولكن ماذا يحدث إذا رفض قبول الدعاوى في مثل تلك الحوادث، أو تم التعامل معها في الخفاء؟ حينها يتجنب الطبيب المحاكمة بقضيَّة الإهمال والخطأ الطبي. ويتجلى الفساد في الحفاظ على الأسرار الطبيَّة لخدمة مصلحة الطبيب الخاصَّة، وفي تلك الحالة، يتجلى في الحفاظ على سمعته المهنيَّة. إن التستر والعمل في الظلام له آثار مدمِّرة على قطاع الصِّحَّة، وذلك عمل من أعمال الفساد ويكلف الأرواح، ويكون المريض هدفًا سهلًا وضحيَّة جاهلة للأطباء الذين يعملون في الظلام.

5.3 متلقو الرعاية الصِّحيَّة

يعد استخدام المرضى مثالًا مناسبًا؛ إذ تشمل الممارسات الفاسدة لمتلقي الرعاية الصِّحيَّة تقديم الرشاوى أو تزوير الحقائق عن عمد.

5.3.1 مرضى يعرضون الرشاوى أو يزوِّرون الحقائق عمدًا

لكشف هذا الأمر، من المُهِمّ أولًا أن نفهم أن المرضى ليسوا دائمًا ضحايا الظروف. في بعض الأحيان، يمكن أن يكون المريض مسؤولًا عن السلوك الذي يشكل أفعالًا فاسدة. مثل تلك الإجراءات تسبب اختلالًا في النظام الصحي، وتؤثر على المرضى الآخرين. وهنا المثال التالي:

> **«قد يقدم المريض رِشْوَة للطبيب من أجل الحصول على مزايا لأسباب غير صحيَّة، مثل شهادة صحيَّة للحصول على رخصة قيادة، أو نيل إعفاء من الخدمة العسكرية، أو تلقي مساعدات مخصصة بسبب العجز»**[2].

(1) *Be in the Dark*, Cambridge Dictionary, https://dictionary.cambridge.org/dictionary/english/be-in-the-dark (last visited Dec. 30, 2019).

(2) Savedoff & Hussmann, at 10.

ومن الأمثلة الأخرى التي تدور حول المريض باعتباره مسؤولًا عن السلوك الذي يندرج ضمن فئة الأفعال الفاسدة، شراء الوصفات الطبيَّة. ونظرًا لتكرار حدوثه، فقد أُطلق على هذا الفعل لقب «المعالجة المزدوجة» (double doctoring)، وتُعد جريمة لها صلة بالمخدرات في بعض البلدان مثل كندا. والمعالجة المزدوجة تُعرَّف بحسب قاموس Definitions.net على أنها:

«سلوك المريض الذي يطلب الرعاية الطبيَّة (في كثير من الأحيان) من عدة أطباء في الوقت ذاته، دون بذل أي جهود لتنسيق الرعاية، أو إبلاغ الأطباء مقدمي الرعاية المتعددين بذلك. ينبع هذا عادةً من إدمان المريض، أو اعتماده على بعض الأدوية الموصوفة، أو غيرها من العلاجات الطبيَّة»[1].

ترتبط الحالات الأخرى المتعلقة بالفساد الناشئة عن تصرفات المرضى في الغالب، بالتلاعب بنظام الخدمات، مثل تزوير الهُويَّة (من خلال استخدام بطاقة الرعاية الصِّحيَّة الخاصَّة بمريض آخر)؛ من أجل الوصول إلى خدمات الرعاية الصِّحيَّة، أو الحصول على إعفاء من تكاليف الرعاية الصِّحيَّة، أو الحصول على وصفات طبيَّة مجانيَّة، باستخدام بطاقات المرضى الذين تبلغ أعمارهم بين 13 أو 70 عامًا، حتى يكونوا مؤهلين لمثل تلك الإعفاءات.

---

(1) Double Doctoring, Definitions.net, https://www.definitions.net/definition/Doctor+shopping (last visited Dec. 30, 2019).

الفصل السادس

الفساد الإنساني

«قد يصبح الإعلان العالمي لحقوق الإنسان هو الوثيقة العظمى (الماغنا كارتا) للبشريَّة».

إليانور روزفلت، ديسمبر/ كانون الأول 1948، باريس، فرنسا.

إن الهدف من التصدي للفساد هو تحسين حياة الناس. إنه هدف إنساني في الأساس. والفصل الأخير من الكتاب بمثابة فرصة لاستكشاف ما يمكن أن يجعل الحياة أفضل، إضافةً إلى الجوهر الحقيقي خلف محاربة الفساد. وعندما تكون كل الأمور سليمة وجيدة، يختفي الفساد من الوجود. يستطيع الناس التمتع بحقوقهم الأساسيَّة، بدءًا من الحق في الحياة. لكن هذا ليس ما ينعكس حولنا. تستمر الحروب وتزداد معدلات الفقر والجوع في البلدان الفقيرة، بينما يتزايد الغضب والاستياء والتمييز والظلم وصراعات الحياة الحديثة في البلدان النامية والمتقدمة على حدٍّ سواء. إن العالمين لهما مشاكلهما الخاصَّة، ولا يبدو أنهما يتمتعان بحقوق كاملة للإنسان.

إليانور روزفلت، السيدة الأولى السابقة للولايات المتحدة، كانت رئيسة لجنة الأمم المتحدة لحقوق الإنسان التي صاغت الإعلان العالمي لحقوق الإنسان (UDHR)، وهو ميثاق عُد «منارة إرشاديَّة على طول الطريق لتحقيق حقوق الإنسان والحريات الأساسيَّة، في جميع أنحاء العالم»، ووصفته السيدة روزفلت بأنه «خطوة طموحة، وشجاعة؛ للقضاء على جميع أنواع الظلم»[1].

ومع ذلك، فإن ما تهدف شريعة حقوق الإنسان إلى تحقيقه يبدو بعيد المنال، عندما يكون الفساد على الدوام، كامنًا في الخلفية والكواليس، ويتسبب حتمًا في حدوث تغيير جذري

(1) Eleanor Roosevelt, The Struggle for Human Rights. Speech Delivered in the Sorbonne, Paris, Sept. 28, 1948, *available at* https://erpapers.columbian.gwu.edu/struggle-human-rights-1948.

في مضمونها؛ «لقد أظهرتِ الأدلة أن جميع حقوق الإنسان يمكن أن تُقيّدها الممارسات الفاسدة، سواء كانت حقوقًا اقتصاديَّة، أو اجتماعيَّة، أو ثقافيَّة، أو مدنيَّة، أو سياسيَّة»[1]. و«توجد أدوات، ولوائح، وآليات أخرى، تعزز قيمة رفاهية الإنسان، لكن الاعتماد على مثل هذه الوسائل لن يكبح الفساد، إلى أن «تسقط العدالة مثل المياه ويجري الصلاح مثل جدول عظيم»[2].

لسوء الحظ، إن العديد من الأشخاص والمنظَّمات المتورطة في الممارسات الفاسدة، يشوهون ويحبطون الجهود المبذولة من أجل الخير.

على عكس القسمين السابقين، نعرض مظاهر الفساد في القطاع الإنساني عرضًا مختلفًا. لماذا؟ لأنه يجب التمتع حكمًا بحقوق الإنسان منذ الولادة، وليس انتظار منحها من قبل أي وسطاء. وستوضح الأمثلة أدناه، سبل تعزيز حقوق الإنسان، أو انتهاكها. وعلى وجه التحديد، تظهر حقوق الإنسان على أنها إما وسيلة أو غاية.

ومن منظور المساعدات الإنسانيَّة والجمعيَّات الخيريَّة، يُعد تعزيز حقوق الإنسان غايةً، بينما في المقابل، يعد المتاجرون بالأشخاص، الذين ينتهكون حقوق الإنسان، البشر وسيلةً. بالنسبة للمجموعة الأولى، تكمن الغاية في مساعدة البشر ويكون المال الوسيلة إلى ذلك، بينما بالنسبة للمجموعة الثانية تكون الغاية كسب المال والوسيلة استغلال البشر.

6.1 المساعدات الإنسانيَّة والخيريَّة

يعيش كثير من الناس في مناطق مضطربة، وغير مستقرة ومهمَّشة من العالم، في ظروف صعبة ومُقلِقة. وتُعد الحرب، والكوارث الطبيعيَّة، والأوبئة غير المتوقعة، بعضًا من العوامل العديدة التي تؤدي إلى توفير المساعدات الإنسانيَّة، على شكل أموال وإمدادات. وتعرَّف المساعدات الإنسانيَّة والخيريَّة بحسب شبكة التعلم النشط للمساءلة والأداء في العمل الإنساني (ALNAP) بأنها:

---

(1) Julio Bacio-Terracino, Corruption and Human Rights – Linking Corruption and Human Rights, 104 Proc. Ann. Meeting Am. Soc'y Int'l L., 2010, at 243.

(2) Martin Luther King Jr., "I Have a Dream". Address Delivered at the March on Washington for Jobs and Freedom (Aug. 28, 1963).

«إنقاذ الأرواح، وتخفيف المعاناة، والحفاظ على كرامة الإنسان في أثناء الأزمات والكوارث وبعدها، التي يسببها الإنسان، أو تسببها الأخطار الطبيعيَّة، والحيلولة دون وقوعها، وتقوية الاستعداد عند حدوث مثل هذه الحالات[1]».

في سياق العمليَّة، هناك من يتدخل ويحاول كسب العطاءات لتقديم مثل تلك المساعدات لصالح شركاتهم. حتى بعد منح العطاءات، «يمكن أن تخضع سلسلة التوريد للسلع والخدمات، بما في ذلك إدارة أسطول المساعدات، للتحويل الفاسد إلى غير وجهتها»[2]. وذلك يؤدي إلى إنشاء سوق سوداء. يوضح مثال من آتشيه في إندونيسيا كيف يمكن للمساعدات الإنسانيَّة المخصصة أن تفشل في تحقيق أهدافها النبيلة:

«بعد مرور أكثر من عام على كارثة تسونامي عام 2004، التي خلفت ما يُقدر بنحو 500 ألف شخص بلا مأوى في إقليم آتشيه الإندونيسي، كانت آلاف العائلات ما تزال تعيش في الخيام بدلًا من الاستقرار في منازل جديدة متينة. كانوا ضحايا الفساد الذي دمر برنامج الإسكان لوكالات الإغاثة مثل منظَّمة إنقاذ الطفولة (Save the Children) في الولايات المتحدة. ونظرًا إلى الحجم الكبير من المبالغ الماليَّة والمواد التي تحتاج إليها عمليَّات الإغاثة، يكون قطاع البناء عُرضة بشكل خاصٍّ للفساد، بدءًا من المواد المتدنية الجودة والتصنيع، واستخدام تدابير غير صحيحة، أو سرقة المواد، إلى الرشاوى على العقود ودفع الرِّشْوَة المباشرة، أو التحيُّز في اختيار موقع الأراضي لإقامة المخيمات. ومثل العديد من الوكالات، كان لدى منظَّمة إنقاذ الطفولة خبرة قليلة في هذه القطاعات، وعينت مقاولين فاسدين أنشؤوا مساكن واهية، تاركين مئات المنازل لإعادة بنائها.

وأفادت حركة مكافحة الفساد في آتشيه في عام 2005، «كان من المفترض أن يحفر المقاولون الأساسات بعمق 60 سم، لكنهم اكتفوا بوضع ركائز خشبيَّة على الحجارة، ولم يحفروا أي أساسات على الإطلاق، وكان الخشب رديء النوعيَّة

(1) *Defining Humanitarian Aid,* ALNAP, https://www.alnap.org/help-library/defining-humanitarian-aid (last visited Dec. 31, 2019).

(2) Transparency Int'l, Preventing Corruption in Humanitarian Operations 61(2010).

وملتويًا. وعندما كشف قسم المراقبة والتقييم الروتيني عن العمل المتهالك، أوقفت منظَّمة إنقاذ الطفولة أعمال البناء على الفور وباشرت التحقيق، وأصدرت بيانات إعلاميَّة تقرُّ بوجود مشاكل وتتعهد بتصحيحها.

اجتمعتِ المنظَّمة مع فعاليات المجتمع والسُّلطات المحليَّة، وطردت المقاولين واستدعت الخبراء، وأنشأت فريقًا متعدد الأوجه يضم مديري إنشاءات، ومهندسين معماريِّين، ومهندسين ذوي خبرة. وعملوا عملًا وثيقًا مع موظفي المشتريات، وأشرفوا على تطوير التصميم، ورصد البرامج، وتحققوا من الأنشطة في الموقع.

وقاد الحادث منظَّمة إنقاذ الطفولة إلى تعزيز تدابير مكافحة الفساد في جميع برامج البناء. وابتكرت سياسة إنشاء عالميَّة محددة، وأنشأ مكتبها في إندونيسيا لجنة أمين المظالم ((Ombudsman الخاصَّة بها لتلقي الشكاوى والتحقيق في مزاعم الفساد من أي نوع (مع آليَّة سريَّة للإبلاغ عن المخالفات لحماية المخبرين)، وفرض العقوبات، مثل إنهاء التوظيف، والإحالة إلى الشرطة.

ومنح كبار الموظَّفين (بما في ذلك ممثل الدولة ورئيس التدقيق الداخلي) لجنة أمين المظالم، النفوذ المطلوب للقيام بعملها. وبحلول ديسمبر/ كانون الأول 2007، جرى النظر في 44 حالة؛ نتج عن 39 منها إما الفصل من العمل أو المحاكمة. ويشمل دور لجنة أمين المظالم بناء قدرات الموظَّفين لمنع الفساد واكتشافه، ومفتاح نجاحها هو حقيقة أن كلًّا من المقر الرئيسي والموظَّفين الميدانيِّين يعرفون كيف يعمل نظام محقق الشكاوى، ويرحبون بوجوده»[1].

في بعض الأحيان تنشأ سوق سوداء في المكان، حيث تصل المساعدات، فبدلًا من تقديم المساعدة للمحتاجين مباشرة، تعتمد وكالات الإغاثة على نقطة محوريَّة أو وسيط محلي، يستفيد الوسيط ويبيع المساعدات إلى المحتاجين، أو يقلل من كميتها.

(1) المرجع السابق، ص 62.

6.2 الاتِّجار بالبشر

«الفساد هو المُيسِّر الذي يمكن المتاجرين بالأشخاص من التنقل داخل البلدان وعبرها تنقلًا غير مشروع. إن الفساد رفيق دائم للاتِّجار بالبشر والمعاناة التي يجلبها»[1].

منظَّمة الشفافيَّة الدوليَّة

يمكن وصف الفساد بأنه آلة عمياء وجشعة لصنع المال، تتغذى على كل شيء يدر المال، حتى لو كان ذلك الشيء إنسانًا، مثل حالات الاتِّجار بالبشر. إن سهولة حدوث حالات الاتِّجار بالبشر ترجع غالبًا إلى تواطؤ المسؤولين الفاسدين مع العصابات الإجراميَّة[2]. بعبارات بسيطة، إن الاتِّجار بالبشر هو «سرقة الحريَّة من أجل الربح»[3]. هذا العمل يتعامى عن الصفات الإنسانيَّة لضحاياه، ولا يهتم بأعمارهم، في أثناء سعيه وراء الربح، ويشير مكتب الولايات المتحدة المعني بالمخدرات والجريمة (UNODC) إلى أنه:

«في كل عام يقع آلاف الرجال والنساء والأطفال في أيدي المتاجرين بالبشر في بلدانهم وفي الخارج. تتأثر كل دولة في العالم تقريبًا بالاتِّجار بالبشر، سواء كان بلد المنشأ، أو بلد العبور، أو مقصد الضحايا»[4].

وتقدر منظَّمة الأمم المتحدة للطفولة، اليونيسف (UNICEF) تهريب ما بين 1.000 و1.500 طفل غواتيمالي سنويًّا إلى أمريكا الشماليَّة وأوروبا، للتبني[5].

إن ديناميكيَّات تلك الظواهر والأطراف المتورِّطة فيها معقدة، ولكن التيسير الذي يسهم في دوران عجلة تقدمها، هو عمل مرتبط بالفساد. ويبدأ الاتِّجار بالبشر طوعًا، عن طريق

---

(1) *Breaking the Chain: Corruption and Human Trafficking*, Transparency Int'l (Sept.1, 2011) , https://www.transparency.org/news/feature/breaking_the_chain_corruption_and_human_trafficking.

(2) *Human Trafficking and Corruption*, OECD, https://www.oecd.org/gov/ethics/human-trafficking.htm (last visited Dec. 31, 2019).

(3) *What is Human Trafficking*, Nat'l Human Trafficking Hotline, https://humantraffickinghotline.org/what-human-trafficking (last visited Dec. 31, 2019).

(4) *What is Human Trafficking*, U. N. Office on Drugs and Crime, https://www.unodc.org/unodc/en/humantrafficking/what-is-human-trafficking.html (last visited Jan. 2, 2020).

(5) Transparency International, مرجع سابق.

تجنيد الضحايا ببساطة لمثل تلك المخططات. وتعمد الوكالات، والوسطاء، وأرباب العمل، إلى تضليل الضحايا وخداعهم للتوقيع على عقد غامض، وعادةً ما يخدعون الضحيَّة بسبب الفقر والظروف المروِّعة الأخرى.

على النقيض من ذلك، يمكن أن يكون الاتِّجار بالبشر غير طوعي. والسيناريو الشائع هو النقل؛ إذ تستخدم الضحيَّة المستهدفة وسيلة نقل إلى جهة وصول معينة، ولكن مع صعود الركاب، يتلاشى الوصول المضمون إلى الوجهة المحددة! وتلعب العديد من الجهات الفاعلة دورًا في الاتِّجار بالأشخاص، وبحسب منظَّمة الشفافيَّة العالميَّة:

«يمكن للشركات الكبيرة، وكذلك الشركات المحليَّة، أن تكون متواطئة في هذه العمليَّة، عبر السماح باستخدام وسائل النقل الخاصَّة بها لتسهيل الاتِّجار بالبشر، مقابل الرشاوى وغيرها من المدفوعات غير القانونيَّة»[1].

الحالة أدناه هي مثال نموذجي للوسائل الخادعة المستخدمة في جذب الضحايا:

«أعلنت وكالة توظيف في الهند عن فرص استخدام عمال تلحيم للعمل في شركة في الولايات المتحدة مقابل 10 دولارات أمريكيَّة في الساعة. فرضتِ الوكالة على كل عامل محتمل رسوم تقديم طلب غير قابلة للاسترداد بقيمة 2500 دولار، وفي طريقهم إلى الولايات المتحدة، طُلب من العمال التوقيع على العقود، التي ألزمتهم بالعمل مدة الأشهر الستة المقبلة بأقل من 3 دولارات للساعة، ولم يتمكنوا من التراجع خشية إعادتهم إلى ديارهم.

شعر العمال أنهم لا يستطيعون التراجع لأنهم استثمروا كل مدخراتهم، وكانوا في طريقهم بالفعل إلى الولايات المتحدة. ومع وصولهم، احتجزتهم الشركة في أرض المصنع، واحتفظ مالك الشركة بجوازات سفرهم. وكان هؤلاء العمال ضحايا لشكل خطير من أشكال الاتِّجار بالبشر؛ إذ نُقل العمال لغرض العمل عبر استخدام الاحتيال والإكراه؛ مما أدى إلى تعرضهم للعبوديَّة غير الطوعيَّة. وأدت

---

(1) Transparency Int'l, *Corruption and Human Trafficking* 3 (Transparency Int'l, Working Paper 03/2011, 2011), available at https://issuu.com/transparencyinternational/docs/ti- working_paper_ human_trafficking_28_jun_2011?mode=window&backgroundColor=%23222222.

مصادرة صاحب العمل لجوازات سفرهم، إلى اعتقاد العمال بأنهم صاروا مجبرين على البقاء مع الشركة»[1].

لا يمكن أن يستمر الاتِّجار بالأشخاص دون فساد. إنها تجارة مبنيَّة على تدهور القيمة البشريَّة. ومثلما ذكرنا سابقًا؛ الأمر معقد؛ لأن البشر في بعض الأحيان يختارون السير في اتجاه معين بسبب ظروف ميؤوس منها وشديدة القسوة، ناتجة عن شبكة أكبر من الفساد. كل الأمور متصلة بطريقة أو بأخرى. يجب أن نتذكر ما يلي:

«إن الظلم في أي مكان هو تهديد للعدالة في كل مكان. نحن عالقون في شبكة لا مفر منها من التبادليَّة، مقيدون في ثوب مصير واحد. كل ما يؤثر على المرء مباشرة، يؤثر على الجميع بطريقة غير مباشرة»[2].

(1) Hum. Smuggling &Trafficking Ctr., Fact Sheet: Distinctions Between HumanSmuggling and Human Trafficking 5 (2005), *available at* https://www.justice.gov/sites/default/files/crt/legacy/2010/12/15/smuggling_trafficking_facts.pdf (see case example two).

(2) Martin Luther King Jr., Letter from a Birmingham Jail (Apr. 16, 1963), *available at* https://www.africa.upenn.edu/Articles_Gen/Letter_Birmingham.html (last visited Jan. 4, 2020).

الخلاصة والدروس المستخلصة

لا تنتهي قصة الفساد هنا، ومجال مكافحته يتغير باستمرار. هناك دائمًا ممارسات جديدة ناشئة تشكِّل نوعًا من الفساد والحيل التي يلجأ إليها الجُناة، وتحتاج خُططًا مبتكرة لمكافحتها. تُعد جرائم الإنترنت مثالًا على ساحة لعب الفساد الدائمة التطوُّر، ولقد سلَّط هذا الكتاب الضوء فقط على أكثر ممارسات الفساد شُيوعًا في العالم اليوم.

بدأ الكتابُ باستكشاف تعريفات الفساد، ومكافحة الفساد. وأظهر عبر التاريخ أن الفساد كان موجودًا في مختلف العصور والحضارات، وأن معظم أشكاله التاريخيَّة ما تزال موجودة حتى اليوم. وقدم الكتاب تعريفاتٍ متعددةً للفساد، وطرقًا مقترحة لاستعراضه، وأفعالًا وصورًا من الواقع تعد فسادًا. وقدم لمحة عامَّة عن كيفية محاربة العالم للفساد، عبر فحص الأدوات والوسائل الموجودة لمنعه، أو التعامل مع آثاره، بمجرد حدوثه.

تشمل تلك الأدوات الأُطُر، والأدوات القانونيَّة، والسُّلطات المختصَّة، والمبادرات، والمنصَّات؛ ومن أجل جعل تلك القضايا مرتبطة وذات صلة، غطَّى الكتاب قطاعات محددة لإظهار كيف يتسلل الفساد إلى كل شيء، ويتواجد في كل مكان، ويصيب أي شيء.

وقد ركز الكتاب في سرده لعددٍ من الصور التي تعكس الفساد الواقع على ثلاثة مجالات رئيسيَّة: التعليم، والصِّحَّة، والمساعدات الإنسانيَّة، وتشمل النقاط الرئيسيَّة التي يجب وضعها في الاعتبار عند التعامل مع قضيَّة مكافحة الفساد ما يلي:

1. الفساد ضيف غير مرحب به في نظر جميع البشر العقلاء، والمحترمين، والعقلانيين. ولن يتقبلوا أبدًا في نفوسهم أن يأخذ الفاسدون ما ليس لهم، ولن يرضوا أن يُساهموا بطرق مباشرة أو غير مباشرة، في حرمان الآخرين من حقوقهم.
2. الفساد يتحوَّل؛ لذا توقع أن يرتدي العديد من الأزياء، ويتحدث بلغات مختلفة، ويتصرف بسلوكيَّات غير متوقعة. قد يأتي الفساد متخفيًا بزي شخص، أو في حُلَّة منظَّمة خيريَّة، لكنَّ آثاره ستكون دائمًا سَلبيَّة.
3. الفساد مزعج، إنه يُؤذي كل شيء يلمسه، ويتكبد المتضررون بسببه خسائر جسيمة.

4) يعمل الأشخاص الفاسدون بأصول مسروقة. لذلك؛ فإن تتبُّع أثر المال هو المفتاح لهزيمتهم، مع إعادة هذه الأُصول إلى أصحابها الشَّرعيِّين.

5) الفساد يحدث بسرعة، وصمت، وذكاء. لذلك؛ من الضروري التحلي بالجرأة حياله، والتصرف بسرعة لمكافحته.

6) الفساد تصاعدي ومتجذر. لذلك؛ من المُهِمّ مواكبة أحدث استراتيجيَّاته. لقد وصل إلى الفضاء السيبراني، ومن هناك يمكنه أن يصل إلى أي مكان؛ لذا إن اليقظة المستمرة ضروريَّة لمكافحته.

أخيرًا، من المُهِمّ أن ندرك أن الأمر متروك دائمًا للفرد كي يحافظ على النموذج الأخلاقي حيًّا في أفعاله/ أفعالها؛ مما يسمح له/ لها بإملاء النتائج، وتدقيق السلوك؛ وبالتالي يكون ذلك الأساس لجميع تدابير مكافحة الفساد.

المراجع الأجنبيَّة

1. Daron Acemoglu & James A. Robinson, Why Nations Fail: The Origins of Power, Prosperity and Poverty, 29 Asian Econ. Bul. 168 (2012).
2. Arnold Joseph Heidenheimer & Michael Johnston, Political Corruption, Concepts and Contexts (2009).
3. The Kautilya Arthasastra, Part II (R.P. Kangle ed., 1972).
4. Pranab Bardhan, Corruption and Development: A Review of Issues 35 J. Econ. Lit.1320 (1977).
5. A History of Ancient Near Eastern Law (Raymond Westbrook ed., 2003), Dinah Shelton, Oxford Handbook of International Human Rights Law (2013).
6. Carlo Alberto Brioschi, Corruption a Short Story: The Gift in Antiquity: Exchange Favor and Sacrifice from Hammurabi to the Bible 21-28 (2017).
7. Leonard W. King, A History of Sumer and Akkad (1994).
8. Jack Newton Lawson, The Concept of Fate in Ancient Mesopotamia of the First Millennium: Towards an Understanding of Šīmtu: Šīmtu and Humanity 76 (1994).
9. Quid Pro Quo, Legal Info. Inst.
10. Erwiin J. Urch, The Law Code of Hammurabi, 15 A.B.A. J. 437 (1929).
11. John Thomas Noonan, Bribes: The Intellectual History of an Idea Moral 2-7 (1987).
12. Nau Nihal Singh, World of Bribery and Corruption: From the Ancient Times to Modern Age 5-8 (1998).
13. Alexander Humez et al., Short Cuts: A Guide to Oaths, Ring Tones, Ransom Notes, Famous Last Words, and Other Forms of Minimalist Communication 209 (2010).
14. Baruch Ottervanger, The Tale of the Poor Man of Nippur (Penn. State Univ. 2016).
15. Wolfgang Saxon, Oliver R. Gurney, 86, Professor and Expert on Ancient Hittites, N.Y. Times (Jan. 27, 2001).
16. S.G.F. Brandon, A Problem of the Osirian Judgment of the Dead, 5 Numen, fasc. 2, Apr. 1958), at 110-127.
17. The Literature of Ancient Egypt: An Anthology of Stories, Instructions, Stelae, Autobiographies, and Poetry (W.K. Simpson ed., 3d ed. 2003).

18. Hassan El-Saady, Studien zur Altägyptischen Kultur (Considerations on Bribery in Ancient Egypt) 295-304 (1998).
19. Joshua J. Mark, Tomb Robbing in Ancient Egypt, Ancient Hist. Encyc. (Jul. 17, 2017).
20. J.E. Lewis, The Mammoth Book of Eyewitness Ancient Egypt (2003).
21. Peter Burgess, Corruption, True Value Metrics (Jan. 16, 2012).
22. Ciprian Rotaru et al., A Review of Corruption Based on the Social and Economic Evolution of Ancient Greece and Ancient Rome, 23 Theoretical & Applied Econ., no. 2(607), 2016, at 239. G.J. Lambsdorff et al., The New Institutional Economics of Corruption. Rout-ledge Publishing (2005).
23. Angel Puente Reyes, Harmony of Confucian Values on Chinese Legal System – A View of the Rule of Law with Chinese Characteristics 2 (2014).
24. Wang AnShih: Practical Reformer? xii (J. Meskill ed., 1963); see also F.W. Mote, Imperial China, 900–1800 141-42 (1999).
25. András Csuka, Long History of Corruption in China, GB Times (May 6, 2016).
26. Simon Leys ed., The Analects of Confucius. New York: W.W. Norton (1997), p193.
27. L. Hill, Conceptions of Political Corruption in Ancient Athens and Rome, 34 Hist. Pol. Thought 565 (2013).
28. Plutarch, Lives. Vol. I: Theseus and Romulus, Lycurgus and Numai, Solon and Publicola (Macmillan 1914).
29. Plutarch, Lives. Vol. VII: Demosthenes and Cicero, Alexander and Caesar (Harvard Univ. Press 1967).
30. A. Lintott, Electoral Bribery in the Roman Republic, 80 J. Roman Stud. 1-16 (1990).
31. H.J. Swithinbank, The Corruption of the Constitution: The Lex Gabinia and Lex Manilia and the Changing Res Publica, in Corruption and Integrity in Ancient Greece and Rome (P. Bosman ed., 2012).
32. These are all the world's major religions in one map, The World Economic Forum, Mars 26, 2019.
33. John Drane, The Bible as Library (BBC UK 2011).
34. Munir Quddus et al., Business Ethics – Perspectives from Judaism, Christianity and Islam, Proceedings of the Midwest Business Economics Association (2005).
35. James D. Wolfensohn, World Bank Group, People and Development: Address to the Board of Governors.
36. G. Brooks et al., Defining Corruption, in A. Graycar & T. Prenzler, Preventing Corruption: Crime Prevention and Security Management 12 (2013).
37. U.N. Off. Drugs & Crime (UNODC), The Global Program Against Corruption, UN Anti-Corruption toolkit (2d ed. 2004).

38. Jeff Huther & Anwar Shah, Anti-Corruption Policies and Programs: A Framework for Evaluation (World Bank 2000).
39. Steve M. Windham, Corruption in Law Enforcement, MJ652 Project Presentation on Corporate Crime (Feb. 3, 2008).
40. Li, Y.L., Wu, S.J. and Hu, Y.M. (2011) A Review of Anti-Corruption Studies in Recent China. Chinese Public Administration, 11, 115-119.
41. K. Anukansai, Corruption: The Catalyst for the Violation of Human Rights, NACC J., Jul. 2010, at 6 (quoting R. Klitgaard, Controlling Corruption (1988).
42. Robert Klitgaard, International Cooperation against Corruption, 39 SPAN, no. 5, Sept./Oct. 1998, at 38.
43. M. Johnston, Corruption, Contention and Reform: The Power of Deep Democratization 25 (2014).
44. Alina Mungiu-Pippidi, Corruption: Diagnosis and Treatment, 17 J. Democracy, Jul. 2006, at 86, 86-99.
45. Bo Rothstein & Jan Teorell, Defining and Measuring Quality of Government, in Good Government: The Relevance of Political Science 6-26 (Sören Holmberg & Bo Rothstein eds., 2012).
46. J. Bussell, Greed, Corruption, and the Modern State Essays in Political Economy 22-32 (2015).
47. Robert Williams, New Concepts for Old? 20 Third World Q. 503, 503-513 (1999).
48. OECD, Corruption: A Glossary of International Criminal Standards 11-12 (2007).
49. Petty Corruption, Legal Dictionary (Jun. 2016).
50. See, e.g., S. Rose-Ackerman, Democracy and 'Grand Corruption' UNESCO, 1996 (ISSI 149/1996), reprinted in Explaining Corruption 321-336 (R. Williams ed., 2000).
51. Global Integrity & UNDP Oslo Governance Centre, A User's Guide to Measuring Integrity (2008); Corruption Glossary, U4.
52. C. Sandgren, Combating Corruption: The Misunderstood Role of Law, 13 Int'l Law. 717 (2005).
53. See C. Maria & K. Haarhuis, Promoting Anti-Corruption Reforms: Evaluating the Implementation of a World Bank Anti-Corruption Program in Seven African Countries (1999-2001) (2005).
54. C. Heymans & B. Lipietz, Corruption and Development: Some Perspectives, 40 Inst. Sec. Stud. Monograph Series, 1999, at 8.
55. Id. Neil S. Ruskin, Corrupt Cops: Meat Eaters versus Grass Eaters, Neil Ruskin Law Firm (Apr. 2016).

56. Antoni Z. Kamiński & Bartlomiej Kamiński, Governance and Corruption in Transition: The Challenge of Subverting Corruption 6-7 (U.N. Econ. Comm'n Eur., Seminar Paper, 2001).
57. U. Mohammed, Corruption in Nigeria: A Challenge to Sustainable Development in the Fourth Republic, 9 Eur. Sci. J., no. 4, 2013, at 118.
58. Daniel Kaufmann, Seize the State, Seize the Day: An Empirical Analysis of State Capture and Corruption in Transition Economies Abstract. (2000)
59. Joseph S. Nye, Corruption and Political Development: A Cost-Benefit Analysis, 61 Am. Pol. Sci. Rev., no. 2, June 1967.
60. Jacob van Klaveren, The Concept of Corruption, in A. J. Heidenheimer et al., Political Corruption: A Handbook 28 (1989).
61. C. J. Friedrich, Political Pathology, 37 Pol. Q., Jan. 1966, at 70.
62. Robert Klitgaard, International Cooperation against Corruption, 39 SPAN, no. 5, Sept./Oct. 1998, at 32.
63. Michael Johnston, Influence Markets: Influence for Rent, Decisions for Sale, 22 September 2009, at 60-88.
64. Robert Klitgaard, International Cooperation against Corruption, 39 SPAN, no. 5, Sept./Oct. 1998, at 46, 155.
65. M. Robinson, Corruption and Development, The European journal of development research, 1–14, 1998.
66. P. Bardhan, The Economist's Approach to the Problem of Corruption, 34 World Dev. 341, 341–48. (2006).
67. Code of Federal Regulations No. 25, Subsection 11.448.
68. O.J. Otusanya, Corruption as an Obstacle to Development in Developing Countries: A Review of Literature, 14 J. Money Laundering Control 387, 387-422 (2011).
69. Sunshine Laws, US legal, Government in the Sunshine Act, Act of 1976 (Public Law 94-409).
70. Sergio Díaz-Briquets & Jorge Pérez-López, Corruption in Cuba: Castro and Beyond 212 (2010).
71. OECD, Right to Access Information 3 (2018).
72. Preventing Corruption, Independent Broad-based Anti-corruption Commission (IBAC) Australia.
73. Stuart C. Gilman, Ethics Codes and Codes of Conduct as Tools for Promoting an Ethical and Professional Public Service: Comparative Successes and Lessons 13 (2005).
74. UNDP, Methodology for Assessing the Capacities of Anti-Corruption Agencies to Perform Preventive Functions 36 (2011)

75. Susan Rose-Ackerman, From Elections to Democracy: Building Accountable Government in Hungary and Poland 74 (2005).
76. Annika Engelbert, The Role of Anti-Corruption Agencies in the Investigation and Prosecution of Procurement Related Corruption Cases 2 (2014).
77. B. Anderson, Guard Dog vs. Watchdog, Brad Anderson Blog, Jul. 15, 2011.
78. Patrick Meagher, Anti-Corruption Agencies: A Review of Experience 6 (2002).
79. Specialised Anti-Corruption Institutions, REVIEW OF MODELS, Organisation for Economic Co-operation and Development (OECD), 2008.
80. The International Organization of Supreme Audit Institutions (INTOSAI), Capacity Building Soc'y, Strengthening Supreme Audit Institutions: A Guide for Improving Performance 10 (2019).
81. Arne Disch et al., Anti-Corruption Approaches: Literature Review 28 (2009).
82. Patrick Meagher, Anti-Corruption Agencies: A Review of Experience 13 (2002).
83. UNDP, Practitioner's Guide: Capacity Assessment of Anti-Corruption Agencies 27-41 (2011).
84. About Consultative Council of European Judges (CCJE), Council of Europe.
85. Basel Inst. on Governance, Review Report on Strategic Approaches to Corruption Prevention in the OSCE Region by Gretta Fenner Zinkernagel, Managing Director (2012).
86. Judiciary and law enforcement, Transparency Int'l.
87. G.A. Res. A/RES/51/59, International Code of Conduct for Public Officials (Jan. 28, 1997).
88. What Is the Whistleblower Act? – Definition, Rights & Protection, Study.com.
89. Cisco Settles with Cybersecurity Whistleblower, Setting a Precedent. Available, CNBC (Jul. 31, 2019).
90. 10 Things the World Trade Organization (WTO) can do, WTO.
91. U.N. Office on Drugs and Crime (UNODC), UNHCR Ref. World.
92. L. De Sousa, Anti-Corruption Agencies: Between Empowerment and Irrelevance, 53 Crime, L. & Social Change, no. 1, 2010, at 5, 5-22.
93. Overview, Global Org. of Parliaments Against Corruption (GOPAC).
94. What is ANPAC? African Parliamentarians Network Against Corruption (ANPAC).
95. Combating Corruption, World Bank.
96. About Us, Basel Inst. on Governance,
97. STRENGTHENING ENFORCEMENT OF THE OECD ANTI-BRIBERY CONVENTION, transparency international.
98. Spotlight on Foreign Corrupt Practices Act, US Securities and Exchange Commission.

99. James O. Finckenauer, Problems of Definition: What is Organized Crime? 8 Trends Organ. Crim. 56, 63-83 (2005).
100. Kaushik Basu & Tito Cordella, Institutions, Governance and the Control of Corruption, 157 IEA Conference, 2018, at 75-111.
101. Cecily Rose et al., The United Nations Convention Against Corruption: A Commentary ch. 3 (2019).
102. Statement on the pernicious impact of corruption on trade and development at event celebrating the 50th Anniversary of UNCITRAL, Office on Drugs and crime, UN, 4 July 2017.
103. Peter Schäfer, Public Procurement – European and International Law Governing Public Procurement, BDI (2016).
104. Jason P. Matechak, Fighting Corruption in Public Procurement-Center for International Private Enterprise, 26.01.2015.
105. The American Corruption act, Fight Corruption in America: Stop Political Bribery, End Secret Money, & Fix Our Broken Elections.
106. Prevention of corruption act, Belize, 2007.
107. U4 Anti-Corruption Resource Center, International Good Practice in Anti-corruption Legislation (2010).
108. Neil Swift et al., Unexplained Wealth Orders, Peters & Peters (2017).
109. Simon N.M. Young, Why Civil Actions Against Corruption? 16 J. Fin. Crim. 144, 144-159 (2009).
110. Béatrice Jaluzot & Michaela Meiselles, Civil Law Consequences of Corruption and Bribery in FRANCE 225-38 (2009).
111. Eur. Comm'n Reg. 883/2013, OLAF Regulation (Sept. 11, 2013).
112. OECD, Risks and Threats of Corruption and the Legal Profession (2010).
113. OECD, Anti-Corruption Compliance and the Legal Profession –The Client Perspective (2013).
114. OECD, Anti-Corruption Ethics and Compliance Handbook for Business (2013).
115. UNDP Global Thematic Program on Anti-Corruption for Development Effectiveness (PACDE).
116. UNDP Global Anti-corruption Initiative (GAIN) 2014-2017 (Oct. 30, 2015).
117. Jean-Pierre Brun and others, Asset Recovery Handbook: A Guide for Practitioners, stolen asset recovery initiative, World Bank, UNODC, 2011.
118. Andrew Maramwidze and others, Commonwealth Africa Anti-Corruption Centre in action, ACCA, 01 June 2018.
119. Marcos Álvarez-Díaz and others, Corruption Perceptions Index 2017 Statistical Assessment, EU, JRC Technical reports, 2018.

120. Alexander Hamilton & Craig Hammer, Can We Measure the Power of the Grabbing Hand? A Comparative Analysis of Different Indicators of Corruption 20 (World Bank Econ. Dev. Data Group, Policy Research Working Paper 8299, 2018).
121. Global Corruption Index.
122. Daniel Kaufmann et al., The Worldwide Governance Indicators: Methodology and Analytical Issues 2 (2010).
123. Dimitri Vlassis, United Nations Convention against Corruption overview of its contents and future action, resource material series No.66. p 118.
124. What is Money laundering? The Financial Action Task Force (FATF).
125. Bribery, Meaning of bribery, Cambridge Dictionary.
126. PECULATUS definition & legal meaning, the law dictionary.
127. Van den Wyngaert, Double Criminality as a Requirement to Jurisdiction, in Double Criminality, Studies in International Criminal Law 43-56 (Nils Jareborg ed., 1989).
128. Conference of the States Parties to the United Nations Convention against Corruption (COSP), united nations office on drugs and crime, regular sessions.
129. Eric Uslaner & Bo Rothstein, All for One: Equality, Corruption, and Social Trust 228 (2006).
130. Mark Moore, Creating Efficient, Effective, and Just Educational Systems through Multi- Sector Strategies of Reform (Oxford Univ. RISE Working Paper 15/004, 2015).
131. A. Darioly & R.E. Riggio, Nepotism in Hiring Leaders: Is there Stigmatization of Relatives? 73 Swiss J. Psych., no. 4, 2014, at 243.
132. Frank Adamson & Linda Darling-Hammond, Addressing the Inequitable Distribution of Teachers: What It Will Take to Get Qualified, Effective Teachers in All Communities (2011).
133. Ismail Aydogan, Favoritism in the Turkish Educational System: Nepotism, Cronyism and Patronage, 4 Educ. Pol'y Analysis & Strategic Res., no. 1, 2009, at 14.
134. Monica Kirya, Corruption in Universities: Paths to Integrity in the Higher Education Subsector 11 (2019).
135. Organizational Immunity to Corruption: Building Theoretical and Research Foundations 126 (Agata Stachowicz Stanusch ed., 2010).
136. Elena Denisova-Schmidt, European Higher Education Area: The Impact of Past and Future Policies 65 (2018).
137. Mesharch W. Katusiime, Exam Cheating a Form of Corruption, PML Daily, Oct. 17, 2019,

138. Elena Denisova-Schmidt, Academic Dishonesty or Corrupt Values: The Case of Russia, 28 Feb. 2015.
139. Randall Eliason, When Is Cheating a Crime? The College Admissions Case, Sidebars, Apr. 2, 2019.
140. From Cheating Come Crooks, Pretenders, Philippine Daily Inquirer, Sept. 26, 2019.
141. UNDP, Goal 3: Good Health and Well-being, UN.org.
142. Corruption by Topic – Health, Transparency Int'l.
143. Jillian Clare Kohler, UNDP, Fighting Corruption in the Health Sector. Methods. Tools and Good Practices 11 (2011).
144. William D. Savedoff & Karen Hussmann, Transparency Int'l., The Causes of Corruption in the Health Sector: A Focus on Healthcare System 8 (2006).
145. Kalindi Naik, Clinical Trials in India: History, Current Regulations, and Future Considerations iii (2017).
146. Maureen Bennett & Jan Murray, Conducting Clinical Trials in the US and Abroad: Navigating the Rising Tide of Regulation and Risk 13 (2009).
147. Taryn Vian, Corruption and the Consequences for Public Health 141 (Guy Carrin ed., 2009).
148. J.A. Fisher & C.A. Kalbaugh, United States Private-Sector Physicians and Pharmaceutical Contract Research: A Qualitative Study, 9 PLoS Med e1001271 (2011),
149. M. Lewis, Informal Payments and the Financing of Health Care in Developing and Transition Countries, 26 Health Aff. 984 (2007).
150. W. Healy & R. Peterson, Department of Justice Investigation of Orthopedic Industry, 91 J. Bone & Joint Surgery Am. 1791 (2009).
151. Eleanor Roosevelt, The Struggle for Human Rights. Speech Delivered in the Sorbonne, Paris, Sept. 28, 1948.
152. Julio Bacio-Terracino. Corruption and Human Rights – Linking Corruption and Human Rights, 104 Proc. Ann. Meeting Am. Soc'y Int'l L., 2010, at 243.
153. Martin Luther King Jr., "I Have a Dream". Address Delivered at the March on Washington for Jobs and Freedom (Aug. 28, 1963).
154. The Organization for Economic Co-operation and Development (OECD), Human trafficking and corruption, Breaking the Chain, December 09, 2016.
155. Ice Human Smuggling and Trafficking Center, Differences between people smuggling and human trafficking, Fact sheet 2005